Zu diesem Buch

Als Alina Fernández zehn Jahre alt ist, sagt ihr die Mutter endlich, wer ihr Vater ist: Fidel Castro, der máximo lider der kubanischen Revolution. Die Nachricht löst bei dem Mädchen eine Lawine der Gefühle aus: Sie ist geschockt, aber auch stolz und aufgeregt.
Es brauchte Jahre, bis Alina Fernández den nötigen Abstand hatte, um von ihrem Leben auf Kuba zu erzählen. Das Erscheinen der spanischen Originalausgabe sorgte international für Aufsehen, das Buch wurde von Kritikern in seiner Bedeutung mit den Memoiren der Stalin-Tochter Swetlana gleichgesetzt.
Dieses Buch ist ein außerordentliches Dokument, es liefert erstmals Einblicke in das bisher unbekannte Privatleben Fidel Castros. Alina Fernández erzählt sehr lebendig, humorvoll und manchmal auch spöttisch und selbstironisch ihre Familiengeschichte, die vor allem eine Geschichte von Frauen ist.

Die Autorin

Alina Fernández wurde 1956 als uneheliches Kind von Naty Revuelta und Fidel Castro auf Kuba geboren. Seit ihrer Flucht 1993 engagiert sie sich gegen das Regime ihres Vaters. Alina Fernández lebt in New York.

Alina Fernández

ICH, ALINA

Mein Leben als Fidel Castros Tochter

Deutsch von Diemut Rother

Rowohlt Taschenbuch Verlag

Veröffentlicht im Rowohlt Taschenbuch Verlag GmbH,
Reinbek bei Hamburg, Juni 2000
Copyright © 1999 by Rowohlt Verlag GmbH,
Reinbek bei Hamburg
Die Originalausgabe erschien 1997 unter dem Titel
«Alina. Memorias de la hija rebelde de Fidel Castro»
bei Plaza & Janés Editores S. A., Barcelona
«Alina. Memorias de la hija rebelde de Fidel Castro»
© 1997 by Alina Fernández
Redaktion Katja Mecklinger
Umschlaggestaltung Barbara Hanke
(Foto Fidel Castro: Archiv für Kunst und Geschichte, Berlin/AP
Foto Alina: Shoba/Contrasto/Agentur Focus)
Gesamtherstellung Clausen & Bosse, Leck
Printed in Germany
ISBN 3 499 60941 X

Für alle, die Kubaner waren, sind
und sein werden

Der Familienstammbaum

Es war einmal ein kleiner Engländer, der lebte im Nordosten Englands, in Newcastle-under-Lyme. Er hieß Herbert Acton Clews. Und es war einmal Angel Castro, ein Junge in einem galicischen Dorf, in der spanischen Provinz Lugo. Und dann gab es noch einen Jungen, der lebte in Istanbul, wo er die Blinden beklaute. Seine Familie, konvertierte Juden, hatte bessere Zeiten gekannt. Aus ihrem Nachnamen hatten sie einen Buchstaben entfernt und hießen jetzt Ruz.

All diese sehnten sich nach einem neuen Leben.

So ging es auch einem Halbwüchsigen in Santander, Agustín Revuelta y San Román, Nachkomme eines edlen Herrn, der am spanischen Hof den Rang eines «bedeckten Ritters vor der Königin», eines Granden, hatte. In manchen spanischsprachigen Ländern bedeutet «bedeckt», daß die Vorhaut des Herrn noch intakt ist. In diesem Fall heißt es, daß der Mann vor Ihrer Majestät seinen Hut auf dem Kopf behalten durfte.

Aus den unterschiedlichsten Gründen beschlossen diese Männer also, in der weiten Welt ihr Glück zu suchen. Abenteurer waren sie alle, und ihre Herkunft war ihnen nicht besonders wichtig. Eines Morgens stachen ihre Schiffe in See. Der Ozean war glatt und ruhig, die ganze Welt stand ihnen offen.

Fast gleichzeitig, als sei der eine im Kielwasser des andern gesegelt, legten sie im Hafen der Hauptstadt Havanna an. Jenem Ort, den der Pirat Morgan links liegen gelassen hatte, um seinen Schatz am Strand von María la Gorda zu vergraben, in einem verborgenen Tal, das bis heute nicht erforscht ist.

Herbert, der kleine Engländer, hatte ein Näschen dafür, wo Geld zu holen war, dabei fehlte ihm der Geruchssinn.

Einer der beiden Spanier, der Galicier Ángel, kam als Rekrut der spanischen Truppe. Ihn hatten sie bei einer dieser mittelalterlichen Aushebungen gegriffen, der er sich nicht rechtzeitig hatte entziehen können.

Der Türke erlitt ziemlichen Schiffbruch in den Kolonialkriegswirren und nahm den unverdächtigen Namen Francisco an.

Der Spanier aus Santander brachte ein Empfehlungsschreiben mit. Er ließ sich als Tuchhändler nieder und heiratete Maria, die ihm wenig später ein Kind gebar: Manolo Revuelta.

In einem Kuba, in dem die Zukunft höchst ungewiß war, warteten die Frauen auf diejenigen, mit denen sie ihre Nachkommen zeugen sollten. Damals, als das Jahrhundert gerade herandämmerte, gab es wunderschöne Frauen, Mischungen verschiedener Rassen und Stände: Töchter eines Galiciers und einer bildschönen Schwarzen, vielleicht noch mit stolzer Nase und friedlichem

Wesen, wenn das Blut der indianischen Ureinwohner Jahrhunderte später noch einmal durchbrach. Töchter eines Chinesen und einer Mulattin oder eines französischen Großgrundbesitzers und einer Haitianerin, Verbindungen, in denen das Blut allmählich immer heller wurde.

Es dauerte gar nicht lange, da begannen sich die Schicksale der Familien Clews, Castro, Ruz und Revuelta zu kreuzen. Schicksale wandeln auf verschlungenen Pfaden.

Nur einer mußte, gescheitert, in seine Heimat zurückkehren. Das war Ángel. Der kubanische Unabhängigkeitskrieg hatte ihn besiegt. Ein heroischer Kampf, der drei Jahre dauerte, von 1895 bis 1898. Anschließend waren die Sklaven frei und die östlichen Provinzen verwüstet, denn die Aufständischen zündeten die Zuckerrohrfelder an, und die Frauen der Mambises[1] steckten in einem Akt der Befreiung ihre eigenen Häuser in Brand.

Als die spanische Regierung die Kolonialtruppen demobilisierte, erhielt Ángel eine Pension, mit deren Hilfe er auf die Insel seiner Träume zurückkehrte. Er hatte einen Hang zur Durchtriebenheit und Arglist und dachte ununterbrochen darüber nach, wie er sich Vorteile verschaffen konnte. Er kaufte ein winziges Stück Land irgendwo in der östlichen Provinz und baute sich in einem Ort namens Birán einen Besitz auf. Nach und nach brachte er es zum Großgrundbesitzer, indem er im Schutz der Dunkelheit heimlich Zäune versetzte und

---

[1] Aufständische Kubaner, die sich Ende des 19. Jahrhunderts gegen die spanischen Kolonisatoren erhoben. (AdÜ)

das neue Land einfach bestellte. Er heiratete Maria Luisa Argote, die ihm zwei Kinder gebar, Pedro Emilio und Lidia.

Interessant ist, wie er billige und willige Arbeiter an sich band: Er beschäftigte entfernte Bekannte aus Galicien für einen Zeitraum von vier Jahren, versprach ihnen, ihre Ersparnisse aufzubewahren, und zwang sie so, mit Gutscheinen in seinem eigenen Laden einzukaufen. Wenn die Zeit um war, brachte er sie an einen entlegenen Ort, wo er sie ermordete.

Der Engländer hatte mit dem Krieg eigentlich nichts zu tun, aber am Ende geriet er rein zufällig doch hinein. Er war Schiffsbauingenieur, und auf seinen Reisen lernte er den Wert exotischer Tropenhölzer kennen und schätzen. Er hatte sich ein Sägewerk gekauft, begann dann aber, mit Waffen zu handeln, die er den aufständischen Kubanern für den Kampf gegen Spanien verkaufte. Als die spanischen Behörden davon erfahren hatten und ihn verhaften wollten, mußte er flüchten und schlug sich auf die andere Seite; als der Krieg zu Ende ging, war er Oberst. Auf einer alten Daguerrotypie ist er splitternackt zu sehen, wie er sich gerade in einem Fluß wäscht.

Sein Prestige als Freiheitskämpfer verhalf ihm zu dem Auftrag, gemeinsam mit anderen Ingenieuren in Havanna den ersten Teil des Malecón zu bauen, der Strandpromenade just jenes Hafens, den der Pirat Morgan links liegen gelassen hatte. So verschlug es ihn nach Artemisa, in Pinar del Río, an das Ende der Insel, das von Ángels kleinem Reich am weitesten entfernt lag. Dort baute er ein Elektrizitätswerk und heiratete Natalia Loreto Alvarez de la Vallina. Sie hatten vier Söhne und eine Tochter, die sie Natica tauften, ein vollendetes Geschöpf. Eine berückende Schönheit, die auf die Welt kam, als das neue Zeitalter begann.

Francisco Ruz, der vor allem seinen Erinnerungen an bessere Zeiten nachhing, war das Schicksal weniger wohl gesonnen. Seine Trägheit spottete jeder Beschreibung. Er gab immer beim kleinsten Widerstand auf, und eines Tages brachten ihn die vielen Fehlschläge und seine Frau Dominga, die mit Hilfe von Schneckenhäusern, Kokosnußschalen, Knöchelchen und Stöckchen in ihren Congo-Riten die Zukunft vorhersagte, dazu, von einem Ende der Insel zum anderen zu wandern, um dem Elend zu entkommen.

Sie brachen eines Morgens in der Nähe von Artemisa auf. Auf einem Karren, der von zwei Ochsen gezogen wurde, thronten seine Frau und die drei Töchter. Sie mußten mehr als 1200 Kilometer zurücklegen, bis sie in Birán ihr Ziel erreichten. Die jüngste Tochter hieß Lina.

Revuelta war kein vornehmer Familienname, obwohl man den einen oder anderen Granden zu den Vorfahren zählen konnte. In dem kleinen Dorf in Santander hatten alle, vom Händler bis zum Schmied, den gleichen gesegneten Namen getragen. Sohn Manolo, schon ein typischer Inselbewohner und Kreole, verspürte nicht einmal den Drang, sein Glück zu machen. Er war ein Mann, bei dessen Anblick die Frauen schwach wurden, und sein Schlafzimmerblick, der sie förmlich auszuziehen schien, tat ein übriges.

Er sah so gut aus, daß er etwas Entwaffnendes hatte. Ihm reichten seine Gitarre und die Stimme eines Troubadours, um sich durchs Leben zu schlagen. Ehrlich gesagt, interessierte sich Manolo nicht sehr für die Welt um ihn herum. Sein größtes Glück war ein Glas kubanischen Rums mit Minze und Zucker, dieses unsägliche Gift, das als «Mojito» bekannt ist. Sooft er konnte, war er betrunken.

Das zwanzigste Jahrhundert lernte gerade laufen, als Lenin, inspiriert durch Marx und Engels, sich am Medicibrunnen im Pariser Jardin de Luxembourg in den Schatten der Kastanienbäume setzte und dachte: «Was tun?» Die Vergnügungen der Bordelle konnten ihn nicht mehr locken, er hatte sich dort eine ruhmreiche Krankheit geholt, die man in anderen Zeiten schändlich genannt hätte. Er lebte wohlbehütet, versorgt von der französischen Regierung, die ihm als Flüchtling freundlicherweise eine Unterstützung zukommen ließ. «Was ist noch zu tun?» dachte er, als ihm das vieldeutige Plätschern des Brunnens eine Antwort eingab. Er begann wie ein Besessener zu schreiben, und als er sich ausruhte, hatte er die entschlossene Miene desjenigen, der weiß, wie Geschicke zu lenken sind. Wenig später kehrte er nach Rußland zurück.

Francisco und Dominga hatten hoch auf ihrem Pechkarren die ganze Insel umrundet. Als sie in Birán ankamen, waren sie drauf und dran, sich mit der ganzen Familie ins Meer zu stürzen. Dominga faßte sich ein Herz, wählte den einzigen Ausweg, der ihr möglich erschien und wandte sich an Ángel:

«Don Ángel, wir haben nur meine Hexenkünste und

diese Töchter. Suchen Sie sich eine aus und lassen Sie uns in der Schilfhütte dort oben wohnen ...» Don Ángel gefiel die Jüngste, die sehr aufgeweckt war und im gleichen Alter wie seine Tochter Lidia. Dieses Mädchen kannte keine Skrupel, sie strotzte nur so vor Energie und rebellischer Fröhlichkeit. Sie war anders als diese demütigen und fügsamen Bäuerinnen, die er mehr schlecht als recht mit seinen zahlreichen Söhnen geschwängert hatte.

«Ich nehme Lina.»

Lina, die Tochter eines Türken und einer kubanischen Hexe, einer Mulattin, deren Vorfahren aus dem Kongo oder Kalabar[2] stammten, weinte vor Schmerz in den ersten Nächten. Der Schreck und das Unbehagen, das sie im Anblick ihrer blutverschmierten Wäsche überkam, verbanden sich mit dem Schmerz, ihre Unschuld verloren zu haben.

Unterdessen beschwor der englische Freiheitskämpfer, der sich inzwischen mit seiner Familie in der Hauptstadt Havanna niedergelassen hatte, seine Tochter Natica, dieses wunderbare unbegreifliche Geschöpf, derentwegen die Straßenbahnen anhielten, nicht einen Verwaltungsbeamten aus dem Straßenbauamt, der außerdem Alkoholiker war, zu heiraten.

In seinem englisch gefärbten Spanisch prophezeite er ihr: «Dies wird das Unglück deines Lebens sein.»

Natica war eine der schönsten und begehrtesten Frauen Havannas. Sie inspirierte die Modeschöpfer und

---

[2] Anspielung auf die Abstammung von westafrikanischen Sklaven. (AdÜ)

wurde von den Schürzenjägern verfolgt. Als sie den mittellosen Trinker Manolo heiratete, hinterließ sie zahllose gebrochene Herzen. Wenig später bekamen sie ein Mädchen, Natalia, das im Sternzeichen des Schützen geboren wurde.

Don Ángel, der galicische Patriarch in einem einsamen Winkel Kubas, der ursprünglich nur irgendeinem Mädchen mit seinen Pranken die Kleider vom Leib gerissen hatte, verliebte sich allmählich in Lina und zeugte alle weiteren Kinder in Liebe. Das dritte kam bei Tagesanbruch zur Welt, im Sternzeichen des Löwen. Nachdem sie die Sterne befragt hatte, kniete Dominga nieder, küßte die Erde und sagte zu Lina: «Dieses ist das einzige deiner Kinder, das es im Leben weit bringen wird.» Es hieß Fidel.

Innerhalb von vier Monaten kamen Natalia und Fidel an den entgegengesetzten Enden der Insel Kuba, die einem leicht gekrümmten Alligator ähnelt, zur Welt. Naty wurde getauft, wie es sich gehört. Fidel nicht, denn er war ein uneheliches Kind. Jedoch besaß Ángel genügend Stolz und einen Rest Anstand, um seiner Frau María Luisa mitzuteilen, daß es nicht gerecht zuginge in Anbetracht der vielen Kinder, die ihm Lina schenkte. Aber er wollte sein Reich nicht teilen. «Was tun?» fragte sich also auch der Galicier, und seine Sorge galt dabei nicht der Philosophie, sondern den praktischen Dingen des Lebens.

Kurze Zeit bevor er sich an das Gericht wandte, das die mißglückte eheliche Verbindung löste, überschrieb Don Ángel seinem Busenfreund Fidel Pino sein gesamtes Vermögen. Als er sich scheiden ließ, war er vor dem Gesetz mittellos.

María Luisa erhielt die gesetzlich vorgeschriebene winzige Pension, der galicische Patriarch behielt eines der beiden gemeinsamen Kinder: Pedro Emilio.

Nach einer angemessenen Frist gab Fidel Pino die Besitztümer an Ángel zurück.

Als Lidia, das andere der beiden Kinder, das geräumige Gutshaus verlassen mußte, um bei ihrer Mutter in einem verfallenen Haus aufzuwachsen, entwickelte sie sich zu einer niederträchtigen Person.

Naty wuchs alleine auf, in einem gespaltenen Zuhause, geprägt von der Alleinherrschaft ihrer Mutter Natica und der existentiellen Verzweiflung Manolos. Sie hatte riesengroße grüne Augen, die ihr ganzes Gesicht einnahmen, und den Blick einer traurigen Alten. Nichts schien sie umbringen zu können: Mit zwei Jahren überlebte sie eine Epidemie, die die Kinder zu Hunderten dahinraffte, die Übersäuerung. Die verzweifelte Natica hatte die Hoffnung schon aufgegeben, als sie zusehen mußte, wie Naty sich ständig übergab. Eines Morgens hielt sie sie bereits für tot, setzte sich trauernd in den Salon und weinte bitterlich vor sich hin, als ihr auf einmal ein schwarzer Engel erschien: Es war Naty, von oben bis unten besprizt mit Bohnenmus aus einem Topf, den sie in der Küche umgestürzt hatte. Sie hatte die Flüssigdiät abgebrochen, die man ihr verordnet hatte. Sie war die erste, die überlebte, und stellte damit die kinderärztlichen Behandlungsmethoden auf den Kopf.

Dieses Wunder wiederholte sich einige Jahre später, als sie mit fünfzehn an Brucellose erkrankte und monatelang im Fieberdelirium in einer mit Eis gefüllten Badewanne verbrachte. Sie überlebte die Weilsche Krankheit, die Gelbsucht und den Angriff eines Hundes, der sie in blinder Raserei in den Gaumen biß.

Naty wuchs zu einem schönen jungen Mädchen heran. Mit ihrem glockenhellen Lachen und ihrer Wespentaille war die Blonde mit der dunklen Haut und einem wohlgeformten Körper bald der Mittelpunkt aller gesellschaftlichen Ereignisse Havannas.

Fidel verbrachte die ersten Jahre seines Lebens gemeinsam mit seinen Geschwistern in der Schilfhütte nördlich des Gutshauses, in der seine Großmutter Dominga und seine Mutter Lina jede Nacht die Schutzgeister anriefen. In einer Hand eine Kerze, in der anderen ein Glas Wasser, sangen sie endlose Beschwörungsformeln.

Ohne sich auch nur ein Haar zu krümmen, überlebte er die zahlreichen Flugversuche, die er mit nicht einmal fünf Jahren unternahm. Den ersten Schulunterricht erhielt er in einer kleinen Holzhütte, die ein paar Kilometer vom Gutshaus entfernt lag. Jeden Morgen mußten sich die Kinder, um in ihr Klassenzimmer zu kommen, durch das Brachland kämpfen, das zugewuchert war mit Guineabananenstauden und Unkraut. Die Brüder nahmen ihn ans hintere Ende der Schlange, weil er die seltsame Angewohnheit hatte, drei Schritte vorwärts und einen zurück zu gehen.

Manchmal legte er sich auch mit der Sonne an und starrte so lange hinein, bis er es nicht mehr aushielt. Dann raste er vor blinder Wut, denn er haßte es zu verlieren.

Wenn Lina sie wegen ihrer Streiche mit dem Gürtel

auspeitschte und die Brüder sich versteckten, um der Tracht Prügel zu entgehen, war Fidel der einzige, der die Hosen runterließ, ihr den nackten Po entgegenstreckte und sagte: «Schlag mich, Mami», worauf sie den Arm sinken ließ.

Seine erste Demütigung erlebte er, als er seinen Halbbruder Pedro Emilio hoch zu Roß erblickte, wie er stolz neben seinem Vater herritt, während er und seine Geschwister sich abseits halten mußten, als wären sie ein Schandfleck.

Bald entdeckte er auch, wie Don Ángel seine Landarbeiter unter die Erde brachte. Es war schließlich eine Erlösung, als Lina den Platz von María Luisa einnahm und die Kinder nicht mehr in die kleine Dorfschule gehen mußten, sondern als «Castros» die besten Schulen von Santiago de Cuba, der östlichen Provinzhauptstadt, besuchen durften. Als sie ihn nach Havanna schickten, konnte er all das hinter sich und Teil einer dunklen Vergangenheit werden lassen.

Naty wurde regelrecht vom Glück verfolgt. Wenn sie einen Tennisschläger in die Hand nahm, gewann sie das Match. Wenn sie in ein Schwimmbad sprang, verließ sie den Club mit einer Medaille um den Hals. Wenn sie einen Mann anschaute, warf er sich wenig später vor ihr auf die Knie.

Es dauerte nicht lange, da machte ihr abermals eine ihrer Krankheiten zu schaffen. Dank ihres durchbrochenen Blinddarms lernte sie Doktor Orlando Fernández-Ferrer kennen, der, benommen von diesem vollkommenen Körper, alsbald um ihre Hand anhielt.

Mit ihm hatte sie eine Tochter, die Natalie hieß.

Gelangweilt von all dem Glück, das sie mit keinem teilen konnte, begann sie, sich für die Schwachen und Benachteiligten der korrupten Republik zu interessieren. Sie trat dem Verband der Martianischen Frauen bei, die aus tiefer antiimperialistischer Überzeugung die Grundsätze des unverbesserlichen Romantikers, Kämpfers und Apostels José Martí hochhielten. In Eduardo Chibás, dem Führer der Orthodoxen Partei, entdeckte sie einen weiteren Lehrmeister. Was er auch sagte, erhielt ihre Zustimmung. Chibás beschuldigte einen der amtierenden Minister, er habe sich aus dem Staatshaushalt bedient. Doch im August 1951 mußte er in einer Radiosendung zugeben, daß er keine Beweise für seine Anschuldigungen beibringen konnte, und erschoß sich. Naty ging hin und benetzte ihre Hände mit dem Blut des Mannes, der nicht länger leben wollte, weil seine Ehre vom Ruch der Verleumdung befleckt war.

Etwa zur selben Zeit, als Doktor Orlando Natys außergewöhnlicher Schönheit erlag, hatte Fidel eine hübsche junge Frau namens Myrta Díaz-Balart bezaubert, die mit der politischen Aristokratie der Insel verwandt war. Einer ihrer Onkel war Innenminister. Sie hatten einen Sohn, den sie Fidelito nannten.

Fidel versuchte mit einem abgebrochenen Jurastudium und ohne Berufsausbildung irgendein Geschäft aufzubauen: Er züchtete Hühner auf der Dachterrasse des Hauses und eröffnete eine Garküche an einer Straßenecke in der Altstadt Havannas. Beide Unternehmungen scheiterten.

Damals beschloß er, seinen listigen Verstand in der Politik einzusetzen. Er wußte, wie er Rivalen ausstechen konnte, und stieg, begünstigt durch glückliche Umstände, zum Studentenführer auf. Schließlich wurde er auf Vorschlag eines Bruders von Chibás als Kandidat der Orthodoxen Partei für die Abgeordnetenwahl aufgestellt. Er machte eine glänzende Figur und besaß einen bestechenden Charme.

Wie schon zwei andere Frauen vor ihnen brachten Naty und Myrta zufällig fast zur selben Zeit ihre ersten Kinder zur Welt.

Obwohl böse Gerüchte in Umlauf waren, die Fidel mit dem Selbstmord von Chibás in Verbindung brachten – schließlich war er einer der möglichen Nachfolger an der Spitze der Orthodoxen Partei –, kamen sie Naty nie zu Ohren. Selbst wenn sie davon erfahren hätte, hätte sie es nicht geglaubt, denn ihr Glaube an das Gute im Menschen wäre größer gewesen.

Eines Tages erhielt Fidel einen Schlüssel in einem Umschlag aus Büttenpapier, der geheimnisvoll duftete. Es war der Schlüssel zu einer Wohnung im Vedado, die der Partei zur Verfügung gestellt werden sollte. Absenderin war Naty Revuelta, die denselben Schlüssel dreimal hatte nachmachen lassen. Die zwei weiteren Kopien ließ sie den beiden anderen Männern zukommen, die die Säulen der Chibás-Partei bildeten.

Es dauerte nicht lange, da erschien Fidel bei Naty zu Hause, in seinem besten gestärkten Guayabera-Hemd, mit einer frischen Bügelfalte in der Hose und um den Hals das Amulett seiner Großmutter Dominga, das ihm die Türen öffnen sollte. Nachdem er die Prüfung durch eine hellseherische Angestellte und eine inquisitorische Mutter bestanden hatte, rief man nach der eigentlichen Besitzerin des Schlüssels.

Als Naty in der Empfangshalle erschien, erstarrten sie beide wie von einem Blitzschlag getroffen. Sie fühlten sich sofort miteinander verbunden, die Welt um sie herum versank.

Sie trat zum erstenmal als Bürgerrechtlerin und Rebellin auf, und er war sich bewußt, daß er hier in einen verbotenen Tempel eindrang. Naty lud ihn in ihren Tennisclub El Vedado ein, und er verabredete sich mit ihr für eine Studentendemonstration auf der Freitreppe der Universität von Havanna, an deren oberem Ende die kubanische Alma mater mit ihren weitgeöffneten starken Armen thront.

Natürlich kam er nicht in den Club, denn Clubs entsprachen nicht seinen Vorstellungen von einer gerechten Gesellschaft.

Sie hingegen hatte bei einem Studentenprotest nichts zu befürchten. Schließlich war sie genauso jung und hübsch wie die anderen – und außerdem besser angezogen.

Mitten in einer schreienden Menge aufsässiger junger Leute, die wegen einer Hinrichtung protestierten, die mehr als ein halbes Jahrhundert zurücklag[3], trafen sie sich durch die magische Kraft des Zufalls wieder. Seine Hand ergriff die ihre, und er führte sie zu einer improvi-

---

[3] Gemeint sind acht Medizinstudenten, die am 27. November 1871 von den spanischen Kolonialtruppen im Kampf gegen die aufständischen Mambises hingerichtet wurden. (AdÜ)

sierten Tribüne, wo er die erste und eine seiner besten öffentlichen Reden hielt, bis er von aufgebrachten Polizisten unterbrochen wurde, die durch die laut hupenden, im Stau stehenden Autofahrer nervös geworden waren.

Naty kam erst spät abends nach Hause, aber sie mußte sich vor niemand rechtfertigen, denn Orlando hatte wieder einmal einen seiner nicht enden wollenden Dienste im Krankenhaus, und Natalie, das Mädchen, schlief tief und fest, wohlbehütet von einem der Hausmädchen. So konnte sie sich in aller Ruhe ihren erleuchteten Gedanken hingeben, die sie sanft in den neuen Tag hinübertrugen. Die einzige, die in ihren Augen statt der üblichen Sanftmut eine innere Entschiedenheit aufscheinen sah, war die Köchin Chucha, aber sie sagte nichts.

Myrta hatte, wie meistens in der letzten Zeit, eine sehr unruhige Nacht verbracht. Ihr übernächtigter Mann, Fidel, verabreichte dem kranken Sohn Fidelito gewöhnlich die Medikamente, doch in dieser Nacht hatte sie die Vorahnung einer Tragödie: Das Kind, das schwächlich und untergewichtig zu Welt gekommen war, schwand ihr unter den Händen weg, weil es sich ständig übergab und Durchfall hatte. Fidel und der Kinderarzt liefen sich vor dem Haus über den Weg. Der Arzt wurde hereingebeten und hatte rasch festgestellt, daß das Kind durch eine Überdosis Vitamine vergiftet war, die – dem Vater zufolge – seine Gewichtzunahme beschleunigen sollten.

Tags darauf brach der Arzt seine Schweigepflicht und berichtete Myrtas Familie davon. Myrta verbarg sich hinter einer Mauer aus Stolz und Schrecken, womit sie die

Unvernunft ihres Mannes deckte. Weder ihr Onkel noch ihre Brüder konnten ihr klarmachen, daß sie in ständiger Gefahr lebte.

Batista war als Unteroffizier des Heeres Schreiber gewesen. Den ersten Aufruhr verursachte er Mitte der dreißiger Jahre, als er die Militärs durch seinen schnellen Aufstieg beunruhigte. 1940 wurde er zum Präsidenten gewählt und regierte bis 1944. Er war bereits General, als er sich 1952 wieder an die Macht putschte und zum Präsidenten der Republik Kuba ernannte. Auf Menschenleben nahm er keine Rücksicht. Das ganze Land fühlte sich geschändet.

Nach dem Tod des edlen Chibás beschloß Fidel, der schließlich zum Parteiführer ernannt wurde, den Ideen Taten folgen zu lassen. Er organisierte die Bewegung im Untergrund, die in verschiedene Zellen unterteilt war, und begann eine unaufhaltsame Karriere. Er machte Santiago zum Schauplatz seines ersten Husarenstücks. Unter dem Vorwand, am Wochenende ein Manöver zu proben, versammelte er dort die Aktivisten aus dem Untergrund. Sie wußten nicht, daß sie die größte Militärkaserne in der Provinz angreifen sollten.[4]

---

4 Die Moncada-Kaserne, die Fidel mit seinen Leuten angriff, war bis 1959 die zweitwichtigste Festung des Heeres und Sitz der Militärkommandantur der damaligen «Ostprovinz». Sie liegt in Santiago de Cuba und trägt den Namen des Mambí-Generals Guillermo Moncada. Fidel Castro und etwa hundert Revolutionäre griffen die Kaserne am 26. Juli 1953 an, wurden jedoch geschlagen.

Naty war in den ganzen Plan eingeweiht, fast könnte man sagen, er sei in ihrem Haus geschmiedet worden. Sie beteiligte sich, indem sie all ihren Schmuck verkaufte, um damit die notwendigen Waffen zu bezahlen. Ihre Aufgabe war es, zum Zeitpunkt des Angriffs, um fünf Uhr morgens, Flugblätter auf den Straßen von Havanna zu verteilen.

Naty begab sich für Fidel in ausweglose Situationen. Sie folgte ihm, wohin er auch ging, und schien eher verhext als verliebt zu sein. Ihrem Mann Orlando schrieb sie einen Brief, in dem sie ihm ihre unschickliche Liebe gestand, ein Brief, der ihn in Verzweiflung stürzte.

Währenddessen hatte Fidel in Santiago seine Gefolgschaft überschätzt, denn kaum einer seiner gut sechzig Männer, die sich an der militärischen Übung beteiligten, nahm den Angriff ernst. Die Männer aus Havanna verirrten sich in den verwinkelten Straßen Santiagos. Der Plan scheiterte auf ganzer Linie, da sie die Kaserne ausgerechnet in dem Moment angriffen, als die Hälfte der Soldaten von den Karnevalsfeiern zurückkehrte, so daß sie auf einmal zwischen zwei Fronten standen. Das Ganze endete in einer vernichtenden Niederlage und einem solchen Durcheinander, daß hinterher nicht mehr herauszufinden war, wer die Helden waren und wer nur zufällig hineingeraten war. Keiner hatte mit einer Niederlage gerechnet, und jetzt wurden alle wie die Ratten gejagt.

Doch Fidel wurde durch dieses fulminante Debakel plötzlich berühmt. Aus irgendeinem Grund, vielleicht dank der Schutzheiligen seiner Mutter Lina oder Domingas Congo-Riten oder weil beide sofort begannen, Ziegen und Hühner zu opfern, als sie davon erfuhren, blieb Fidel unversehrt, während viele andere starben oder gefoltert wurden.

Immerhin war er mit der Nichte des Innenministers verheiratet; bestraft wurde er mit einer Haft im Rundbau auf der Isla de Pinos.

Auch für Naty änderte sich alles. Während der zwei Jahre, die Fidel im Gefängnis verbrachte, tat sie alles, was in ihrer Macht stand, um die Zeit des Gefangenen mit Beschlag zu belegen. In ihren Briefen führte sie ihn in die Freiheit, beschrieb ihm jede Einzelheit ihres Tagesablaufs, das Licht, die Gerüche und die Leute. Das alles war verbrämt mit einem romantischen Idealismus und dem Glauben an die Gerechtigkeit, die Gesellschaft und die Menschheit. Sie überhäufte ihn mit Geschenken, Büchern und Naschereien. Sie schrieb auch an Raúl, Fidels jüngeren Bruder, der sich mit zärtlichen Briefen bedankte, in denen er sie «meine kleine Schwester» nannte. Sie kümmerte sich sogar um Myrta und den Sohn. Sie war die Prinzessin der Aufständischen, eine Allwissende.

Fidel antwortete ihr voller Leidenschaft. Er las ihre Bücher und kommentierte sie äußerst scharfsinnig und ausgiebig. Mit einer winzigen, kaum lesbaren Schrift nutzte er selbst die Ränder der Blätter.

Der stille Gedankenfluß ihres Briefwechsels hätte endlos so weitergehen können. Man konnte sich die beiden allein auf einer Insel vorstellen, als einzige Überlebende einer Schiffskatastrophe: Während der eine dozierte, hörte die andere zu. Und wenn am Horizont ein Schiff aufgetaucht wäre, das sie hätte retten können, wären die beiden im Gras liegen geblieben, eingehüllt in den geheimnisvollen Klang Seines Wortes.

Aus der Haftanstalt schrieb Fidel auch an seine Frau Myrta. Manchmal, wenn seine Vorstellungskraft erschöpft war, schrieb er aus den Briefen an Naty ab. Bis eines Abends der ermüdete Gefängniszensor, der ein Vergrößerungsglas benutzen mußte, um diese zweifachen Briefe zu entziffern, den Brief für die eine mit dem für die andere verwechselte. So erfuhr Myrta, daß Fidel eine andere Frau liebte, was sie zutiefst verletzte. Naty hingegen hatte den Brief an Myrta zurückgegeben, ohne ihn geöffnet zu haben.

Pünktlich zur Entlassung erhielt der Gefangene die Scheidungsurkunde.

Naty blieb jedoch mit Doktor Orlando verheiratet, da er in der ideologischen und platonischen Verliebtheit seiner Frau keinen Anlaß sah, sich scheiden zu lassen. Nach den Monaten des leidenschaftlichen Briefwechsels, in denen ihre Liebe außer Kontrolle geraten war, suchte Fidel Schutz bei dieser warmherzigen und vertrauensvollen Frau. Zudem war Naty die einzige, die ihn mit offenen Armen empfing. Er versprach dieser grünäugigen Schönheit, die sich in sein Herz geschlichen hatte, alle Freuden der Welt – oder zumindest jenes Fleckchens der Erde, auf dem sie lebten.

Sie trafen sich heimlich in einer Wohnung, die anderen gehörte, liebten sich und zeugten eines Nachmittags Alina.

Monate später ließ ihn Naty in der Verbannung in Mexiko von dieser Schwangerschaft wissen. Er zweifelte daran und bat sie, sich mit ihm in New York zu treffen.

Als Naty nicht kam, fühlte er sich betrogen. Wie konnte er ihr und ihrer bedingungslosen Opferbereitschaft nur mißtrauen?

Denn tatsächlich hatte sie nicht kommen können, da der Fötus mit aller Gewalt gegen die Enge des Mutterleibs ankämpfte. Durch absolute Bettruhe gelang es ihr, eine Frühgeburt zu verhindern. Mit einem heftigen Blutschwall kam Alina am 19. März 1956 zur Welt.

In den Monaten der Unbeweglichkeit hatte Naty Fidel jeden Tag geschrieben, unzählige Briefe, denen sie Ausschnitte aus kubanischen Zeitungen beilegte.

Dennoch wollte Fidel einen weiteren Beweis und schickte seine Halbschwester, die niederträchtige Tante Lidia, um die Züge des Neugeborenen zu untersuchen. Lidia war klug genug gewesen, sich ebenfalls der Sache der Aufständischen zu verschreiben, und Naty empfing sie, als habe sie der Himmel geschickt.

«Wie haben Sie die Kleine genannt?» wollte sie wissen.

«Alina. A Lina, wegen ihrer Großmutter ...»

«Kann ich sie sehen? Fidel bat mich, sie ganz genau anzuschauen.»

Lidia krempelte den linken Ärmel des Leinenhemdes des kleinen Mädchens um und entdeckte ein ein Dreieck bildendes Muttermal. Dann drehte sie die Kleine auf den Bauch, um ihre linke Kniekehle zu untersuchen. «Und hier ist das Mal in der Kniekehle. Dieses Mädchen ist eine Castro», befand sie.

Weil sie sich einsam und schwach fühlte, war Naty nicht etwa gekränkt, sondern auch noch dankbar.

Lidia übergab ihr ein Geschenk von Fidel, runde Ohrringe und ein Armband, fein ziseliert aus mexikanischem Silber für die Mutter, Ohrgehänge aus Platin, die mit einer Perle und einem winzigen Brillanten besetzt waren, für das Mädchen.

Für Naty war das wie der Segen der Götter, nun konnte sie mit ihren Schicksalsschlägen versöhnt sein.

Als Fidel die Insel mit einer Spielzeugjacht überfiel und man ihn schon tot glaubte, war seine Mutter Lina bereits ihre engste Verbündete.

Sie war nach Havanna gereist, um ihre neue Enkelin kennenzulernen, drückte Naty die Hand und sagte: «Hab keine Angst, meine Kleine. Heute nacht ist mir der Apostel Jakob auf einem weißen Pferd erschienen und sagte mir, daß mein Sohn lebt. Mach dir keine Sorgen. Ich werde nicht aus dem Leben scheiden, ohne meiner Enkelin etwas zu hinterlassen. Ich habe beim Kassierer des Gutshofs in Birán ein paar Diamanten versetzt. Die müssen noch dort sein. Sie sollen dir gehören.»

Naty erholte sich ebenso rasch vom Kindbett wie von ihren schrecklichen früheren Krankheiten. An Fidel schickte sie alle möglichen Leckerbissen, die ihm seinen Aufenthalt in der Sierra Maestra erleichtern sollten. Außer ihr schien nur das nordamerikanische Magazin *Life* mit derselben Hartnäckigkeit hinter ihm herzusein. Manchmal war ihre Mutter Natica die Botin. Sie riskierte ihr Leben, um am Fuß des Gebirges Geld und Berge von Schokolade abzugeben. Obwohl Natica diese langhaarigen Aufständischen verachtete, unterstützte sie ihre Tochter. Schließlich ging es um den

Vater ihrer jüngsten Enkelin. Orlando, der in alles eingeweiht war, hatte den Familiennamen ritterlich zur Verfügung gestellt, damit die Kleine nicht namenlos bliebe.

Fidel war ganz verrückt nach den französischen Naschereien von Potin, der berühmtesten Konditorei im Vedado, und nach Literatur. Naty erhielt dafür ein paar Patronenhülsen als Andenken. Sie floh aus dem wirklichen Leben in eine Scheinwelt, da sie die verächtlichen Gerüchte über die Abkunft ihrer jüngsten Tochter nicht ertrug. Hinzu kamen die Sorgen über die unsichere Zukunft sowie der Schmerz und die Trauer, die sie ihrer Familie durch ihre Liebe zufügte. Sie trug diese Liebe vor sich her, wie Karl der Große das christliche Schwert vor sich hergetragen hatte, ohne auf das Einverständnis des Papstes zu warten.

Fidel, der drei Jahre nach diesen Ereignissen triumphierend in Havanna einzog, ein Sieg, der sein Menschenbild revolutioniert hatte, fand sich mit der Unabänderlichkeit einer Situation konfrontiert, die er schon vor Jahren hinter sich gelassen zu haben glaubte.

Das Mädchen hatte nun keinen symbolischen Wert mehr und wurde zu einer Belastung, einem Schuldkomplex. Sie war das Gegenteil jenes Schlüssels, der ihm das Wunderland geöffnet hatte.

Ein unsteter Geist wie ich fragt sich natürlich, warum er immer in Havanna war. Havanna war eben ein Ort, an dem man am liebsten sein ganzes Leben lang geblieben wäre ...

Von jeder Stelle aus kam man zum Meer, und das

Meer gelangte mit seiner salzigen Feuchtigkeit überall hin, so daß die Stadt immer glänzte, die Wände und Hölzer stets frisch gestrichen erschienen.

Luft aus Sonne und Salz. Havanna war wie eine Zauberin, die die Menschen mit ihren Düften, ihren Launen und schlaflosen Nächten in ihren Bann schlug. Ich habe auf der ganzen Welt keine weiblichere Stadt gesehen.

Die Altstadt, die mit einer Patina überzogen und mit bunten Oberlichtern über den riesigen Fensterscheiben und Gittern, die sich von Balkon zu Balkon schwingen («Nachbarswächter» werden sie genannt), geschmückt war, verdeckte die kastilische Männlichkeit mit ihren üppigen Kurven.

Ich erinnere mich, wie einen die engen, schattigen Kopfsteinpflastergassen bei einem Nachmittagsspaziergang aus dem alten Teil der Stadt mit ihren Ziegeln, Hölzern und Säulen führten zu den pastellfarbenen neueren Häusern, die einen mit ihren Arkaden in Empfang nahmen. Arkaden, hinter denen sich riesige Eingangstüren verbargen. In diesen Portalen verlor die Luft etwas von ihrer erdrückenden Hitze, bevor sie in die Häuser eindrang, in denen die Kubaner die Zeit bis zum Anbruch der Nacht damit verbrachten, Domino zu spielen. Die Portale waren kühl und einladend. An den Straßenecken konnte man Muscheln kaufen. Es roch nach allen Früchten der Schöpfung. Ein Hauch von Verschwendung lag in der Luft. Jede Mulattin sah aus, als sei sie einem Roman vergangener Jahrhunderte entsprungen. Auf einer Bank im Prado konnte man die Vergangenheit vorbeidefilieren sehen. Es war eine kosmopolitische Stadt, die Tag und Nacht voller Fröhlichkeit war. Sogar die Viertel der Neureichen waren elegant und zeugten von gutem Geschmack.

Doch seit Fidel in Havanna einmarschiert ist, hat die Stadt etwas von jenen Frauen, die in der Blüte ihrer Schönheit deren Niedergang voraussehen und sich ihren künftigen Falten fügen.

Man kann verstehen, daß viele sich von der Aufregung mitreißen ließen: Einige Politiker mußten sich endlich den überfälligen Veränderungen stellen und die Asche ihrer Zigarren von den Hosenbeinen schütteln. Aber es tat in der Seele weh, Panzer auf dem Malecón zu sehen. Das schlimmste waren die Leute, deren Frohsinn sich über Nacht in Zerstörungswut und Hysterie verwandelte. Innerhalb von zwei Tagen gab es kein intaktes Hotel mehr, keine Mauer, keine Fensterscheibe, keinen Wagen. Sie rissen sogar die Parkuhren aus dem Boden, denn Fidel hatte ihnen eingetrichtert, sie seien «Symbole der Tyrannei».

Teil 1

Sie tauften mich auf den Namen Alina María Jose, als ob Alina nicht genug wäre. Nichts kündigte meine Geburt an. Kein geflügelter Bote. Kein Weiser aus dem Morgenland senkte sein gesalbtes Haupt.

Aber an jenem Morgen fühlte ich, wie die Sterne weinten in allen Winkeln des Weltalls, und meine Seele zog sich zusammen.

Ich flüchtete mich in einen Schlaf des Vergessens, der weder Hunger noch Tränen kannte. Ich war ein friedliches Baby, kein weinerlicher Schreihals.

Trotzdem bläst mir seither, sobald ich die Augen öffne, der Wind ins Gesicht. Offenbar treibe ich die Menschen zum Äußersten.

In der Wiege, verpackt in Windeln aus weißem Baumwollpiqué und umgeben vom Duft nach Orangenöl, suchte ich nach einer Brust, aber es war keine zu sehen. Ich versuchte, auf mich aufmerksam zu machen, indem ich hustete, und bereitete meiner Kinderfrau, der Nanni Mercedes, jahrelang schlaflose Nächte. Mercedes, mein nach Zimt und Vanille riechender Ruhepool, tröstete mich in ihrem graublauen Schaukelstuhl über den Schmerz des Lebens hinweg.

Die Nanni kannte keine Märchen. Sie mochte die Menschen nicht und war zu groß, um eine Elfe zu sein. Sie zog mich auf, indem sie mir zärtlich die Milchfläschchen wärmte.

Meine Mutter war eine richtige Fee, fern, geheimnisvoll und launisch. Wenn Feen entschwinden, bleiben die Wunder aus. Meine Fee hatte sich in den Falschen verliebt. Ein Fehltritt, der in den fünfziger Jahren, vor allem in Kuba, weder verzeihlich noch wiedergutzumachen war.

Während ihrer häufigen Abwesenheit zerriß ich den Spitzeneinsatz meines Nachthemds und lutschte wütend an meinem Schnuller. Wenn sich mir ihr flüchtiges Wesen näherte und sie mich mit ihren riesigen, smaragdgrünen fiebrigen Augen anschaute, hustete ich sanft.

Damals war Doktor Orlando mein Vater, der Arzt. Er trug einen weißen Mantel wie das Kindermädchen, aber ohne Ziersäume. Er war ein Gott und Zauberer der Herzen. Kardiologe hieß das, glaube ich. Er hatte eine wulstige Stirn wie ein Delphin.

Wenn er abends nach Hause kam, bückte er sich, um mich zu umarmen. Die untergehende Sonne, die hinter ihm durch die Glastür schien, verlieh ihm einen Strahlenkranz. Im unteren Teil des Hauses hatte er seine Praxis, in der er die Herzen der Menschen heilte.

Er weckte in mir eine Leidenschaft für Medizin, denn durch ihn lernte ich im Licht der Leuchtstoffröhren hinter dem zerbrechlichen Gerüst der Rippen das klopfende Wunder des Lebens kennen, die Geheimnisse des Schöpfers.

Meine Schwester Natalia war seine Lieblingstochter.

Sie war ein seltsames Kind. Sie weinte im Schlaf und war nie zufrieden, nicht einmal am Sonntag, wenn wir uns zum Mittagessen unter dem großen Kronleuchter versammelten, der tausend Glastränen weinte, wenn er angezündet wurde.

Nur wenn sie mit ihrem Vater zur Nachtwache ins Hospital ging, schien sie glücklich zu sein. Ich durfte nicht mit, weil Hunde und kleine Kinder nicht gestattet waren.

Chucha war meine Köchin mit einer Frisur wie aus schwarzem Lack. Ihr Kopf war bedeckt mit kleinen Knötchen, die in ein Haarnetz eingewickelt waren. Das seien keine Haare, sagte sie, sondern «Rosinen einer Kongo-Schwarzen». Sie war übersät mit kleinen Warzen und wiegte mich in dem graublauen Schaukelstuhl, eingehüllt in ihren üppigen Geruch nach süßsauren Köstlichkeiten, Hefegebäck und Zwiebeln. Chucha liebte Märchen. «Patakines»[5], nannte sie sie und brachte alles durcheinander: das Heilige Kind von Atocha, Rotkäppchen und Eleguá[6], das Kind Orischa der kubanischen Schwarzen. Diese Patakines versüßte sie mit einem ansteckenden Lachen.

---

5 Legenden, Mythen der Yoruba; ein Großteil der im 19. Jahrhundert in die Karibik verschifften Sklaven oder «Kontraktarbeiter» gehörte dem Stamm der in Benin und Nigeria beheimateten Yoruba an. Die religiösen Praktiken der Yoruba haben sich auf Kuba bis heute erhalten. (AdÜ)
6 Die sogenannte «Tricksterfigur» der Yoruba, ein Mittler zwischen Göttern und Menschen. Er wird zu Beginn jeder Zeremonie angerufen und soll die anderen Orischas (Gottheiten) herbeiholen; Eleguá ist auch der Herr aller Wege. (AdÜ)

«Eleguá bahnte Rotkäppchen den Weg durch den Wald. Die Großmutter ist Yansá im Totengewand, und Ogún[7], der Krieger, tötet den Wolf.»

Ich klammerte mich an ein rohseidenes schwarzweißes Kleid und rief «Lala! Lala!», aber niemand verstand, warum.

Es war das Kleid, das Großmutter Natica, die Gartenfee, trug, wenn sie hinausging, um die Pflanzen zu wässern.

Sie erschien jeden Tag zur selben Zeit, erteilte ein paar Anweisungen, aß zu Mittag und ruhte danach, bis eine innere Uhr sie aus dem Sessel hochriß und sie in ihrer weißen Uniform voller schwarzer Blüten in den Garten ging, um zu pfropfen oder zur Unzeit Samen und Setzlinge in die Erde zu stecken. Alles gedieh prächtig, weil Lala den grünen Daumen hatte, wie man sagte.

Sie mochte die Menschen, nur mich nicht so sehr.

Die Fee Natica, so schien es, hatte vor einigen Jahren einen Fehler begangen, als sie eines Nachmittags einem Mann, mit einem Amulett um den Hals, die Tür öffnete. Als es damals klingelte, rief Chucha, die durch den Spion schaute: «Gnädige Frau, befehlen Sie mir nicht zu öffnen! Machen Sie nicht auf! Da draußen steht der Leibhaftige!»

Natica mochte die Zeichen nicht deuten und noch weniger mochte sie es, wenn die Dienstboten ihr Anweisun-

---

[7] Ogun ist der Yoruba-Gott des Eisens und Beschützer der Schmiede, heute auch der Mechaniker und Chauffeure. Oyá Yansá ist die Göttin der Winde und Hüterin der Friedhöfe. (AdÜ)

gen gaben. Sie ging zum Eingang und ließ den Mann eintreten, der tadellos gekleidet war, mit gestärktem blauweißem Guayabera-Hemd. Das einzige, was sie störte, war sein fliehendes Kinn – ein Gesichtszug, der ihrer Meinung nach auf einen schlechten und intriganten Charakter schließen ließ. Für sie hatte sogar Christus seinen Bart nur, um einen solchen Unterkiefer zu verbergen.

«Ich suche Naty Revuelta, ist das ihr Haus?»

«Und wer sind Sie? Möchten Sie sich nicht vorstellen? Gehört sich das für die jungen Leute heutzutage nicht mehr?»

Dasselbe würde sie Jahre später zu meinen Freunden sagen.

Alles gehörte mir: Die Feen, selbst wenn sie nicht zu sehen waren, die Windhunde im Garten, das riesige Haus, die Treppe, die ich nur mühsam hochkletterte, die Galerie mit den Zimmern und Terrassen, der blühende Garten, die Nanni und Chucha. Ich machte mir wenig Gedanken, auch wenn mich die Atmosphäre des Hauses manchmal bedrückte und die Augen der Menschen zu Dolchen wurden, wenn sie die schönste Fee anschrien, die immer wieder verschwand und sich nicht festhalten ließ. Sie sei mit «revolutionären» Dingen beschäftigt, hieß es.

All das war eines Morgens vorbei. Ich erinnere mich genau. Mit meiner Fremdenlegionärsmütze saß ich da und knabberte an einem Gummiknochen aus der Hundehütte (deswegen hatte ich nie Zahnschmerzen), als plötzlich die Zeichentrickfiguren aus dem Fernsehen verschwanden. «Es lebe das freie Kuba!» dröhnte es durch den Raum, und auf dem Bildschirm tauchten stark behaarte Männer auf. Trauben von Affen, die an furchterregenden Wagen hingen und die ganze Straße ausfüllten. Sherman-Panzer hießen die Wagen und die Haarigen Rebellen.

In den Händen trugen sie lange Stöcke, ihre Uniformen waren aschgrün, und um den Hals trugen sie Ketten aus Samenkörnern wie die, die Chucha aus ihrer Schatulle holte, wenn sie Schnaps in den Tabak spuckte, ihn verkehrt herum rauchte und zu den Heiligen betete.

Schöne Frauen warfen ihnen Blumen zu.

Das war im Januar 1959 und der Triumph der Revolution. Tag für Tag triumphierte sie so, bis der wichtigste Affe eintraf und das Gespräch erstarb. Er redete und redete. Bis er heiser wurde.

Donald Duck, seine Neffen und Mickymaus verschwanden für immer, und fast vierzig Jahre lang hatten wir statt dessen die Langhaarigen im Fernsehen.

Weihnachten fiel diesmal aus, weil die Fee sagte, solange das Volk protestiere, verbiete es sich zu feiern. Das galt auch für die Heiligen Drei Könige. Nur nicht für die Haarigen, die nachts plötzlich bei uns zu Hause erschienen.

Diesmal brachte mich die Fee, nicht die Nanni, aus dem Kinderbett in das Wohnzimmer mit den unverwüstlichen Rattanmöbeln, die noch immer die Gesäßparade der Besucher überdauern.

Die Fee setzte mich auf den Fußboden in eine dichte Tabakwolke. Inmitten dieser stinkenden blauen Wolke saß der markanteste der Langhaarigen. Er bückte sich wie Papa Orlando zu mir runter und schaute mich prüfend an.

«Sie sieht aus wie ein Lämmchen. Komm her, Lämmchen», sagte er und gab mir eine Schachtel, in der eine Babypuppe lag, die aussah wie er: mit Bart, Sternen aus schwarzroten Dreiecken auf den Schulterklappen, einer Mütze und Stiefeln. Ich wollte ihm keinen Kuß geben, weil er so viele Haare im Gesicht hatte. So etwas hatte ich noch nie aus der Nähe gesehen. «Viva Fidel», riefen ihm die Blumenfrauen und die Menschenmenge zu, wenn er in einem dieser häßlichen Autos vorbeifuhr. Ich bekam zum erstenmal ein Geschenk, das unbrauchbar war, und so nahm ich die Puppe und begann ihr die Haare im Gesicht auszureißen, um wieder ein Baby daraus zu machen.

«Sakrileg!» rief jemand, vielleicht er selbst. Später rieb die Nanni mich mit Orangenöl ein, um den Geruch von feuchtem Tabak zu vertreiben, und wiegte mich, damit ich wieder einschlief. Sie sagte: «Eine Puppe! Was für ein Einfall, einem Mädchen einen Fetisch von sich selbst zu schenken!»

Als sie am nächsten Morgen Chucha davon erzählte, erinnerte die sich: «Vor Jahren habe ich der gnädigen Frau Natica gesagt, sie solle ihn nicht ins Haus lassen, den Teufel.»

In diesen Tagen begann es aus dem Fernseher zu schreien: «An die Wand! An die Wand!» Die Leute schienen wütend zu sein. Ein Mann stand mit verbundenen Augen und gefesselten Händen vor einer Mauer, sein weißes Hemd bekam dunkle Flecken, als er langsam zu Boden sank, getötet durch die Stöcke, die die Haarigen bei sich hatten, als sie nach Havanna kamen. Es war eine Erschießung, und es war traurig.

Zwei Männer, einer mit sorgenvoll gerunzelter Stirn, den sie Che nannten, und ein kleiner Indio namens Raúl, der aussah wie der Hemdenverkäufer von nebenan, befehligten die Exekutionen. Raúl war der Bruder des markantesten Bärtigen.

Doktor Orlando begann sich aufzulösen. Ich erinnere mich nur noch an sein Lächeln, als sei es das einzige, was von ihm übrigblieb, wie bei der Grinse-Katze aus Alice im Wunderland.

Der Tempel der Medizin wurde geschlossen, denn die Haarigen «intervenierten», und die Ärzte durften keine Herzen mehr mit nach Hause nehmen. Das nannte man «private Geschäfte» und war verboten. Auch dem Tuchverkäufer, den die neue Polizei eines Tages vor unserem Haus mitnahm, wurde sein Geschäft verboten. Nie wieder konnte ich mit der Nanni bunt gefärbte Küken in den schattigen Hauseingängen im alten Teil Havannas kaufen, auch keine frischen Früchte, kein Eis und kein Halbgefrorenes, denn all das waren anscheinend Privatgeschäfte. Damals bekam Papa Orlando ein Zittern in den Händen. Ihm blieb nicht einmal das Herz der Fee.

Natalies Blicke wurden immer trauriger, während Papa Orlando vor lauter Kummer beinahe umkam.

Als ich ihn zum letzten Mal sah, gab er mir einen Schlüssel. «Nimm, mein Kleines. Das ist der Schlüssel zum Zimmer mit den Lampen, wo die Göttin der Medizin schläft. Paß gut auf ihn auf, hoffentlich kannst du mit ihm eines Tages wieder aufschließen.»

Fidel fühlte sich wohl bei uns zu Hause. Im Morgengrauen kündigten ihn die quietschenden Bremsen der

Jeeps und der schwere Schritt seiner Stiefel an. Manchmal kam er allein, manchmal mit Trauerbart oder mit Rotbart.

Die Nanni stellte sich taub, wenn es an der Tür klingelte, und grummelte jedesmal, wenn sie mich aus dem Kinderbett hob und in den Salon brachte.

Mochten Chucha, die Fee Natica oder die Nanni Fidel auch noch so sehr ablehnen, so hatte doch er ganz allein den Tyrannen Batista besiegt, diesen schrecklichen Teufel. Wie Sankt Georg den Drachen.

«Jetzt, da Batista abgehauen ist, wird es keine Polizeispitzel mehr geben. Nachts werden keine bösen Männer mehr kommen, um das Haus zu durchsuchen», sagte Natalie.

Ich mochte die Spitzel. Ihnen gefiel meine Legionärsmütze, sie sprachen leise, wenn ich sie darum bat, brannten keine Löcher in die Sesselbezüge und verwandelten den Salon nicht in eine Räucherkammer voller Aschehäufchen.

Für mich war klar, daß diese neuen Besucher, die fast jede Nacht einfielen, alle lästiger waren als die alten. In der Küche sagten sie, ein Spitzel sei ein Spitzel und ich würde schon sehen, daß ich mich spätestens in dreißig Jahren vor einer neuen Geheimpolizei fürchten müßte.

Die einzige, die zufrieden durch das Leben schwebte, war die Fee. Mit einem Mal wurde sie gesprächig und blieb es für den Rest ihres Lebens.

Eine fieberhafte, unermüdliche Aktivität bemächtigte sich ihrer. Obwohl noch lange nicht von *emula-*

ción,⁸ und «Avantgarde» die Rede war, schien sie bereits ihr ganzes Leben danach auszurichten.

Offensichtlich trafen sie und der bärtige Fidel sich auch außerhalb des Hauses, denn wenn sie zurückkam, war sie wie von einem inneren Lächeln erleuchtet, und ihre Augen glänzten geheimnisvoll. Die Unzufriedenheit, die in ihrem Haus und ihrer Familie herrschte, nahm sie nicht wahr. Großmutter Lala Naticas Augenlider schwollen vom vielen Weinen dick an, weil man ihren Bruder Bebo seines Amtes als kubanischer Konsul enthoben hatte. Daß er zum «bestgekleideten Mann des Jahres in Jamaika» gekürt worden war, verhinderte nicht, daß er im Exil bleiben mußte und nicht auf die Insel zurückkehren durfte.

«Naty, um Himmels willen, sprich mit diesem Mann! Du weißt, wie viele Rebellen Bebo in Jamaika aufgenommen hat und wieviel Medizin er ins Gebirge schikken ließ!»

«Laß gut sein, Mutter. Ich habe Fidel nie um etwas gebeten, und ich werde ihn auch um nichts bitten!»

«Na, jedenfalls hatte er keine Skrupel, deine Schmuckkästchen auszuräumen und dein Bankkonto zu plündern, damit du ihm die verflixten Waffen kaufen konntest, für dieses lächerliche Schauspiel, den Überfall auf die Moncada-Kaserne.»

Natica vertraute sich ihrer Freundin Piedad an: «Dieser Bastard! Er hat nichts als Unsinn im Kopf. Naty allein hat ihm nie gereicht. Er hat viele Frauen aus der besseren Gesellschaft. Diese schamlosen Weiber! Und

---

8 Kubanische Version des sozialistischen Wettbewerbs. (Adü)

als ich ihm neulich sagte, wie er das meiner Tochter nur antun könne, weißt du, was er mir da geantwortet hat? Ich solle mir keine Sorgen machen, bei diesen Frauen lasse er die Stiefel an. Was für ein Zyniker! Ich nehme an, die Hosen läßt er dabei auch an.»

Ich wollte sie trösten, aber Lala Natica schaute mich ganz schief an, als sei ich auf einmal häßlich geworden. «Lala, sei doch nicht traurig. Wenigstens haben sie Onkel Bebo nicht im Fernsehen erschossen wie den Onkel der Schwestern Mora und ...»

Da wurde sie richtig böse, und bestimmt kam sie damals auf die Idee mit den Spritzen, damit mein Koboldhintern stärkere Knochen bekam, wie es sich gehörte.

Ich war sehr verwirrt. Zuerst waren die Menschen ganz glücklich, weil sie den kapitalistischen Krempel auf der Straße kaputtmachen konnten, doch plötzlich wurden sie wütend und riefen immer wieder: «An die Wand! An die Wand!» An die große Mauer des Todes. Zu Hause waren alle betrübt, außer der Fee, die strahlend leuchtete.

«Mami, was sind ‹einfache Leute›?»

«Das sind die Armen, die sich zu Tode schuften, um leben zu können, und trotzdem kaum etwas haben.»

«Aber du arbeitest bei der Ölgesellschaft Esso, du hast ein schönes Haus und ein neues Auto. Hat Fidel diese Revolution auch für dich gemacht?»

«Genauso für dich, Liebling.»

«Die Nanni ist ziemlich arm. Und Chucha auch! Ist Fidel also hier, damit sie reich werden?

«Reich nicht, aber damit sie ein besseres und gerechteres Leben haben werden.»

Ich lief in die Küche, wo das Radio nie mehr lief, weil es auch dort keine Serien mehr gab.

«Nanni! Chucha! Der Haarige wird jeder von euch ein großes Haus geben! Ihr werdet sehen! Er ist hier, damit ihr nicht mehr arm seid!»

Die beiden blickten mich mit unendlicher Geduld an.

«Wer setzt dem Mädchen bloß solche Flausen in den Kopf?» fragte Fidel ein paar Tage später die Fee, als ich ihn artig bat, die Nanni und Chucha ganz oben auf die Liste derjenigen zu setzen, die weder arm noch reich sein sollten. Manchmal kam dieser Fidel nur, um mit mir zu spielen. Sie holten mich aus dem Kinderbettchen, und der unterbrochene Schlaf linderte meinen quälenden Husten.

Wenn wir auf dem Boden spielten und die Tabakwolke sich nach oben verzog, roch er sauber und männlich, denn er benutzte keine Duftwässerchen. Das gefiel mir.

Wenn er nicht kam, schickte er Tita, um mich zu holen. Ein hübsches indianisches Mädchen, das mit der Fee befreundet war und im Institut für Agrarreform[9] arbeitete, glaube ich. Wenn Tita nicht kam, holte mich Llanes ab, der Befehlshaber der Leibwache des Comandante.

Tita mochte ich lieber, wegen ihrer großen Brüste, die sie wie frische Melonenkugeln unter ihrem Kleid trug.

---

9 Zu Beginn der Sechziger stand Fidel an der Spitze des Instituts für Agrarreform (INRA), das er zu einer Art Nebenregierung machte. (AdÜ)

Sie brachte mich in einem roten Buick zu diesem komischen Agrarinstitut. Im Fahrstuhl hob sie mich auf ihre Melonenkugeln, damit ich den Knopf für den siebten Stock drücken konnte. Vor der Tür stand ein Soldat, der nie lächelte.

Dort war der Che, der von nahem ziemlich runzlig aussah und eine Stirn hatte wie ein Affe, voller Wülste. Aus seiner Brust pfiff es. «Schau, ich habe auch ein kleines Mädchen, wie du.» Und er zeigte mir ein Foto von einer kleinen Chinesin. Er nannte sie Hildita. Die Mama, die neben ihr stand, sah aus wie eine große Kröte. Tita ließ uns allein und sollte mich in einer Stunde wieder abholen.

Sie sprachen nicht viel mit mir. Der Che schien Arzt zu sein, denn er machte sich Sorgen darum, wie man den Bauern die bittere Pille der Kooperative versüßen könnte.

«Sieh dir an, was in der Sowjetunion passiert ist...»

Und so weiter.

Eine Stunde ist lang. Als Fidel mich einmal nach draußen mitnahm und ich auf einem Traktor und einem Pony sitzen durfte, waren wir sogar noch länger zusammen.

Dort waren viele Leute, die den Boden der Quinta de los Molinos[10] fegten.

«Warum fegen die hier alle?»

«Es sind Leute, die freiwillige Arbeit leisten.»

«Und was ist das?»

«Die Leute arbeiten, ohne dafür bezahlt zu werden. Sie machen das, weil sie es wollen.»

---

10 Ehemalige Residenz der Obersten Befehlshaber zu Kolonialzeiten.

«Wirst du auch den Hof fegen?»

Das einzige, was er wegfegte, waren die Leute, die ihm im Weg standen.

«Wer ist dieses hübsche Mädchen, Comandante?»

«Das ist eine Verwandte... Schau, da kommt Tita, die holt dich ab.»

Mir gefiel Fidel sehr gut. Nur die einfachen Leute waren ganz schön lästig. Wenn er nicht kam, vermißte ich ihn jedoch kaum, weil er immer im Fernsehen zu sehen war, wie er stundenlang vor Massen von einfachen Leuten sprach.

Er sagte ihnen immer wieder, daß die Revolution für sie gemacht worden sei. Und da sie ihm ständig «Viva! Viva!» zuriefen, sprach er weiter und weiter, ohne aufzuhören. So begann ich, die Wirklichkeit mit dem Bildschirm zu verwechseln.

Einmal fragte ich ihn, warum er soviel rede.

«Damit sie eine Zeitlang aufhören, mir zuzujubeln und zu applaudieren.»

Zu Hause war der Eßtisch überflüssig geworden. Wie auf der ganzen Insel, schien mir. Alle waren sehr beschäftigt. Wenn sie nicht auf dem Platz der Revolution waren, um Fidel stundenlang «Viva! Viva!» zuzurufen, leisteten sie freiwillige Arbeit oder ähnliches. Für bürgerliche Gewohnheiten gab es keine Zeit mehr. Bürgerliche Gewohnheiten waren aber alles, was mir schmeckte und gefiel.

Ich durfte nicht mehr am Kopf des Tisches sitzen, wo ich in meinem hohen Stuhl die Königin der Kobolde gewesen war. Nichts war mehr wie früher, außer Lala

Natica beim Mittagessen. Ihr Gesicht war eingefallen wie eine gedörrte Feige, und ihre Lippen waren zu einem schmalen Strich geworden. Sie öffnete sie nur noch, um zu sagen: «Laßt mich in Ruhe, ich werde jetzt mein Mittagsschläfchen machen.»

Damals war sie noch nicht so bösartig, daß sie mir Vitamine spritzte.

Das kam erst später, nachdem man uns Kindern die Sternchen- und Buchstabennudeln aus der Suppe weggenommen hatte. Doch ohne sie konnte ich das gräßliche Zeug nicht mehr runterkriegen.

Ich hielt mich nur noch zwischen Hinterhof und Küche auf, weil das Leben aus dem übrigen Haus verschwunden war.

In der Küche herrschte eine wunderbare Wärme, in die sich Chuchas Geruch mischte.

Ich überwand sogar meine Angst vor den Windhunden und half der Nanni am Wäscheplatz im Hinterhof beim Waschen. Mit unseren Armen tief im Waschbecken spielten wir vierhändig eine Art Wassermusik, das Reden war dabei überflüssig.

Kurz vor Sonnenuntergang lief ich immer zur Vordertür, um zu sehen, ob Papa Orlando zurückkehrte. Er kam jedoch nie wieder. Ich weinte ein bißchen deswegen, aber es war nicht so schlimm.

Die Atmosphäre im Haus wurde immer angespannter, bis die Fee plötzlich zur «Proletarierin» wurde.

Dieses Wort hörte man jetzt überall, vor allem auf dem Platz, wenn die Leute sich am Ende der Ansprachen bei den Händen hielten und die Internationale sangen. Sie schunkelten wie Betrunkene bei der Polonaise, genau wie Großvater Manolo, wenn er abgefüllt mit Mojitos nach Hause kam – früher, bevor er einem Herzanfall erlag.

Die Fee beschloß eines Tages, keine Spitzenunterröcke mehr zu tragen und keinen Perlenschmuck. Sie zwängte sich in einen blaugrünen Anzug, wie ihn die Milizen trugen, und setzte sich eine Mütze auf, die aussah wie die des galicischen Lebensmittelhändlers. Dann entschied sie, daß das Haus nicht mehr angemessen sei, und vermachte es mit allem, was drin war, der Revolution.

Ich dachte zunächst, Fidel hätte uns endlich ein größeres Schloß ausgesucht, in dem wir leben sollten. Jedoch zogen wir lediglich mit dem, was wir am Leib trugen, und ein paar Töpfen in eine Wohnung in Miramar, Ecke Erste Avenida und sechzehnte Straße, direkt am Meer.

Lala Natica protestierte lautstark gegen solche Albernheiten, und das Echo ihrer Proteste ist in unserer von Frauen dominierten Familie noch heute zu vernehmen. Die Arme konnte zwar die Lüster mit ihren tausend gläsernen Tränen retten, aber in der neuen Wohnung konnte man sie nicht aufhängen, weil die Decken zu niedrig waren.

Ich glaube, ich fühlte mich sehr allein, denn als ich drei war, nuckelte ich immer noch am Schnuller.

Morgens wachte ich mit verklebten Augen auf, sie waren fest verschlossen wie die Schalen einer Auster, ich hatte stechende Magenschmerzen und hustete wie vom Teufel besessen.

Das Meer und meine beste Freundin, die im Haus nebenan wohnte, trösteten mich. Ich war ganz wild darauf, bei ihr zu übernachten, weil ihre Mutter uns im Bett Märchen erzählte. Es gab dort frische Eier, denn sie hatten Verwandte, die auf einem Bauernhof lebten. Mit meiner Schwester Natalie konnte man inzwischen nicht mehr in einem Raum schlafen, da sie im Schlaf weinte und «Papi! Papi!» rief und nicht einmal davon aufwachte.

Ich weiß nicht, ob Castro, Guevara, Pérez oder wie immer sich diese Revolution nannte, etwas damit zu tun hatten, doch seit es sie gab, verschwanden viele Dinge ganz von allein, wie in einem Zaubertrick.
«Das Licht geht aus!»
«Das Wasser ist weg!»
«Die Zuteilungskarte[11] ist da!»
Die Leute erzählten einander, der Soundso sei weg oder XY habe seine Ausreise bekommen.
Das Fleisch, die Eier, der Zucker und die Butter waren auch plötzlich weg oder hatten ihre Ausreise bekommen, und ohne Lebensmittelkarte bekam man nichts von dem, was vorhanden war. Viel konnte dies allerdings nicht sein, denn obwohl die Nanni stundenlang Schlange stand, hatte das Essen immer die gleiche Einheitsfarbe. Wochenlang mußte ich einen grünen Brei essen, pürierter Spinat ohne Milch. Als der Spinat auch verschwunden war, nahm das Essen eine hellbraune Farbe an und nannte sich «ungesalzene Linsen».

---

11 1962 eingeführte Karte für Essen, Kleidung, Schuhe und andere Gegenstände des täglichen Bedarfs.

Die einfachen Leute hatten das besser im Griff als wir, denn sie kannten einen geheimen Ort, den «schwarzen Markt», wo es alles gab: Kompott, Schokolade, und sogar die Heiligen Drei Könige schienen dort ein paar Weihnachtsgeschenke versteckt zu haben.

Die einzige, die sich nicht auf diesem Markt bediente, war die Fee, denn sie sagte, das gehöre sich nicht für Revolutionäre.

Man konnte nicht mehr einfach dies oder jenes einkaufen gehen, da die Lebensmittel ein Eigenleben zu führen schienen: «Sie sind nicht gekommen» oder «Sie sind schon Monate nicht mehr dagewesen». Bis zum heutigen Tag ist niemand mehr auf den Gedanken gekommen, Eier für ein Omelett einzukaufen, denn die Eier kamen ganz von selbst einmal im Monat, und manchmal kamen sie gar nicht. Genauso machten es die Tomaten und Kartoffeln.

Auch Watte und Alkohol sind aus den Apotheken auf Nimmerwiedersehen verschwunden.

Besonders schlimm war es, als das Essen eine gelbe Farbe annahm und sich Mehl nannte, nur der Maisgrieß war noch schrecklicher.

«Das», sagte die Nanni, «ist Schweinefraß.»

Für die Fee jedoch waren Maisgrieß und Mehl die reinste Götterspeise.

Chuchas Kochkünste wurden nicht mehr gebraucht, und deshalb verlor ich auch sie und ihre geheimnisvolle Welt der schwarzen Götter, christlichen Marienköniginnen und kleinen Bösewichte.

Ihr war das Lachen vergangen, und um es wieder zu hören, mußten die Nanni und ich uns sonntags in die wenigen überfüllten Busse zwängen, um zu dem kleinen Zimmer im alten Havanna zu gelangen, in dem sie mit ihrer blinden Mutter lebte.

Sie kam nur selten zu Besuch, und wenn sie kam, spuckte sie Schnaps in die Ecken, atmete ihren Tabakrauch verkehrt herum ein und wedelte mit einem Kräuterbüschel in der Luft, um die bösen Geister zu vertreiben.

Ich bat sie zu bleiben, weil es ohne sie bei Tisch keinen Spaß mehr machte. Aber sie weigerte sich.

«Ich bin nicht Nitza Villapol, diese schamlose Weiße, die weiter im Fernsehen auftritt, wie früher, und jetzt jede Woche Rezepte für Mehl oder gekochte Linsen vorführt. Ganz schön frech, Mehl, das ohne Salz und Knoblauch gekocht wurde, einfach ‹italienische Polenta› zu nennen! Ich kann nicht ohne Zutaten kochen, mein Töchterchen. Und schon gar nicht für Menschen, die vergessen haben, wie man das Leben genießt. Vielleicht vermißt mich die Frau Natica, die Frau Naty jedenfalls hat schon vor langer Zeit das Essen vergessen.»

Das stimmte nicht ganz, denn am Wochenende schlang die Fee das gekochte Mehl hinunter, mit oder ohne Ei, Lala Natica aß es sogar täglich. Die ungesalzenen Linsen servierte das jeweilige Dienstmädchen auf einem silbernen Tablett und handbemalten Porzellantellern, während meine Großmutter mir russische oder französische Tischmanieren beibrachte. Das gab es nur bei uns zu Hause, und lieber wäre ich gestorben, als meine Freundinnen zu mir einzuladen.

Dieses fade Zeug konnte ich nicht essen, aber das war nicht schlimm, denn Kobolde haben nie Hunger.

Der gewissenlose Haarige war schuld an meiner Unterernährung. Die Nanni und Lala setzten die Fee unter Druck, aber Fidel selbst sprach das Thema an:

«Was ist nur mit diesem Mädchen los? Wie bleich sie ist! Sie sieht aus wie ein Strich. Ich werde Vallejo Bescheid sagen, er soll sie mal anschauen.»

«Ich glaube nicht, daß Doktor Vallejo sich bemühen muß.»

Vallejo war sein Leibarzt.

«Irgendwas hat sie. Sie muß krank sein.»

«Ich glaube nicht, daß sie krank ist.»

«Ach nein? Na, dann erklär mir das bitte mal!»

«Na ja, sie ißt eben nichts.»

«Aber warum zum Teufel ißt sie nichts?»

«Weil... na ja, weißt du, ich ...»

«Weil es nichts zu essen gibt», funkte die Nanni wie eine Furie dazwischen, damit die Fee endlich mit dem umständlichen Gerede aufhörte. «Ich weiß nicht, in welcher Welt Sie leben, aber man muß schon blind und taub sein, um nicht mitzukriegen, daß das halbe Volk Hunger leidet!»

Er konnte es nicht ertragen, wie sich die Fee und die Nanni bis aufs Blut reizten, denn schließlich hatte er schon die zehn Millionen am Hals, die ihm ständig zujubelten und applaudierten. Ich glaube, damals beschloß er, sich nicht mehr mit solchen Geschichten zu belasten.

«Wie ist es möglich, daß es in diesem Haus nichts zu essen gibt?»

Die Fee antwortete tief beschämt: «Na ja, das einzige,

was es in diesem Monat auf Karte gab, waren Linsen. Weder Milch noch ...»

Tags darauf brachte ein fröhlicher kleiner Soldat eine Kanne Milch vom Bauernhof des Comandante vorbei.

So standen die Dinge, als ich meine erste wirkliche Tragödie erlebte. Sie schickten mich auf eine verflixte Schule, und ein ganzes Jahr lang machte ich in die Hosen oder mußte mich übergeben. Margot Parraga hieß die Schule, für die ich eine weiße Uniform mit Noppen und Schleifchen anziehen mußte und ein Paar zweifarbige Schuhe, über die ich vor Wut weinte.

Das Gemeinschaftsleben paßte mir überhaupt nicht. Ich begann, mir selbst weh zu tun, bis irgendwann der Druck der anderen, die mich auslachten, so groß wurde, daß ich eines Morgens meinen Schnuller aus dem Badezimmerfenster warf.

Mit dieser revolutionären Geste entsagte ich der größten oralen Befriedigung meiner Kindheit.

Mein noch schwacher und kaum zum Leben erwachter Wille hielt diese Erziehungsmaßnahme keine acht Stunden aus. Durchnäßt und voller Verzweiflung stieg ich aus dem Schulbus und suchte wie ein Spürhund den Rasen unter dem Unglücksfenster ab.

«Du hast dich entschlossen, ihn wegzuwerfen. Wenn man etwas beschließt, muß man auch zu seiner Entscheidung stehen, komme, was wolle», meinte die Fee.

Für meine Fee war die Ideologie ein Vergnügen.

Ich beschloß, von nun an nie wieder im Leben einen Beschluß zu treffen, und wurde ein Sonderling.

Martin Fox war ein sehr reicher Mann, der alles andere als in einfachen Verhältnissen lebte. Ihm gehörten die vier Gebäude an unserem Strand. Er war ein guter Mensch, denn für uns Kinder baute er ein natürliches Schwimmbecken in den Felsen und stellte Schaukeln auf. Er hatte einen Löwen und einen Affen, der an der Mauer seines Hauses angekettet war.

In diesem Jahr waren die Heiligen Drei Könige sehr großzügig. Obwohl der Tannenbaum einer künstlichen Palme weichen mußte, ließen sie sich davon nicht täuschen, und unter der Palme lag ein Haufen schöner Sachen für Natalie und mich.

Es stand also gar nicht so schlecht, als ich eines Nachts von Schüssen und lautem Geschrei aus dem Schlaf gerissen wurde: «Mörder! Mörder!»

In der folgenden Nacht kam Fidel nicht, um mit mir zu spielen, sondern um die Fee anzubrüllen. Er war außer sich vor Wut: «Llanes hat ein Attentat auf mich geplant, und du öffnest ihm auch noch die Tür und läßt ihn in dieses Haus!»

«Ich habe niemandem die Tür geöffnet!»

«Er ist aus dem Lager geflohen und kam direkt hierher! Das ist unverzeihlich!»

Die Fee mußte sich verteidigen und ihm erklären, daß sie von den Schüssen und dem Lärm nebenan aufgewacht sei. Sie habe nicht gewußt, wer in der Dunkelheit herumgelaufen sei. «Aber wenn Llanes käme und an die Tür klopfte, wie er es schon tausendmal getan hat, werde ich ihm natürlich öffnen. Das ist eine Sitte, die du selbst eingeführt hast. Wie soll ich denn auf die Idee kommen, daß er auf der Flucht ist, wenn er kommt und anklopft.»

Llanes, die rechte Hand Fidels und Chef der Leibwache, wurde von heute auf morgen beschuldigt, er habe den Comandante töten wollen.

Fidel lief rot an vor Zorn. Er verließ uns genauso wütend, wie er gekommen war, und verschwand für eine lange, lange Zeit.

Die Fee war verzweifelt.

«Oh, mein Gott», sagte sie und schlug die Hände über dem Kopf zusammen. Das war das letzte Mal, daß ich sie mit Gott sprechen hörte.

Aber Gott antwortete ihr nicht. Ich glaube, daß er zusammen mit den Priestern das Land verlassen hat, die Fidel selbst auf einem Boot aus Kuba vertrieben hatte. Lala Natica klagte, wie schwierig es sei, zu Hause zu beten: Alle Kirchen waren geschlossen worden, nachdem das einfache Volk die Pforten mit schlimmen Wörtern und mit häßlichen Zeichnungen beschmiert hatte, Zeichnungen, die aussahen wie ein schwerer Baseballschläger und eine gespaltene Frucht.

Mit dem Comandante verschwand auch alles andere: Llanes, der freundlich gewesen war und mir alles gebracht hatte, was ich wollte, der Soldat mit der Milchkanne und sogar meine Schwester Natalie.

Eines Morgens lag sie nicht in ihrem Bett.

«Orlando hat sie heute früh morgens abgeholt. Sie wollten dich nicht wecken», erklärte mir die Fee.

«Und Papa hat mir nicht einmal einen Kuß gegeben? Aber wo sind sie denn hin?»

«Sie haben das Land verlassen ...»

Fast wäre ich vor Schreck gestorben! Im Radio und im

Fernsehen wiederholte Fidel unablässig, daß alle, die das Land verlassen, Würmer seien. Gleich, ob Kinder oder alte Menschen, alle, die fortgingen, verwandelten sich im Flugzeug in Würmer. Mein Papa, der Doktor, und Natalie wurden zu so etwas Ekligem, stellte ich mir vor.

Die Nanni streichelte mich, damit ich mich von meinem Schock erholte und aufhörte zu weinen. «Das ist eine der vielen Lügen, meine Kleine. So wie das mit dem guten Leben für die Armen», beruhigte sie mich. Was für ein Unglück! Als Fidel verschwand, war es, als habe er das Böse im Haus zurückgelassen. Die Fee wurde krank, sie hatte Gelbsucht und schaute mich aus gelblich olivgrünen Augen an, daß ich dachte, sie würde sterben. Lala Natica wurde zur bösen Großmutter. Sogar im Traum verfolgte sie mich mit ihren spitzen Nadeln. Sie brachte einen Unheil verheißenden Topf zum Kochen, in dem sie die Folterinstrumente sterilisierte. Mit der schußbereiten Spritze in der Hand klemmte sie mich zwischen ihre Knie und jagte mir eine Ampulle Vitamin B_{12} ins Blut.

Auch die Heiligen Drei Könige fanden den Weg nicht mehr. Sie verwandelten sich in ein «Grundspielzeug» und zwei «Ergänzungsspielzeuge», die in den leergefegten Schaufenstern der Eisenwarenhandlungen ausgestellt wurden, zwischen Hämmern, Drähten und einzelnen Kloschüsseln.

Sie waren für Kinder unter elf, und man bekam sie gegen Marken auf dem Couponheft für Industrielle Versorgung. Das Grundspielzeug war in Ordnung. Manchmal war es eine Puppe oder Rollschuhe und manchmal ein chinesisches Fahrrad. Da solche Dinge sofort vergriffen waren, mußte man sie auf dem Schwarzmarkt kaufen, und das tat die Fee natürlich nicht. Die Ergänzungsspielzeuge bestanden immer aus kleinen Plastikpüppchen: rosa Mädchen, hellblaue Buben. Niemand mochte sie. Die Heiligen Drei Könige kamen nur noch zu manchen Kindern, deren Eltern Freunde von Fidel sein mußten oder für ihn arbeiteten. Man nannte sie «die Bonzen», und alle waren Minister. Die Nanni schimpfte sie die «neuen Bourgeoisen». Ihre Frauen trugen Lokkenwickler auf dem Kopf und zeigten ihre lackierten Zehennägel in Sandalen.

Auch Tita wurde eines Tages zum Wurm, denn sie kam, um sich zu verabschieden, also blieb niemand mehr, der mich zu Fidel ins Institut für Agrarreform bringen konnte. Dabei mußte ich ihn dringend treffen, um ihn zu überzeugen, daß er wieder zu uns kommen sollte. Seit er fort war, ging alles schief.

Aus dem Fernsehen verschwand er allerdings nicht. Ich wußte mir nicht anders zu helfen, als mit Hilfe von Chuchas Schnaps die Geister zu beschwören.

«Ich bitte euch, alle meine Toten, Serafina Martín, Cundo Canán, Lisardo Aguardo, *Eleguá Laroye, aguro tente onu, ibbá ebbá ien tonú, aguapiticó, ti akó chairó ...*»

Ich kannte ihre Litanei auswendig. Ich nahm einen tiefen Schluck und spuckte ihn auf den Fernseher.

Es wirkte. Als Fidel zurückkam, brachte er alles wieder in Ordnung, und wir zogen um in ein richtiges Haus.

Das neue Haus war in Miramar. Ein rosarotes Mäuerchen umzäunte den Vorgarten, in dem eine afrikanische

Palme stand, deren Stamm und Blätter von oben bis unten mit Stacheln übersät waren.

Außerdem gab es ein paar Sträucher, die duftende zarte Blüten ansetzten, in denen die hübschesten Würmer der Welt lebten: schwarzgelb gestreift mit roten Köpfchen.

Das Haus hatte zwei Stockwerke, und das einzige, was mir an ihm nicht gefiel, war der Fußboden mit seinen schwarzen und beigen Quadraten. Als ich zählen lernte, entwickelte ich die Manie, die 24 Quadrate mit acht Schritten zu überqueren, sonst würde ein schreckliches Unglück geschehen, womöglich meine Mutter sterben.

Ich hatte ein großes Zimmer und ein eigenes Bad.

Auch gab es einen riesigen Garten, in dem jeder Kobold sich seinen eigenen Zauberwald voller Märchengestalten erfinden konnte: Elfen, Gnome, Trolle, eine ganze Feengemeinde, zwischen Flammenbäumen, Jacarandabäumen, Bananenstauden, Krotonsträuchern und riesigen Aronstäben, die meiner gärtnernden Großmutter das bittere Leben versüßten. Sie zog sogar wieder ihr rohseidenes Kleid an, um die Erde zu verzaubern. In weniger als einem Jahr hatte sie den Garten in einen dichten Märchenwald verwandelt.

Etwas weniger proletarisch zu sein tat der Fee recht gut, denn sie hatte schlimme Zeiten durchgemacht. Man munkelte, der Comandante habe ihr Haus fluchtartig verlassen, was nichts Gutes bedeuten konnte. Folglich gab keiner mehr der Armen Arbeit, so als sei sie eine «Unberührbare».

Das Haus lag in einer «vereisten Zone», wie auf der

Insel jene Viertel genannt werden, in denen die Reichen und die Schönen wohnen. Die Herrin dieser Zone war die sogenannte Chinesin. Sie war böse. Die wenigen Hausbesitzer, die im Land geblieben waren, wurden von ihr aus den schönen Villen vertrieben und enteignet. Es hieß, Fidel habe ihr dieses Amt verliehen.

Unser Haus war in der 22. Straße, Nummer 3704, zwischen der 37. und der 41. Straße, die Telefonnummer war 2 59 06. Es gab eine Küche, eine Waschküche, eine Speisekammer, zwei Garagen, ein Zimmer für den Chauffeur und eines für das Dienstmädchen, das von angestellten Genossinnen bewohnt wurde, die der Nanni dabei helfen sollten, dieses riesige, unbequeme Haus in Ordnung zu halten.

Gegenüber erstreckte sich der Park der Gehenkten, voller Bäume, die uralt, bucklig und gekrümmt waren, als hätten sie Arthritis. Dort würden die Verurteilten gehängt, sagte man mir. Aber als ich dort wohnte, nannte man die Erhängten Selbstmörder.

Zufrieden feierte ich meinen vierten Geburtstag, und da in diesem Teil Miramars die erste staatliche Schule eröffnet worden war, schickten sie mich dorthin, «damit du eine der ersten bist», sagte die Fee, die weiterhin proletarisch war, wenn sie auch nicht mehr ganz so einfach lebte.

Mich überkam das erniedrigende Gefühl, anders zu sein als die anderen. Meine Mitschüler lebten in dem Häuserblock hinter unserer Gartenmauer oder in kleinen Häuschen, die wie Puppenstuben aussahen, an der Grenze zum Viertel Marianao, das nicht mehr «vereist» war.

Also bat ich die Fee, mich nicht mehr mit dem Mercedes in die Schule zu bringen, da niemand mit dem Auto gebracht wurde außer Ivette und einem weiteren Jungen namens Masetti, weswegen sie uns Äffchen nannten. Die Mütter der anderen Kinder waren Wäscherinnen oder Hausfrauen und trugen keine Ohrringe oder goldene Uhren.

Fortan brachte mich die Nanni zur Schule, was noch schlimmer war. Sie weigerte sich, etwas anderes anzuziehen als ihre gestärkte weiße Leinenuniform mit den Bügelfalten.

«Ich habe nicht viel mehr anzuziehen als dies hier, Kind», sagte sie.

Nachdem ich ihren Kleiderschrank überprüft hatte, forderte ich meine Mutter auf, der Nanni neue Kleider zu geben.

«Schau, Alina, siehst du, was ich anhabe? Das war vor zehn Jahren ein Rock. Juana hat ihn aufgetrennt und daraus ein Kleid genäht. Ich besitze auch nicht viel mehr.»

Sie sah jedoch selbst ohne Seidenstrümpfe und in Lumpen noch aus wie eine Königin.

Ich mußte die Kleidchen aus Leinen und Organza, die von meiner Schwester übriggeblieben waren, tragen, die die Nanni stärkte und mit viel Tücke bügelte, so daß sie schließlich aussahen wie Baiserschaum und ich an den Schulfesten oder den Kindergeburtstagen im Häuserblock wirkte, als sei ich einer anderen Zeit entsprungen.

Für den Karneval hatte ich ein Kleid geerbt, das der beste Kostümbildner der Insel einmal eigens für meine

Schwester angefertigt hatte, aus grünem Atlas, mit schwarzglänzenden Pailletten, dazu Ballettschuhe und einen Kopfschmuck aus Antennen; es war das Kleid einer Grille. Ich war also nicht nur anders als die anderen, sondern sah obendrein auch noch lächerlich aus.

Mit Fidel kehrten auch die Heiligen Drei Könige zurück, in jedem Fall gab es wieder etwas zu essen. Obwohl er nicht mehr fast jede Nacht kam wie vor seinem grundlosen Streit mit der Fee, konnte man ihn spüren wie eine warme Decke, die das Haus einhüllte.

Der kleine Soldat mit der Milchkanne kam wieder und brachte außerdem ranzige Butter, eine Palette Joghurts mit abscheulichem Kokosgeschmack, Fleisch, Mais und Malangaknollen, alles «vom Bauernhof des Comandante», der zwischen seinen Auftritten auch noch Zeit fand, all das zu ernten.

Sogar Turrón brachte der kleine Soldat an Weihnachten, das hatte der neue Chef der Leibwache angeordnet, José Abrantes, der bald Onkel Pepe hieß. Er war ein liebenswerter dunkelblonder Kerl, der mich gerne auf seinen Knien rumturnen ließ.

Die großzügigen Drei Könige und das viele Essen brachten mich in Schwierigkeiten, da ich meine Schulfreunde nicht nach Hause einladen konnte. Obwohl ihre Eltern den geheimen Ort des Schwarzmarktes kannten, gab es bei ihnen noch keinen Turrón, keine Butter und keinen Joghurt. Daher durfte ich nicht von zu Hause reden, durfte nicht erwähnen, daß ich einen Plattenspieler besaß, damit sie mich in der Schule nicht dauernd fragten, ob sie ihn ausleihen durften, und das neue chinesische Fahrrad, das die Heiligen Drei Könige über Onkel Pepe Abrantes gebracht hatten, mußte in der Garage versteckt bleiben.

Daheim fühlte ich mich nicht besonders wohl, und am liebsten flüchtete ich zu Ivette, deren Mutter so schön aussah wie die Fee, jedoch als Hausfrau immer zu Hause war.

Ich zog mit meinen Siebensachen dorthin und verbrachte richtige Familienwochenenden mit einem Vater, einer Mutter, Großeltern, einer Hündin und sogar einer älteren Schwester. Wir fuhren nach Santa María del Mar, diesem wunderbaren Strand, der keine zwanzig Autominuten von Havanna entfernt ist. Im Haus von Ivettes Patenonkel zogen wir uns die Badeanzüge an und blieben so lange im Wasser, bis wir ganz faltig waren.

Manchmal kam Fidel sonntags dorthin, um zu baden, weswegen dieses Stück Strand gesperrt, also «vereist», war.

Wenn er kam, merkte man das daran, daß ein paar gemein aussehende Spitzel alle Häuser in der Umgebung durchsuchten. Wenig später holte mich einer von ihnen ab und brachte mich zu ihm. Sein Haus war völlig leer, dort gab es weder andere Kinder noch Bilder an der Wand. Nur Schlägertypen. Er tat mir richtig leid, und ich begann den Comandante zu streicheln, was er sich einige Zeit gefallen ließ, bis er mich wieder zurückschickte.

Ivettes Mama gab jedesmal einen Stoßseufzer der Erleichterung von sich, wenn ich wiederkehrte. «Zum Glück ist nichts passiert», rief sie. Sie fürchtete, jemand könnte ein Attentat auf ihn verüben, während ich dort war.

Damals begann das mit der Atombombe, und Fidel war sehr beschäftigt. Da war zum einen Nikita Chruschtschow, ein alter Mann, der aussah wie ein weißer Seehund und ihn immer auf den Mund küssen wollte. Auf der anderen Seite war Froschauge Kennedy, der Boss des Imperialismus.

Wie immer gab es Massenaufläufe, aber diesmal riefen die Leute nicht «Viva! Viva!» oder «An die Wand! An die Wand!», sondern «Nieder mit dem Imperialismus».

Das ganze Durcheinander hieß Oktoberkrise, und allem Anschein nach wollte der mit den Froschaugen unbedingt die Insel bombardieren. Die Fee richtete eine Garage als Schutzbunker ein, denn, so sagte sie: «Sie können jederzeit angreifen.» Es war aufregend.

Das Lustigste war, daß man den einfachen Leuten Uniformen anzog und sie mit Stockgewehren in der Hand marschieren ließ. Sie mußten Hymnen singen und Nachtwachen abhalten. Denjenigen, die richtige Waffen hatten, nahm die Polizei sie weg.

Die Leute rechneten fest damit, daß jene Bombe fiel, und drehten förmlich durch.

Fidel schien traurig zu sein. Er kam nicht mehr zu mir nach Hause und auch nicht mehr an den Strand, nur im Fernsehen trat er auf, mit einer Fellmütze verkleidet und immer auf der Hut vor den Küssen von Nikita.

Er war in der Sowjetunion, bei ganz merkwürdigen Leuten, sie sprachen ein Kauderwelsch, und die Männer küßten sich andauernd. Damals tauchten die ersten Russen in Havanna auf. Sie waren sehr blond, hatten Goldzähne und rochen unbeschreiblich schlecht. Sie sahen die Kubaner nicht an, sie schauten durch sie hindurch. Auf dem Schwarzmarkt lieferten sie russisches Dosenfleisch und Wodkaflaschen und bezogen von dort das Gold für ihre Gebisse. Sie traten bevorzugt in Rudeln auf, wenn sie in ihre Clubs gingen, und die kleinen Russen besuchten keine staatliche Schule wie wir. Immerhin brachten sie auch ein paar neue Puppen mit, die Großmutter Baba Jaga und den alten Hotawitsch, der nur ein Haar aus seinem Bart rausreißen mußte – und schon geschah ein Wunder.

Daß Fidel plötzlich tagsüber kam, als müsse er sich nicht mehr verbergen, wenn er uns besuchte, war ein solches Wunder. Er sagte, daß er direkt vom Flughafen käme und zwei Koffer voller Sachen für die Kleine mitgebracht habe.

Außerdem hatte er tiefschwarze Fingernägel mitgebracht, also nutzte ich die Gelegenheit, sie ihm sauberzumachen und sein Hemd zuzuknöpfen. Die Koffer mit den Mitbringseln kamen nie bei uns an. Da Fidel nicht gern um Verzeihung bat, schob er die Schuld auf Celia Sanchez[12], seine Büroleiterin und persönliche Hexe, die schon so einiges verbockt hatte. Eines Nachmittags zum Beispiel, als die Fee mich zum Bunker in der elften Straße gebracht hatte, um den erkrankten Fidel zu treffen, hatte Celia angeordnet, daß man uns nicht reinlassen sollte, und so mußten wir auf der Straße warten, was ziemlich erniedrigend war.

«Celia hat das wohl verwechselt und die Mitbringsel

---

12 Celia Sánchez wurde in der Sierra Maestra Fidels persönliche Assistentin und war seine langjährige Lebensgefährtin. (AdÜ)

für dich an die Kinder der Leibwache verteilt. Das ist das einzige, was ich retten konnte.»

Er gab mir eine Babypuppe, zwei Höschen und ein Paar zweifarbige tschechische Schuhe. Außerdem schenkte er mir einen Bären, der Baikal hieß. Oma Lala wollte ihn nicht im Garten halten, daher mußte ich nach Laguito, eine weitere vereiste Zone, fahren, wenn ich ihn sehen wollte. Keines der Kinder hat je geglaubt, daß ich einen echten Bären besaß.

Kurz vor den Goldzähnen hatte eine andere Plage in Havanna Einzug gehalten – von denen hatten viele nicht einmal Zähne.

Es waren die «Makarenkos» und die «Ana Betancourts»[13], Landmädchen, die alle in die verwaisten Häuser der besten Stadtviertel zogen.

Man gab ihnen hellbraune Uniformen und schwarze Schuhe für die Schule, wie auch wir Kinder sie trugen. Die Schuhe waren furchtbar hart, und viele ließen sie einfach irgendwo liegen, weil sie lieber weiter barfuß liefen wie früher.

Sie mußten in Gruppen durch die Straßen marschieren und die üblichen Parolen schreien: «Vaterland oder Tod» oder irgend etwas mit Fidel.

Die Häuser hießen jetzt «Herbergen», und auch das

---

13 Schülerinnen vom Land, die die Revolutionsregierung nach Havanna brachte, um sie zu unterrichten. Die eine Gruppe hieß nach dem sowjetischen Pädagogen Anton Semionowitsch Makarenko, die andere nach der kubanischen Feministin und Unabhängigkeitskämpferin aus dem 19. Jahrhundert, Ana Betancourt.

Foxa-Gebäude und das majestätische Hotel Nacional wurden zu Herbergen. So veränderten sich langsam die Gerüche, die Geräusche und das ganze Aussehen der Stadt.

In den Gärten der Fünften Avenida und von ganz Miramar tauchten kaputte Kloschüsseln und Bidets auf, wie eine bizarre Dekoration. Sie rissen sie heraus, weil sie nicht wußten, wozu sie gut sein sollten, und im Bad nur störten, wenn sie in der Badewanne die Kleider wuschen.

In den Vorgärten landeten auch Waschmaschinen, Elektro-Herde und Kühlschränke, die ihre rostigen Türen aufsperrten wie fleischfressende Pflanzen ihre Mäuler. Die Gärten hinter dem Haus dienten einem anderen Zweck, hier kochten sie auf Holzfeuern und errichteten schmale Holzhäuschen, die Latrinen hießen. «Das sind die Örtchen, wo die Bauern ihre Notdurft verrichten, denn sie haben weder Strom noch fließendes Wasser», erklärte die Fee.

In Wirklichkeit hatte damals niemand besonders viel davon, Wasser und Licht kamen und gingen, wie sie gerade Lust hatten, doch die Fee war entzückt: «Sie sind hier, damit sie etwas lernen können. Die Bauern sind jahrhundertelang unterdrückt worden.»

Ich war tief bewegt. Bewegt und angeekelt. In den Gärten des Hotel Nacional spazierenzugehen war gefährlich, weil die Makarenko-Mädchen ihre Sachen einfach zum Fenster rauswarfen, sogar blutige Stoffetzen, was die Nanni sehr wütend machte.

Fidel lieferte mir eines Nachts, als ich ihn fragte, warum er es zuließe, daß sie Havanna so verwüsteten, eine überzeugende Erklärung: «Wenn sie aufs Land zurückkehren, werden sie die besten Fürsprecherinnen der Revolution sein.»

Leider kehrten viele nie zurück, sie blieben und wurden Lehrerinnen.

Offenbar brauchte die Revolution noch mehr Fürsprecher auf dem Land, denn sie brachten immer mehr Leute nach Havanna. Es gab keine Unterkünfte mehr, also wurde die Bevölkerung gebeten, ihnen Wohnungen zur Verfügung zu stellen. Wir nahmen einen mit den traurigsten Augen, die ich je gesehen hatte. Er war vierzehn Jahre alt und erzählte mir, er komme aus einem Gebirge, der Sierra Escambray, in der Provinz Villas. Er war das älteste von fünf Geschwistern, und sein Vater war ein «Widerständler», einer von jenen Bauern, die von Anfang an gegen Fidel gekämpft hatten. Zuerst glaubte ich ihm kein Wort, denn in Kuba gibt es nur ein großes Gebirge, die Sierra Maestra, und nie hatte irgend jemand gegen Fidel gekämpft, ganz im Gegenteil.

Doch er beschrieb mir die Höhlen, in denen sich die Widerstandskämpfer versteckt hielten. Er hatte ihnen Essen gebracht, das er unter seinem Hemd und dem Hut verbarg. Er erzählte mir, wie sie seinen Onkel umgebracht hatten, als sie ihn schnappten. Er und seine Familie sollten in ein Umsiedlungslager geschickt werden, es gab ganze Dörfer für die Gefangenen. Aber seine Papiere waren verlorengegangen, und ein Ehepaar, das schwor, sie seien seine Eltern, nahm ihn mit. So bewahrten sie ihn vor dem Gefangenlager und schickten ihn mit dem Bildungsplan nach Havanna.

Er bat mich, ihm zu helfen, und Fidel bitte auszurichten, er solle seine Mutter und seine Schwester aus diesen Gefangenendörfern herausholen, wo sie geschlagen wurden. Er selbst hatte gesehen, wie die Soldaten seiner kleinen Schwester Evangelina ins Gesicht schlugen, als sie sie wegbrachten.

Also bat ich Fidel, er solle die Familie aus diesem schrecklichen Gefängnis holen, und ich weiß nicht, was passierte, denn Panchito war am Morgen darauf nicht mehr bei uns.

Das war nicht das einzige, worum ich Fidel damals bat. Die Leute hatten viele Probleme und ein gutes Gespür dafür, wo Fidel zu finden war. Sie warteten nächtelang in der Eingangshalle des Hilton auf ihn, weil sie wußten, daß er sich gern in der 24. Etage aufhielt, aber er entkam ihnen durch das unterirdische Parkhaus. Sie warteten in der elften Straße, doch bewaffnete Wachtrupps riegelten alle Ecken ab. Bald warteten sie auch jede Nacht vor unserem Haus und waren am Morgen nach seinen Besuchen noch immer da.

Wenn ich zum Spielen in den Garten kam, näherten sie sich mir der Reihe nach, eine ordentliche Warteschlange bildend.

«Mädchen, bitte, gib Fidel diesen Brief.»

«Und diesen.»

«Und diesen auch.»

Ich gab ihm ein paar dieser Schreiben, die er in die Tasche steckte. Dann ließ er sie auf dem Tisch neben seinem Lehnstuhl liegen, den er ins Wohnzimmer der Fee hatte stellen lassen. Sie sagte mir schließlich, ich solle ihm nicht länger auf die Nerven gehen, der Mann sei so beschäftigt, daß er nicht alle Probleme lösen könne.

Daß er sehr beschäftigt war, wußte ich bereits, auch daß er alle anderen ständig beschäftigte, mit dem sozialistischen Wettbewerb, dem freiwilligen Arbeitsdienst und den ewigen Versammlungen auf dem Platz. Langsam gewann ich den Eindruck, daß Fidel böse war. Das Herz tat mir weh, wenn ich all diese Leute sah. Natürlich verkaufte ich ihnen weiter Limonade, schließlich brauchte ich meine Groschen für die Pausenmahlzeiten, und sie hatten großen Durst, wenn sie stundenlang warteten. Ich begann, ihr Leid in meinem Zimmer unter der Matratze zu verstecken oder zwischen den frischgewaschenen Leintüchern und in allen dunklen und vergessenen Ecken der Schränke.

In den Briefen war von Vätern, Söhnen und Brüdern die Rede, die Raúl oder der Che erschossen hatten. Von Leuten, denen alles genommen worden war, eine Apotheke, eine Eisenwarenhandlung, mehrere Häuser. Von Frauen, die keine Ausreisegenehmigung erhielten, um ihre Ehemänner im Exil wiederzusehen, und von Kindern, Müttern und Vätern, in der Verbannung auf ihre Lieben wartend, die krank auf der Insel zurückgeblieben waren. Eine nicht enden wollende Kette von Tragödien.

Wenn die Nanni mir gute Nacht sagte und die immer müde Fee sich ausruhte, sog ich jene vergeblichen Stoßseufzer in mich auf und las, bis ich unter dem Gewicht ihrer Trauer zusammenbrach. Das war meine Lektüre, seit ich lesen gelernt hatte, vermischt mit den «Erinnerungen» des Grafen von Romanones, zwei oder drei alten Büchern, die meine Schwester zurückgelassen hatte, und der Wochenzeitung «Pionier», die ein Graus war. Ich weiß, was es bedeutet, gute Lektüre missen zu müssen.

Celia Sánchez Manduley, die Giftspritze, übte eine merkwürdige Faszination auf die Fee aus. Jeder kannte sie, die das Büro des Comandante leitete und an Fidels Seite im Gebirge gekämpft hatte. Weniger bekannt war, daß sie auch seine Haus- und Hofhexe war, die sich um seine persönlichen Angelegenheiten genauso kümmerte wie um die okkulten. Eine Hexe eigenen Schlages.

Ihren Haarschopf trug sie an einer Seite ihres markanten Kopfes zu einem straffen Pferdeschwanz zusammengebunden. Unter ihren Kleidern lugten immer ein paar Zentimeter ihres Spitzenunterrocks hervor, und ihre Beine mündeten in Pumps mit Pfennigabsätzen. Ihren Schönheitssinn konnte man öffentlich bewundern, zum Beispiel an den Verkehrspolizistinnen, die «Wellensittiche» genannt wurden, weil sie schreiend bunte Uniformen trugen, ganz nach Celias Geschmack.

Viele verdankten ihr einen kometenhaften Aufstieg – oder einen schwindelerregenden Fall. Sie zermalmte jeden, der versuchte, ihr ein Stück des Comandante wegzunehmen. Die Fee und ich waren ein lästiges Pärchen. Als wir den Befehl erhielten, nach Paris zu reisen, wunderte es mich daher nicht, daß die Fee sagte: «Das ist auf Celias Mist gewachsen.»

Sie fühlte sich verurteilt, ohne die Möglichkeit, Berufung einzulegen.

Fidel erklärte ihr also ihren Auftrag und gab ihr großzügig fünfhundert Dollar für Kleidung und andere Ausgaben, um sich dort einzurichten. Mir gab er einen Kuß, verabschiedete sich und verschwand in der Nacht. Nie werde ich ihr überraschtes Gesicht vergessen, als er sie so sitzen ließ; ihr stand keine leichte Aufgabe bevor. Sie sollte sich als Chefsekretärin der kubanischen Botschaft ausgeben und unter diesem Deckmantel alle Geheimnisse der französischen Chemieindustrie ausspionieren. Von Chemie verstand sie so viel wie ich von Trigonometrie. Aber für die Fee ist das Leben nur eine Frage der richtigen Einstellung.

«Mami, sprechen die Franzosen wie wir?» fragte ich.

«Nein, sie haben eine andere Sprache», antwortete sie und machte einen merkwürdigen Laut in der Kehle.

Die Lehrerin Lilia gab mir Privatunterricht, damit ich in der dritten Klasse schneller vorankam, und Großmutter Lala brachte mich zu Juana, der Schneiderin.

Das war alles sehr anstrengend.

«Nein, so nicht, Mädchen! Siehst du nicht, daß sich alles verzieht und nicht mehr so fällt, wie es soll?»

Die arme Juana sah Lala verzweifelt an und schüttelte den Kopf, den Mund voller Stecknadeln, mit denen meine Großmutter Säume und Abnäher absteckte – wie ein General, der seine Männer auf dem Schlachtfeld verteilt.

Die Fee und ich verabschiedeten uns von einigen der Schwestern Fidels, mit denen sie befreundet war: Agustina, die anstelle von Möbeln ein paar Flügel in ihrer Wohnung stehen hatte, da ihr Mann Konzertmusiker war und sie sehr arm. Angelita, die in Capdevila auf einem riesigen Hof lebte, zusammen mit ihrem Sohn Mayito und Juanita, die wenig später auch zum Wurm wurde.

Ich verbrachte einen letzten Nachmittag mit Onkel

Pedro Emilio, der Dichter war und dem ich sonntags helfen durfte, seine Verse zu vervollständigen.

Schließlich nahm ich herzzereißenden Abschied von der Nanni und meinen Busenfreundinnen Ivette und der dicken Tota. Schicksalsergeben bestieg ich das Flugzeug, obwohl ich doch dorthin reisen sollte, wo es riesige Schlösser gab, mit Prinzessinnen und Königen, die das Volk unterdrückten, weshalb man für sie die Guillotine erfunden hatte.

Im Flugzeug war die Fee nicht die einzige, die Geheimnisse ausspionieren sollte. Es stieg auch eine Gruppe Mulatten ein, die nach Paris flogen, um die Mysterien der Joghurtfermentierung und der Käsereifung herauszufinden, in die Fidel dringend eingeweiht sein wollte.

Alle hatten ein Ziel, außer mir, ich hatte mal wieder nur ein Problem.

«Brauchst du etwas? Willst du etwas trinken?» fragte mich ein junger Steward mit besorgten Blicken. Mir ging es plötzlich gar nicht gut.

«Nein danke, ich habe hier im Hals einen Ball, der mir schrecklich weh tut.»

«Das muß Mumps sein. Ich halte mich besser fern von dir.»

Es war eine wahre Vergeudung, daß ein junger Mann mit solch einer diagnostischen Begabung in einem Flugzeug servierte, denn er hatte recht. Tags darauf lag ich in Madrid mit verschwollenem Gesicht und hohem Fieber im Bett. Ich war zum erstenmal krank, ohne die Nanni in der Nähe zu haben. Die Fee wußte gar nicht, was sie tun sollte, und blieb einfach am Bett stehen. Aber das war nicht das Schlimmste. Das Schlimmste war, daß sie mir ein Fieberthermometer in den Po stecken wollten.

Aber es war nicht nur das Thermometer; ich glaube, es gab sogar Aspirin in Zäpfchenform.

Gott sei Dank war die Fee nicht imstande, mich richtig anzufassen. Und zum Glück war die Nanni nicht in der Nähe, die hätte sich nichts vormachen lassen. So versteckte ich den Zäpfchenvorrat unter meinem Kopfkissen und hatte einen Mumps von gigantischem Ausmaß, der beinahe mein ganzes Gesicht anschwellen ließ.

Paris war eine schöne Stadt, aber dieses schreckliche Eisengestell in der Mitte machte alles zunichte. Das durfte man nur den Franzosen nicht sagen.

Wir wohnten im Hotel Acacias in der Rue des Acacias, im Zimmer gab es weder Dusche noch Bidet. Man konnte sich kaum richtig waschen.

Die Fee mußte auch Kleider für mich kaufen. Obwohl wir nicht viel hatten, wollte sie, daß ich stets elegant aussah, alles mußte zueinander passen. Hellbraun, Grün, Blau und Dunkelgrau passen wunderbar zusammen, aber es sind trübe, traurige, abgestandene Farben. Und ehe ich mich versah, hatte ich zweifarbige Schuhe!

Nachdem sie mir etwas zum Anziehen ausgesucht hatte, sah sie sich nach einer Unterkunft um. Sie fand etwas in der Avenue Forch, in der Nähe der Botschaft. Die Marquise, die die Vermieterin war, mußte ein Faible für Hygiene haben, denn das Badezimmer war der größte Raum.

Als wir eingezogen waren, suchte die Fee nach einem

Hobby für mich, denn ihrer Meinung nach mußte der Geist immer beschäftigt werden.

«Was ist ein Hobby?»

«Ein Hobby ist etwas, womit man sich in seiner Freizeit beschäftigt. Du solltest Briefmarken sammeln. Das ist sehr interessant. Fang an mit Marken, die Blumen- und Fahnenmotive haben.»

Und ausgerechnet sie beschwerte sich über Lala Natica, die ihr immer Schuhe und Handtasche ausgesucht hatte, als sie noch nicht verheiratet war.

Danach suchte sie eine Schule für mich.

«Du gehst auf das Internat Clair Matin, es liegt 25 Kilometer von Paris entfernt. Morgen bringe ich dich hin.»

Ich traute mich nicht zu fragen, wie ich jeden Tag den weiten Weg hin- und zurückfahren sollte.

Mit dem Zug ging es aber ganz schnell. An einem Sonntagnachmittag kamen wir in Saint Germain-en-Laye an. Sie hatte ein Weidenkörbchen bei sich, von der Größe einer geräumigen Handtasche.

Das Internat befand sich gegenüber einer grauen Mauer, an der ein Schild hing, auf dem «Danger» stand.

«Was ist *Danger*?»

«*Danger* heißt ‹Gefahr›.»

In mir wurde es noch grauer als die Mauer, und im Vorgefühl einer drohenden Katastrophe lief es mir eiskalt den Rücken hinunter. Die Besitzerinnen der Pension erwarteten die Fee bereits, eine war dicklich mit grauen Haaren und roten Wangen, die andere trocken und hart wie Rebholz.

Sie gab das Köfferchen einem düster aussehenden Mädchen, das mich mit diesen komischen Kehlauten ansprach, die hier üblich waren. «Ich werde hier nicht übernachten, stimmt's, Mami? Sag doch bitte. Mami, bitte!»

«Geh mit Michelle, mein Kind. Es gibt keine andere Möglichkeit...»

Natürlich gab es eine andere Möglichkeit. Sie konnte mir doch nicht weismachen, daß es in der Nähe des Badezimmers, in dem wir lebten, keine Schule gab!

Ich konnte ihr nur das Versprechen abnehmen, daß sie mich am nächsten Samstag abholen würde, um das Wochenende mit mir zu verbringen.

Diese Michelle zog mich hinter sich her in ein Zimmer, in dem drei Betten standen. Ich stampfte immer noch auf den Boden, bis ihr plötzlich die Geduld ausging und sie mich heftig ins Gesicht schlug. Es war die erste Ohrfeige meines Lebens.

Ich heulte so lange, bis ich keine Tränen mehr hatte.

Als die Fee am nächsten Wochenende wiederkam, hatte ich ein paar schlimme Tage durchgemacht, aber ich hatte ihr verziehen. Nichts ist besser als tägliche Routine, um Kummer und Schmerzen zu vergessen. Vom Internat aus fuhr ich jeden Tag den weiten Weg in eine staatliche Schule, und da es donnerstags keine Schule gab – eine gesegnete französische Sitte –, war das der Tag, an dem ich mit Tamara in der Wanne baden durfte, in der hinterher ein grauer Kleister aus Seifenresten und Dreck zurückblieb. Ich mußte mich daran gewöhnen, denn wenn sie mich dabei erwischten, wie ich heimlich badete, gab es mächtigen Ärger.

Jeden Tag, den Gott gegeben hat, schrieb ich an die Fee flehende Briefe. Auf ihre Antwortschreiben klebte sie Briefmarken mit Blumen und Fahnen für meine

Sammlung. In ihrem Herzen gab es nur noch Platz für die chemische Industrie. Einmal kam de Gaulle in das Dorf unserer Schule, die Kinder empfingen ihn mit Blumen. Als er vorbeiging und uns die Hand gab, nahm ich seine Linke und fühlte mich wie eine Heldin. Im Internat prahlte ich damit, aber sie machten sich über mich lustig: «Eine Kommunistin, die de Gaulle die Hand gibt?»

Die Neckereien gehörten genauso zum Alltag wie mein Eintreten für den Kommunismus und den armen Fidel. Sie verballhornten seinen Namen und machten sich über seine ewige Uniform lustig.

Die Fee wurde manchmal auf der Straße angehalten und gefragt, ob ich eine Tochter von Chaplin sei. Ich sähe aus wie Geraldine, sagten sie. Mein Vater sei ein wichtigerer Clown als Chaplin, antwortete die Fee. Mich verwirrte das, denn ich hatte Papa Orlando nie im Clownskostüm gesehen.

Im Internat mußte ich bis zum Erbrechen Artischocken und Rhabarberkompott essen. Daß ich dort meinen Mut, mein Selbstwertgefühl und mein Vertrauen verloren hatte, war nicht weiter schlimm, denn ich lebte nur noch für meine Wochenenden mit der Fee, die in Paris ein Herz nach dem anderen brach und von einem Rudel Verehrer aller Altersklassen und Nationalitäten verfolgt wurde. Ich favorisierte den italienischen Bewerber, einen Industriellen aus Mailand, denn er schickte ihr dutzendweise Rosen, und mir gab er neue Hundertfrancsscheine in einem seidenen Geldbeutel, wenn es mir gelang, die Fee ans Telefon zu locken, oder die Tür zu öffnen, wenn sie so tat, als sei sie nicht zu Hause. Ich versuchte sogar, ein gutes Wort für ihn einzulegen, aber sie weigerte sich: «Wenn er mir mit dieser zittrigen Hand an die Taille greift, sterbe ich vor Ekel.»

Dank Egidios Freigebigkeit sammelte ich einige schöne Dinge, die ich auf die Insel mitnehmen wollte: ein großes Plastikplanschbecken für den Garten und ein blau-weiß gestreiftes Zelt, das man am Wochenende mit nach Santa María del Mar nehmen konnte, einen Chemiekasten mit Reagenzgläsern, einem Bunsenbrenner und chemischen Substanzen und einen Biologiebaukasten mit gläsernen Objektträgern und einem Mikroskop.

Das Beste war jedoch, daß Lala Natica an Silvester plötzlich im Internat auftauchte und die Fee uns im Mercedes, der über das Meer von der Insel hergereist war und auf dem ein nagelneues Diplomatenkennzeichen klebte, bis in die Normandie fuhr. Sie hatte dort André Voisin zu bezirzen, den Wissenschaftler, der die intensive Weidewirtschaft für Schafe entdeckt hatte. Das gleiche sollte er in Fidels Auftrag mit den kubanischen Kühen ausprobieren.

Plötzlich schickte die Fee mich ganz schnell zurück. Offensichtlich wurde Kuba erneut von Bomben bedroht, und ihr war ein bösartiges Gerücht zu Ohren gekommen. Angeblich ersuchten sie, ihre Mutter und ich in Frankreich um Asyl. Das hätte die redliche Fee nie und nimmer zugelassen. Sie verachtete die kubanischen Diplomaten, die einer nach dem anderen im Ausland um Asyl baten, wie Cabrera Infante in London. Sie wollte nicht in einem Atemzug mit diesen Verrätern genannt werden. Sie selbst konnte allerdings wegen ihres

Spionageauftrags noch nicht zurückkehren. Doch gab es ein besseres Mittel, die bösen Zungen der Leute ein für allemal zum Schweigen zu bringen, als die Rückkehr ihrer Mutter und ihrer Tochter? Von heute auf morgen war mein Alptraum zu Ende.

Wie schön war es, ma chère Nanni wieder in die Arme schließen zu können und zu ihrer lieben Gewohnheit zurückzukehren, mich sanft aus dem Schlaf zu holen, indem sie mir schon im Bett die Strümpfe anzog. Gleich in der ersten Nacht kam Fidel vorbei, um seine Mitbringsel abzuholen: zwei wie Pistolen geformte Glasflaschen mit Whisky, Papiere und einen Koffer mit Käse – der erste, den die Fee ihm geschickt hatte, war im Garten des Historikers Le Riverend geendet. Die Geheimpolizei hatte den Koffer aufgeschlossen, als der Arme sie rief, weil das Gepäckstück sich aufblähte und teuflisch stank. Eine Horde gallischer Würmer verteilte sich darauf in seinem Garten.

Ich zeigte ihm das französische Yakis[14], das mit Steinchen gespielt wird, ohne Ball. Wir spielten auf dem Fußboden, und irgendwann packte ich mein Mikroskop und die Reagenzgläser aus und zeigte ihm meine Ausrüstung für die zukünftige Ärztin. Er wollte sofort wissen, woher ich das Geld hatte. Daß der Italiener teuer für seine Leidenschaft für die Fee bezahlt hatte, gefiel ihm gut.

«Du wirst Chemie studieren. Merk dir das!»

Dieser Gedanke gefiel mir überhaupt nicht, aber lieber wäre ich gestorben, als ihm deswegen etwas vorzujammern. Schließlich dachte ich, er habe uns nach

---

14 Kubanisches Kinderspiel, das mit einem Ball gespielt wird. (AdÜ)

Frankreich geschickt, um uns zu bestrafen wegen meiner Briefe, meiner Beschwerden über diese unverschämte «Chinesin», die die Leute aus ihren Häusern rausschmiß, und wegen meiner Geschichten von Kindern in Gefängnissen. Ich mußte ihn liebevoll behandeln, wie die Fee oder die Kurtisanen, die die französischen Könige immer nur anlächelten und unter keinen Umständen die Staatsangelegenheiten erwähnten. Wenn er Zuneigung wollte, machte er es sich auf dem Sofa bequem und bat um seine Maniküre.

Den Milchkaffee mochte er nicht aus der Tasse trinken, also brachte ich ihm ein dickes hohes Glas. Er knöpfte seine Uniform auf, entspannte sich und lutschte an seiner Zigarre.

Ich setzte mich gern auf seine Knie. Die Freunde der Fee mochten es nicht, wenn ich bei ihnen auf dem Schoß saß. Sie wurden unruhig, er jedoch nicht.

Wir verbrachten angenehme Nächte in den fünf Monaten, bis die Fee ihren Auftrag in Frankreich beendet hatte und zurückkam. Ich liebte es, wach zu bleiben und auf ihn zu warten, doch Lala Natica verabscheute seine nächtlichen Besuche.

«Dieser Mann hat nicht eine einzige gute Angewohnheit.»

Schlimm war es, wieder in die Schule zu gehen. Gut erzogen, wie ich war, hob ich jedesmal die Hand, um mich zu melden. Die Lehrerin dachte, es könnte sich um einen epileptischen Anfall handeln, und die Kinder fragten mich ständig, ob ich Schnupfen hatte, denn mir war der französische Akzent in der Kehle steckengeblieben.

Der blieb mir noch ein paar Wochen erhalten; weitaus länger brauchte ich, um festzustellen, daß ich mich noch mehr von den anderen unterschied als zuvor. Ein kleines Stück von mir schien zurückgeblieben zu sein, Tausende von Seemeilen entfernt, als habe sich in diesem Frankreich ein hartnäckiger Geist in mir festgesetzt, der mir Chansons von Jacques Brel und Brassens vorsummte und Fabeln von La Fontaine erzählte, wenn ich Hymnen singen oder Pionierparolen schreien sollte.

Inzwischen war ich in der fünften Klasse, die vierte hatte ich übersprungen. Ich konnte dem Unterricht nicht folgen, außer in kubanischer Geschichte und Geographie. Diese Fächer waren einfach, denn man hatte sie vollständig umgeschrieben. Der Historiker Le Riverend machte einen gewagten Sprung von den Taino- und Guanajatabey-Indianern[15], die von den wilden Missionaren gepfählt und verbrannt wurden, um sie zu christianisieren, zu Fidel und den Errungenschaften der Revolution, nicht ohne besonderen Hinweis auf den schlechten Einfluß des Imperialismus. Demnach hatte die Geschichte erst vor wenigen Jahren begonnen, mit dem Angriff auf die Moncada-Kaserne.

Aber einen Mann, der auf einen Koffer voller Käse schoß, konnte ich einfach nicht ernst nehmen.

Núñez Jiménez brauchte offenbar nicht lange, um die kubanische Geographie umzuschreiben, denn es war alles noch genauso wie in dem alten Buch, das ich von meiner Schwester hatte.

---

15 Kubanische Indiostämme, die von den Spaniern ausgerottet wurden. (AdÜ)

Neu war nur, daß man auf der Karte diejenigen Orte auswendig lernen mußte, wo Fidels Aufständische sich aufgehalten hatten, und daß er, Núñez, ganz allein den Ursprung der Insel entdeckt hatte, die aussieht wie ein kleiner Berg aus Vogelkot und Mist, den die Meeresströmungen und der Golfstrom im Nabel zwischen zwei Kontinenten angehäuft haben.

Im Fernsehen war Fidel wie immer, nur daß er jetzt ständig von einer komischen Sache sprach, der «künstlichen Befruchtung». Die Fee hatte André Voisin überzeugt, nach Kuba zu kommen, und der arme alte Mann war von dem Empfang und der Bewirtung durch den Führer so begeistert, daß ihm nach einem Infarkt das Herz stehenblieb. Die Witwe, die auf Einladung der Regierung immer noch jedes Jahr kommt, um ihn auf dem Colón-Friedhof zu besuchen, behauptet, ihr Mann sei vor Freude gestorben.

Fidel bewirkte merkwürdige Dinge, selbst vor den Kühen machte sein Gestaltungswille nicht halt. Er wollte die nationale Kuh schaffen. Er sagte, eine Kreuzung zwischen kanadischem Holsteinrind und indischem Zebu gebe viel Fleisch und könne das kubanische Klima besser ertragen.

Stundenlang konnte er von Genetik reden, und die Leute hörten ihm mit stiller Bewunderung zu. Schließlich war er das Genie, das die Rassen F 1, F 2 und F 3, F wie Fidel, geschaffen hatte, damit das Volk auch in Zukunft Fleisch essen konnte. Man setzte sich einfach hin und wartete auf die russischen Figuren des alten Hotawitsch, und schon erschien eine Kuh, «befruchtet von kubanischen Technikern, die in der Sowjetunion studiert haben». Sie hoben ihren Schwanz hoch und versenkten den Arm, der in einem Handschuh steckte, bis zur Schulter in ihrem Hinterteil. Das arme Vieh brüllte vor Schreck, bis sie den blutigen Arm wieder rauszogen.

Und ich hatte mich über das französische Fieberthermometer beschwert ...

Diese Geschichte kannten auch meine Freunde, aber viel mehr konnte ich nicht mit ihnen teilen. Meine Barbiepuppen wollte ich ihnen nicht leihen, denn ich schämte mich, weil sie so kapitalistisch waren. Auch die Stapel Bücher, die ich mitgebracht hatte, konnte ich ihnen nicht leihen, denn die Geschichten von Tim und Struppi und den Fünf Freunden waren in einer anderen Sprache geschrieben.

Es ist nicht gut, als Kind sonderbar zu sein. Glücklicherweise besaß ich meine kleinen Schätze, mit denen ich mir im Chauffeurszimmer über der Garage ein Labor einrichtete. Dorthin zog ich mich mit meinem Anatomiebuch zurück und schaute mir den Syrenomelus Simpus Dipus an, den Pygopagus und Cephalothoracopagus[16] und den ersten Mann in der Geschichte der Medizin, aus dessen Brüsten Milch kam. Dieses Leiden hieß Gynäkomastie.

Als die Fee aus Frankreich zurückkehrte, war sie glücklich, weil sie ihre Pflicht erfüllt hatte. Sie war fast schon eine Chemieingenieurin. Außerdem hatte sie sich in Paris um das Wohlergehen der mulattischen Käseexperten

---

16 Fehlbildungen Siamesischer Zwillinge, die am Steißbein bzw. an Kopf und Brustkorb zusammengewachsen sind.

gekümmert und sogar um die Band von Pello el Afrocán, damit er und seine Musiker dort nicht wie drittklassige kommunistische Musikanten behandelt wurden. Im hintersten Winkel der Normandie hatte sie André Voisin ausgegraben, sehr zu Fidels Zufriedenheit und zur Freude der kubanischen Kühe, die eine wahre Orgie erlebten, weil sie dank der Theorie der «intensiven Weidewirtschaft» ständig frisches Gras zu fressen bekamen. Ich kann mir daher nicht erklären, warum Fidel nicht wiederkam. Es war kein Schnaps mehr da, um ihn herzuzaubern. So mußte ich die drei einzigen Barthaare verbrennen, die ich von ihm hatte, und wartete gespannt, ob sich mit ihnen auch solche Wunder vollbringen ließen wie mit denen des alten Hotawitsch, aber nichts geschah. Es dauerte mehr als acht Monate, bis er kam, um von der niedergeschlagenen Fee die traurigen Reste ihrer Mitbringsel in Empfang zu nehmen. Von den neuen Käsesorten, die sie in ihrem dritten Koffer nicht nur aus Frankreich, sondern auch aus dem noch ferneren Italien mitgebracht hatte, um den mulattischen Lehrlingen von Paris neue Horizonte zu eröffnen, war nicht einmal der Geruch zurückgeblieben.

In dieser Nacht ließ ich die beiden allein, denn sie mußte ihm gleich mehrere Standpauken halten – eine für jede Nacht, in der sie wach gelegen und sorgenvoll und verängstigt auf seinen Besuch gewartet hatte, weil sie keine Arbeit hatte. Wie immer gab es niemanden auf der ganzen Insel, der sie eingestellt hätte, ohne die Erlaubnis von Fidel abzuwarten. Tags darauf hatte sie gleich zwei Neuigkeiten:

«Fidel hat mich zur Leiterin der Dokumentations-

und Informationsabteilung des Nationalen Wissenschafts- und Forschungszentrums (CNIC) ernannt, und ich werde ein neues Leben beginnen», sagte sie der Nanni.

Sie war Leiterin der Bibliothek des CNIC.

Anscheinend ist es mit einem Ehemann leichter, ein neues Leben zu beginnen, denn wenig später heiratete sie. Es war ein guter Junge, aber ein sehr schüchterner. Wie ein Chamäleon verschwand er zwischen den Wohnzimmermöbeln, deren Farben er angenommen hatte. Ich erinnere mich, daß ich ihn dort eines Nachmittags eine Scheibe Melone essen sah; durch das Rot wurde er sichtbar.

Ein Jahr später waren sie geschieden, und sie konnte sich nun ganz ihrer Arbeit widmen. Die Fee schwebte von einer Sitzung zur nächsten. Sie hatte sich in den Kopf gesetzt, sich gegen eine dunkle Verschwörung zur Wehr zu setzen, die Celia Sánchez ausgeheckt hatte, um zu verhindern, daß sie Mitglied der Kommunistischen Partei würde. Wenn ich sie sehen wollte, mußte ich sie in ihrem Büro besuchen.

Das erste, was einem dort ins Auge fiel, war eine schwangere Schwarze, die Sekretärin, die auf dem Sofa lag und schlief. Meine Mutter sprang ständig zwischen ihrem Schreibtisch und dem der Sekretärin hin und her, erledigte die Arbeit beider und legte dabei noch einen Finger auf die Lippen, damit ihre Sekretärin nicht im Schlaf gestört wurde.

Ich mochte das genetische Labor, das die Wissenschaftler, die dort arbeiteten, den «Zirkus» nannten, denn, so sagten sie über sich selbst: «Wo sonst gibt es einen Buckligen, einen Lahmen und eine Zwergin auf einem Haufen?»

Sie hatten einen riesigen Behälter voller Föten, und ich durfte mir welche aussuchen und mitnehmen. In meinem Raum über der Garage legte ich sie in Lösungen, die ich selbst gemischt hatte, und füllte sie in Glasbehälter mit einer großen Öffnung, die ich mit Wachs verschloß. Sie waren meine Homunkuli, die Dämonen und Teufel meiner Alpträume.

Der beste Freund des Che, Doktor Granados, machte mich zu seiner Assistentin. Er hatte eine Möglichkeit gefunden, Kaninchen so lange zu mästen, bis sie platzten. Er schnallte sie fest, verpaßte ihnen eine Vollnarkose und schaltete mit einer Elektrode ihr Sättigungszentrum im Gehirn aus.

Irgendwann wurde diese Methode als zu teuer befunden, da die meisten Kaninchen starben, bevor sie die Größe eines Hundes erreichten.

Eines Morgens veranstaltete die Ballettschule der Provinz einen Wettbewerb in der Schule.

Als sie mich aufnahmen, begann die schönste Zeit meines Lebens. Wir lernten Sprachen, studierten Musik, und an den Wochenenden besuchten wir Alicia Alonsos Ballett.

Man mußte nicht marschieren, keine Parolen skandieren, und anstelle einer Uniform im Mao-Look trugen wir einen schwarzen Rock und eine weiße Bluse.

Ich wurde groß und hager, auf dem Kopf baumelten viele kleine Zöpfchen, und beim Gehen stellte ich die Fußspitzen nach außen wie Charlie Chaplin. Außerdem wurde ich enorm eitel, wie alle Kinder, die schon früh eine Berufung in sich verspüren.

Es war wie im Paradies. Mittags kam die Nanni mit dem Essen vorbei, denn sie wollte nicht, daß ich mittags nur kaltes Essen hatte. Dafür nahm sie sogar die Quälerei mit den Bussen auf sich.

In der Nähe war die Eisdiele Coppelia, ein Projekt, das Celia Sánchez ins Leben gerufen hatte. Man mußte stundenlang Schlange stehen, weil es die einzige Eisdiele auf der ganzen Insel war und die Leute von weit her kamen, um das Eis zu probieren. Aber es war der Mühe wert, denn sie hatten 54 verschiedene Geschmacksrichtungen, einschließlich Tomate und Avocado.

Damals begann ich, Gedichte zu schreiben, und ich war nicht die einzige, die davon überrascht war. Wahrscheinlich waren diese neuen Wörter, die ich in Frankreich gelernt hatte, und das tief in meiner Seele wurzelnde Gefühl der Verlassenheit schuld daran.

Es war an der Zeit, daß uns etwas Schönes widerfuhr, und so ging ich hin und schenkte der Fee mein Erstlingswerk.

«Das habe ich für dich gemacht.»

Sie war beeindruckt. So sehr, daß sie das Gedicht ihren psychedelischen Malerfreunden zeigte, die fast alle Wände des Hauses sowie zahlreiche Möbel mit ihren Werken des abstrakten Pointillismus entweiht hatten und die Fee behandelten, als sei sie eine Mäzenin. Sie ließen ihre Beziehungen spielen und veröffentlichten mein Gedicht in der Wochenzeitschrift «Pionier», diesem langweiligen Blatt, das jeden Sonntag erschien.

Daraufhin weckte mich eines Sonntags meine Freundin, die dicke Tota, mit einer ihrer liebevollen Attacken. Ihre lauten Trampelschritte, die wie ein Preßlufthammer klangen, rissen mich aus dem Schlaf.

«Alina, Alina! Steh auf! Du bist im ‹Pionier›, mit Foto und allem Drum und Dran.»

Und sie begann mich abzuküssen.

Ein Kitzeln begann in meinen Füßen aufzusteigen, erreichte auf dem Weg zum Kopf meinen Magen und war nicht mehr aufzuhalten. Ich wußte nicht, ob ich weinen oder lachen sollte, es hätte sich großartig anfühlen müssen, aber ich war zutiefst verzweifelt.

Freud und Leid geben sich oft die Hand. An diesem Morgen wäre ich beinahe vor Scham gestorben, denn mit ihrer Überraschung hatte die Fee meine ganze vertrauensvolle Liebe in sie verraten.

Das Foto hatte Alberto Korda vor der Rednertribüne von mir gemacht, an einem dieser schrecklichen Abende, an denen wir wieder eine Einladung von Fidel erhalten hatten, um ihn uns aus der Nähe anzuhören. Ziemlich doof und müde sah ich darauf aus! Das Schlimmste war jedoch die biographische Notiz darunter: «Alina spricht Französisch und spielt mit Puppen...» Eben eine richtige Bürgerliche.

Als ich mich von Tota befreit hatte, war ich fest entschlossen, nie mehr in die Schule zu gehen, und es sogleich der Fee mitzuteilen.

«Nanni, Nanni! Schau, was meine Mutter mir angetan hat! Schau doch!»

Sie warf einen Blick auf die Zeitung und zuckte mit den Achseln.

Sie hatte kein Verständnis für meine Schmach.

Die Fee kam erst spätabends nach Hause, sie trug ein Kleid aus Schürzenstoff, mit winzigen rotweißen Karos, einer aufgenähten Brusttasche und einem Glockenrock unter dem weißen Gürtel, wie es in den Fünfzigern Mode gewesen war. Sie sah aus wie einer Zeitschrift entsprungen.

Als sie aus dem Mercedes ausstieg, wartete ich schon auf sie, zusammen mit unserem Hund Guarapo, dessen Bellen sie ankündigte und in mir jedesmal ein freudiges Gefühl auslöste.

Feierlich begleitete ich sie ins Wohnzimmer, schaltete etwas Hintergrundmusik ein und setzte sie in den Lehnstuhl von Fidel, in den sie sich nur setzte, wenn sie sich per Telepathie mit ihm austauschen wollte.

«Ich muß mit dir reden», sagte ich. Das hätte ich nicht sagen dürfen! Die Arme, das hatte ihr gerade noch gefehlt, nach Hause zu kommen und mir zuhören zu müssen. Kindchen, mein süßes Kind, ich bin so erschöpft ... «Warum? Warum hast du mir so etwas Schreckliches angetan? Wieso hast du mir nichts gesagt?»

«Ach, Alina, du hast ja recht ... Ich hätte es dir vorher sagen müssen, *ma petite*, aber ich wollte nicht diejenige sein, die es dir erzählt.»

«Ach nein? Sollte ich es also von der dicken Tota erfahren? Wer wußte denn noch davon?»

«Was weiß ich. Eine ganze Menge Leute, nehme ich an.»

«Auch das noch! Du hast es also der ganzen Welt erzählt, nur mir nicht!»

«Versuch doch, mich zu verstehen, Alina. Ich habe darauf gewartet, daß Fidel es dir sagt. Er ist seit Monaten nicht mehr hiergewesen ... Ich dachte, er würde bald wieder auftauchen ...»

Sogar der Comandante wußte von meinem poetischen Ausrutscher! Womöglich bekam ich demnächst den Literaturpreis Casa de las Américas.

«Das werde ich dir nie verzeihen.»

«Nein, tu das deiner Mami bitte nicht an. Ich stehe hier nicht mehr auf, und du bleibst auch hier, bis ich dir alles erzählt habe.»

Und es folgte der Bericht der Fee:

«Erinnerst du dich noch an das Haus Ecke fünfzehnte und vierte Straße? Damals hatten wir alles. Wir lebten gut, ohne Sorgen. Natalie wuchs heran und war gesund und schön ... Ich arbeitete bei der Ölgesellschaft ESSO. Natürlich hätte ich genausogut zu Hause bleiben, den ganzen Nachmittag Bridge oder Tennis spielen und Cocktails trinken können wie fast alle meine Freundinnen, die nichts anderes mit sich anzufangen wußten und sich auch nicht dafür interessierten. Aber du weißt ja, daß ich nicht leben kann, ohne mich nützlich zu machen. In der Schule hast du von Batista gehört, dem Unteroffizier, der immer weiter aufstieg, bis er gegen den Willen des Volkes Präsident wurde. Schon bevor er an der Macht war, tauchten die ersten Toten auf den Straßen auf. Mit seinen Militärs schaltete er die zivile Regierung aus, und alle Streiks wurden blutig beendet.

Eines Morgens lag ein toter Junge vor dem Haus. Batistas Spitzel hatten ihn ermordet und zerstückelt.

Ich glaube, das hat mir die Augen geöffnet, denn ich begann auf einmal all die Leute zu sehen, die keine Träume mehr hatten, und die abertausend Kinder, die ohne die Hoffnung aufwuchsen, je der Armut zu entkommen.

Damals sprach man viel von Eduardo Chibás, einem ehrenwerten Mann, der für Kuba die schöne Losung ‹Ehre statt Geld› ausgab. Er sagte, die Regierenden dürften sich nicht auf Kosten des Volkes bereichern und das Volk nicht bestehlen. Er hatte eine Partei, die Orthodoxen, und warnte vor Batista, dessen Macht immer stärker wurde. Eddie Chibás wäre sicher ein guter Präsident gewesen. Er machte eine Radiosendung und beschuldigte eines Abends öffentlich einen Minister, sich aus dem Staatshaushalt bedient zu haben. Chibás versprach, dem Volk seine Anschuldigugen zu beweisen. Aus irgendeinem Grund konnte er es jedoch nicht, und weil sein Ehrgefühl das nicht ertrug, beging er Selbstmord. Das war im August 1951. Ich hörte die Sendung, in der er sich erschoß. In dieser Nacht konnte ich nicht schlafen, und als die Sonne aufging, kleidete ich mich ganz in Schwarz und fuhr zum Sender. Überall war Blut, Blut der Ehre Chibás'. Ich berührte es, und im Anblick meiner blutigen Hände wußte ich, wenn ich nichts täte, um die Gerechtigkeit wiederherzustellen, würde ich mich mein Leben lang schuldig fühlen.

Ich mußte in mein Büro, bei der ESSO. Unterwegs hielt ich bei einem Schlosser und ließ drei Kopien des Hausschlüssels machen. Sie waren für die Hoffnungsträger der Orthodoxen Partei. Eine Kopie war für den Kandidaten bei den Parlamentswahlen, einen jungen Mann, der Chibás' Radiosendung übernahm. Das war Fidel. Ich kannte keinen von ihnen, dennoch sollten sie wissen, daß mein Haus ihnen und ihren Familien zur Verfügung stand. Fidel bedankte sich für diese Geste. Nicht persönlich, sondern über andere. Er ließ mir mitteilen, wann und auf welcher Frequenz ich ihn im Radio hören konnte. Ich erinnere mich, daß ich die ganze Skala absuchte, ohne ihn zu finden. Am 10. März 1952 putschte Batista und ernannte sich zum Präsidenten Kubas. Er war gewaltsam an die Macht gekommen und war ein Mörder. Alle Kubaner fühlten sich verpflichtet, gegen ihn zu kämpfen. Ich schloß mich einer Gruppe Martianischer Frauen an, die im Untergrund arbeiteten, aber wir konnten kaum etwas tun. Fidel trat die Nachfolge von Chibás in der Orthodoxen Partei an, und noch im gleichen Jahr wurden wir einander vorgestellt. Es war am 27. November, bei einer Demonstration zur Erinnerung an die Erschießung von acht Medizinstudenten, denen fälschlicherweise vorgeworfen worden war, sie hätten das Grab eines spanischen Militärs geschändet, und zum Gedenken an einen anderen Spanier, den Hauptmann Capdevilla, der sein Schwert zerbrach, als er von dieser Hinrichtung erfuhr ... Die Polizei versuchte, die Protestierenden einzuschüchtern, indem sie das Licht abschaltete. Ich war mit den Martianischen Frauen hingegangen und hatte keine Ahnung, daß Fidel auch dasein würde. Ich begegnete ihm auf der Freitreppe vor der Universität.

Wir haben viel gelacht bei diesem ersten Treffen, und er bedankte sich noch einmal für den Schlüssel. Er war voller Energie, sehr vital, und ich fand ihn sehr attraktiv.

Im März 1953 hörte ich wieder von ihm. Ich erinnere

mich daran, weil ich in jenen Tagen eine Fehlgeburt hatte. Es wäre ein Sohn geworden. Oder vielleicht du, die gerne früher auf die Welt gekommen wäre ... Nur Frauen können diese Trauer verstehen, und du bist noch zu klein dafür. Ich war deprimiert und traurig. In jenen Tagen deutete mir Fidel vorsichtig an, daß er mich gerne besuchen würde. Ich erwiderte ihm, daß Orlando nach fünf von der Arbeit zurückkäme.

Wenige Tage später tauchte er auf. Er war ein Visionär, er sprach davon, daß man Batista gewaltsam stürzen müsse, weil er so auch an die Macht gekommen war, und von der Notwendigkeit einer avantgardistischen revolutionären Bewegung. Er sagte, er verstünde nicht, daß die traditionellen Parteiführer so lange stillhielten, das entspräche weder der kubanischen Gewohnheit zu kämpfen noch der Tradition unserer Vorfahren, der Mambises. Wir luden ihn zum Essen ein.

Chucha bereitete das erste Menü zu, das er bei uns zu Hause aß, Schinken mit karamelisierter Ananas, Kartoffelpüree und verschiedene Gemüse.

Fidel nahm alles Geld mit, das wir zu Hause finden konnten, und damit war für Orlando die Geschichte beendet. Für mich nicht. Mir hatte sich eine neue Welt erschlossen, ich hatte einen Weg gefunden, für meine Überzeugung zu kämpfen.»

«Aber Mami, warum erzählst du mir das alles? Was hat das mit meinem Gedicht zu tun?»

»Was für ein Gedicht?»

«Na, das Gedicht, das für dich allein bestimmt war, und du hast zugelassen, daß es in dem blöden ‹Pionier› veröffentlicht wurde.»

«Ma petite, man könnte glauben, wir sprechen von verschiedenen Dingen. Laß mich meine Geschichte zu Ende erzählen. Danach werde ich dir alles erklären, was du wissen willst.

Fidel kam immer öfter zu uns nach Hause. Die Zeiten waren damals sehr gefährlich. Er brachte junge Männer mit, die diese Zeit im Untergrund nicht überlebten. Ich kümmerte mich um sie, ohne mich einzumischen, aber bald begannen sie, mich um Rat zu fragen. In meinem Beisein wurde die Bewegung des 26. Juli gegründet. Ich begleitete sie zu ihren Kontaktleuten und bei ihren Besorgungen. Eines Tages bat Fidel mich, die Musik auszusuchen, die im Radio über Cadena Oriental ausgestrahlt werden sollte, wenn sie die Moncada-Kaserne angriffen. Er sagte, es solle eine kämpferische Musik sein, revolutionär, denn es sei möglich, daß Blut vergossen werde. Ich verbrachte mehrere Abende im Musikarchiv von Radio Centro. Ich nahm Beethoven auf, Prokofjew, Mahler, Kodaly, Dvorák, Berlioz, die Nationalhymne, die Eroberungshymne und ‹Die letzte Warnung›, aus der Sendung von Chibás. Eines Abends bat ich einen der Jungen, er solle mir zeigen, wie man die Fahne faltet. Es war die mit dem Trauerflor, die ich auf der Terrasse gehißt hatte, als Chibás starb.

‹Warum gibst du sie uns nicht mit? Sie wird in Santiago wehen, am Tag des Angriffs. Wir nehmen sie mit, dann ist das so, als wärest du bei uns.›

Ich hatte in unserem Haus Ecke fünfzehnte und vierte Straße einen Zwischenboden einziehen lassen, dort versteckten sie die Waffen für den Überfall.

Fidel rief mich noch ein letztes Mal an, bat mich um

die Aufnahmen und gab mir ein Manifest, das ich an Politiker und an die Presse weiterreichen sollte, wenn die Schlacht um die Moncada-Kaserne losging.

‹Damit sie Bescheid wissen, warum wir das tun›, sagte er und riet mir, daß ich am 26. Juli erst frühmorgens um 5 Uhr 15 damit beginnen sollte, das Manifest zu verteilen. Die Aktionen sollten gleichzeitig stattfinden.

Niemand, Alina, nicht einmal die Kämpfer selbst wußten, daß sie eine Kaserne des Tyrannen angreifen würden. Fidel hatte ihnen erzählt, daß am Wochenende eine Militärübung stattfinden sollte. Nur wenige Leute waren eingeweiht, sein Bruder Raúl, der zur selben Zeit eine Kaserne in Bayamo stürmen sollte, Fidels Stellvertreter, José Luis Tasende, der bei dem Überfall starb, und ich.

An diesem Morgen weckte ich Orlando und sagte ihm, ich würde ein paar Stunden fortbleiben, weil ich etwas für die Bewegung erledigen müßte.

Ich war beim Herausgeber der ‹Prensa Libre›, als wir von dem Fehlschlag erfuhren.

Ich war verzweifelt und eilte zur Kirche im Vedado. Ich beichtete Pater Hidalgo alles und ließ mir das Abendmahl reichen – für die Toten.

Wie vereinbart traf ich mich mit Orlando im Club Biltmore. Wir beschlossen, dort bis zum Abend zu warten. Du kannst dir nicht vorstellen, wie wir die folgenden Tage verbrachten. Unsere Ohnmacht, die Angst. Wir erfuhren, daß die Überlebenden in die östlichen Berge geflohen waren, in die Sierra Maestra. Aber was würde mit mir geschehen? Viele der Männer waren bei uns zu Hause gewesen. Ich hatte meinen Schmuck versetzt, um die Waffen bezahlen zu können. So etwas geschieht nicht unbemerkt.

Ich setzte all meine Hoffnungen auf Lala Natica, die in einem Zug, der sie tagelang durchschüttelte, nach Santiago fuhr. Sie wollte herausfinden, ob ihre Tochter um Asyl bitten mußte, da ihr beunruhigende Gerüchte zu Ohren gekommen waren. Die Arme bewahrte sogar einen Teil der Papiere und der Waffen auf, um mir zu helfen. Nach vier Tagen kam sie zurück, und ob du es glaubst oder nicht, ihr waren alle Haare ausgefallen. Doch ich weigerte mich, ohne Anweisungen von Fidel auch nur einen Schritt zu tun.

Orlando und ich gingen ins Kino, nur um die Nachrichten zu sehen. Sie zeigten Bilder von den Ereignissen in Santiago: Ein Soldat beugte sich über einen Koffer und zog eine Flagge mit Trauerflor heraus: es war meine. Und Jahre später erfuhr ich, daß ein anderer Soldat zwei meiner Bücher verkauft hatte, in denen mein Name stand und sogar unsere Anschrift. Aber der Soldat hatte eine gute Wahl getroffen, und das rettete mir das Leben, denn die Käuferin war niemand Geringeres als die Mutter von Abel Santamaría. Ihrem Sohn, Fidels Stellvertreter beim Sturm auf die Moncada-Kaserne, hatten die Schergen die Augen ausgestochen, bevor sie ihn töteten. Die Flagge und die Bücher wurden also nicht näher untersucht, so daß ich mit dem Überfall nicht in Verbindung gebracht wurde. Ich hatte großes Glück.

Die Männer, die nicht getötet worden waren, wurden wenig später geschnappt und vor Gericht gestellt. In der Schule hast du bereits das Manifest «Die Geschichte wird mich freisprechen» gelesen, Fidels brillante Verteidigungsrede in seinem Prozeß. Sie verurteilten ihn zu mehreren Jahren Haft, und ich hörte erst vier Monate später wieder von ihm, im November. Er saß seine Strafe im Modellgefängnis von Isla de Pinos [17] ab. Ich ließ ihm dort besagtes Menü zukommen, Ananas mit Schinken, von derselben Köchin zubereitet. Damit wollte ich ihm zeigen, daß er auch weiter zu uns gehörte.

Außerdem schickte ich Lina, Fidels Mutter, einen anonymen Brief. Vielleicht, weil ich mich gut in ihre Lage versetzen konnte. Darum heißt du so: A Lina. Warte, ich werde ihn dir zeigen.»

Sie stand auf, schwebte in ihr Zimmer und kehrte mit einem kleinen Schatzkästchen zurück, aus dem sie drei Bündel Briefe herausholte, die von Bändern in unterschiedlichen Farben zusammengehalten wurden.

«Die einen sind von Raúl, die anderen von Fidel, die übrigen von unterschiedlichen Leuten.»

Die von Fidel waren mit einem hellen orangefarbenen Band verschnürt. An diesem Abend lernte ich, daß diese Farbe, die Farbe der Morgenröte, auch die der Liebe ist. Ich saß ganz still und hörte aufgeregt den märchenhaften Heldensagen zu, ewig hätte das so weitergehen können. Ich verstand allmählich, warum sie so entrückt durchs Leben ging. Es war bestimmt schwierig, sich immer an so viele Einzelheiten zu erinnern, die schon lange zurücklagen, aus einer Zeit, bevor ich geboren war. Die Fee las:

«Ich erlaube mir, Ihnen diese Zeilen zu schreiben,

---

[17] Die kubanischen Diktatoren nutzten die Gefängnisstadt auf der Pinieninsel seit den Zwanzigern vor allem für politische Häftlinge. (AdÜ)

denn ich weiß, was für eine Trauer und welche Angst Sie in diesen Momenten durchleben müssen, und ich denke, daß einige unerwartete Worte der Ermutigung Ihnen vielleicht helfen, sich den Dingen zu fügen und noch stolzer zu sein auf Ihren Fidel. Ich weiß nicht, wie Sie über ihn und das, was er getan hat, denken, aber ich bin sicher, daß Sie sich selbst treu geblieben sind und ihm die moralische und emotionale Unterstützung nicht entzogen haben, die unter solch traurigen Umständen nur eine Mutter geben kann … Obwohl ich Sie nicht kenne, weder Sie noch Ihren Mann, noch Myrta oder die anderen, vergesse ich Sie nicht.»

«Anfang November erhielt ich einen zensierten Brief von ihm. Wußtest du, daß sie die Briefe der Gefangenen lesen, bevor sie abgeschickt werden?»

Liebe Naty

Einen zärtlichen Gruß aus meinem Gefängnis. Ich erinnere mich gut an Dich und fühle mich Dir sehr verbunden, obwohl ich lange nichts von Dir gehört habe.

Ich habe den lieben Brief, den Du meiner Mutter geschrieben hast, bekommen und werde ihn immer aufbewahren.

Wenn Du meinetwegen in vielerlei Hinsicht gelitten hast, denk daran, daß ich liebend gern mein Leben gäbe für Deine Ehre und Dein Wohlergehen. Was die Welt von uns denken mag, darf uns nicht wichtig sein, es zählt allein unsere Gewißheit und Überzeugung. Es gibt Dinge, die das Elend dieser Welt überdauern, und Dinge, die ewig sind, wie meine Erinnerungen an Dich, die niemand mir nehmen kann und mich bis ins Grab begleiten werden.

Für immer Dein

Fidel

«So begann ein wunderbarer Briefwechsel, Alina. Unsere Briefe waren wie wilde Tauben, die Freude und Frieden vom einen zum anderen trugen. Lies diesen hier.»

Deinen letzten Brief werde ich sofort beantworten, auch wenn meine Antwort erst am Montag rausgeht. Es ist am besten, wenn ich Dir sage, was ich fühle, ohne lange darüber nachzudenken oder eine Ordnung hineinzubringen, spontan, unter dem frischen Eindruck Deiner schönen Gedanken und Worte, die mich jedesmal aufs neue verzaubern ... Heute wünschte ich mir, Dir frei schreiben zu können; es nicht tun zu können bedrückt mich sehr. Diese Zeilen werden in Gefangenschaft geboren, und wie der, der sie schreibt, sehnen sie sich nach Freiheit. Vielleicht fühle ich diese Beschränkung heute stärker als sonst, weil dieser Tag mich an jene erinnert, an denen ich traurig, ängstlich und irgendwie gekränkt zu Dir kam, wohin mich meine Schritte unwillkürlich führten. Dort fand ich Ruhe, Freude und den inneren Frieden ... In Deinem gastfreundlichen Haus, das mir immer offenstand (...), traf ich auf eine edle Seele voller Leben, die meine Verzweiflung über die Verdorbenheit der Menschheit, die ich wenige Momente zuvor noch empfunden hatte und uns allzuoft niederschlägt, plötzlich in Fröhlichkeit und Tatkraft verwandelte. (...) Naty, dieses Gefängnis ist eine hervorragende Schule! Hier erst gewinnen meine Visionen Klarheit und Kraft, und ich kann meinem Leben den rechten Sinn geben. Ich weiß nicht, ob dieses Leben lang oder kurz sein wird, fruchtbar oder vergebens. Aber ich fühle, wie sich meine Überzeugung, daß ich kämpfen und Opfer bringen muß, festigt. Ich verachte die Existenz, die sich an nichtige Dinge wie Bequemlichkeit und Selbstsucht klammert. Ich werde mein Schicksal nicht verleugnen noch meine Genossen, von denen jeder die kleine Welt des eigenen Lebens der großen Welt der Ideen geopfert hat. Eines Tages werden wir die Stunden der Angst hinter uns lassen und uns freuen: Morgen, wenn die Wolken sich verzogen haben, wird die Sonne wieder scheinen, die Toten werden zu ihrem Ehrenplatz aufsteigen, und der Flügelschlag wird wie Donner am Himmel über Kuba widerhallen. Schon ist das Papier zu Ende, und Dein Brief, der mich Zeile für Zeile gefesselt hat, ist immer noch nicht beantwortet. Ich verspreche Dir, dies bald nachzuholen (...) Ich möchte nicht, daß Dir die Briefe an mich Kopfzerbrechen bereiten, das ist zumindest mein Eindruck, wenn ich sehe, unter welchen Umständen, wann und wo Du sie schreibst.

Der Zensor, der unseren Briefwechsel liest, ist ein liebenswürdiger junger Mann, zuvorkommend und gebildet, diesen kurzen und flüchtigen Eindruck habe ich von ihm gewonnen. Wird dieser Brief Dich an Heiligabend erreichen? Wenn Du mir wirklich die Treue hältst, wirst Du mich während des Abendessens nicht vergessen und ein Glas in meinem Namen leeren. Ich werde bei Dir sein; wer liebt, vergißt nicht.

Fidel

«Ich wurde zu seinen Augen und Ohren außerhalb der Gefängnismauern. Ich bemühte mich, ihm etwas von der Fülle des Lebens zukommen zu lassen: Sand von einem Strand, ein Kaleidoskop, damit etwas Farbe in die Tristesse seiner Gefängniszellen gelangte. Umgekehrt klebte er den Flügel eines verirrten Schmetterlings auf das Papier. Ich wollte ihm die Zeit vertreiben und forderte ihn heraus, nachzudenken und offen zu sein, wie ein Lehrer einen guten Schüler fordert oder eine Mutter einen Sohn, der zu einer langen Krankheit verurteilt ist.

Ich bombardierte ihn mit Fragen und schickte ihm sorgfältig ausgewählte Lektüre, die er kommentieren sollte.»

Du fragst mich, ob Rolland genauso bedeutend gewesen wäre, wenn er im siebzehnten Jahrhundert geboren wäre. Glaubst Du etwa, ich hätte diese Briefe geschrieben, wenn ich Dich nicht kennengelernt hätte? (...) Das menschliche Denken ist durch und durch von den Umständen seiner Zeit geprägt. Wenn es sich um ein politisches Genie handelt, wage ich sogar zu behaupten, daß es ausschließlich davon abhängt. Zu Zeiten von Katharina der Großen wäre Lenin bestenfalls ein wackerer Streiter für die russische Bourgeoisie gewesen. Hätte Martí zu den Zeiten der Eroberung Havannas durch die Engländer gelebt, hätte er gemeinsam mit seinem Vater die spanische Flagge verteidigt; Napoleon, Mirabeau, Danton und Robespierre – was wären sie zu Zeiten von Karl dem Großen gewesen? Ergebene Leibeigene oder einfältige Bewohner einer dunklen Ritterburg. Die Überschreitung des Rubikon durch Julius Caesar hätte in den ersten Jahren der Republik nicht stattgefunden, bevor der Klassenkampf, der ganz Rom aufwühlte, immer dramatischer wurde und sich die Partei der Plebejer gründete, die schließlich stark genug war und die Notwendigkeit sah, an die Macht zu gelangen (...) Was diese historische Besonderheit angeht, hat es mich immer interessiert, wieso die französischen Revolutionäre so sehr von den Römern beeinflußt waren, bis ich eines Tages, als ich Deinetwegen die französische Geschichte nachlas, darauf stieß, daß Amyot, ein französischer Schriftsteller des sechzehnten Jahrhunderts, die Lebenserinnerungen und die Moralischen Schriften des Plutarch aus dem Lateinischen übersetzt hatte. Dessen Erinnerungen an die großen Männer und bedeutend-

sten Ereignisse Griechenlands und Roms wurden zwei Jahrhunderte später für die Protagonisten der Großen Revolution zu einem wichtigen Bezugspunkt. Doch was für das politische Genie auf der Hand liegt, ist für das künstlerische nicht ganz so selbstverständlich. Ich berufe mich da auf Victor Hugos Ansicht. Im Poeten und im Künstler lebt das Unvergängliche. Erst das Unvergängliche verleiht diesen Genies ihre unantastbare Größe. Diese Unendlichkeit, die der Kunst innewohnt, hat nichts mit dem Fortschritt gemein. Was den Fortschritt angeht, kann sie sich ihm verpflichten und soll das auch tun, aber sie ist nicht von ihm abhängig. Sie hängt von keiner möglichen Vervollkommnung ab, die die Zukunft bringen mag, von keiner sprachlichen Veränderung, nicht davon, ob eine Sprache stirbt oder eine neue geboren wird. Sie trägt das Unermeßliche und die Unvergleichliche in sich, sie kann von keiner Obrigkeit beherrscht werden und ist immer gleichermaßen rein, gleichermaßen vollkommen, himmlisch und göttlich, ob sie nun mitten in der Barbarei oder in einer Hochzivilisation entsteht. Sie ist das Schöne, das sich mit dem jeweiligen Charakter des schöpferischen Genies verändert, doch an sich unverändert bleibt. Sie ist einmalig!

Rolland hätte ein halbes Jahrhundert früher geboren werden können und wäre so brillant wie Balzac und Victor Hugo gewesen; und noch ein halbes Jahrhundert früher hätte er sich mit Voltaire gemessen, obwohl er Ideen vertrat, die diesem Jahrhundert fremd waren, so wie ich andere Dinge sagen würde, wenn ich an eine andere Frau schriebe ...

Sie hätte mich wirklich nicht mit so viel Lyrik quälen müssen, damit ich begriff, daß sie sehr gute Freunde gewesen waren – das erriet ich bereits aus ihren Andeutungen. Aber sie war nicht mehr zu bremsen, so daß ich vor Müdigkeit und Langeweile kurz einnickte. Seit jener Nacht ist es mir unmöglich, die vielen Briefe des Comandante aus dem Gefängnis zu lesen. Wie sollte ich außerdem nach diesem gewaltigen poetischen Erguß der Fee noch etwas von meinem elenden kleinen Gedicht vorjammern?

Seither leide ich an poetischer Verstopfung, weil ich das Gefühl habe, die Leute wollen nur parfümierte Kacke.

Mißtrauisch und gebannt wie das Kaninchen vor der Schlange starrte ich auf den Stapel von Fidels Briefen, denn die Fee schien nur allzu bereit, mir alle zu zeigen, als sie sich plötzlich den vermischten Briefen zuwandte. Die beste Poesie stand mir also noch bevor, diesmal stammte das Werk von ihr:

Lieber Fidel,

ich schreibe Dir unter dem tiefen Eindruck Deiner vier letzten Briefe, sie sind so schön und liebevoll. Ich wünschte mir sehr, ich hätte den Kopf frei von allen Unannehmlichkeiten und die Zeit, um auf jeden einzelnen zu antworten, denn das stünde Dir zu. Ich komme mir so winzig klein vor angesichts Deines unermeßlichen Wissens, Deiner Philosophie und Zärtlichkeit. Du weißt so viel, doch noch mehr beeindruckt mich Deine schmeichelhafte und großzügige Art, mich an alldem teilhaben zu lassen, was Dir tatsächlich mit größter Natürlichkeit gelingt. Du führst mich an Deiner Hand durch die Geschichte der Menschheit, der Philosophie und der Literatur; Du schenkst mir einen unermeßlichen Schatz an Gefühlen und Grundsätzen; Du eröffnest mir neue unerforschte und überraschende Horizonte, und dann willst Du mich noch glauben machen, hinter Deinen Ideen und Handlungen stünde nur ein unerschütterliches Gewissen. Nein, Fidel, all dieser Reichtum wohnt Dir inne, und Du bist ihn niemandem schuldig; mit ihm wurdest Du geboren, er wird mit Dir sterben. Daß Du ihn teilen möchtest und auch zu teilen weißt, steht auf einem anderen Blatt. Ich wäre sehr unaufrichtig, wenn ich Dir nicht sagte, daß es mich sehr glücklich macht, daß Du so bist und daß es mich mit Stolz erfüllen würde, wenn Du Dich niemals ändertest.

Immer die Deine

Naty

Die Fee war noch lange nicht fertig, ihr fehlten noch ein paar Einzelheiten. Daß sie sich zum Beispiel um Myrta, seine Frau, und um den kleinen Fidelito gekümmert hatte, damit es ihnen an nichts fehle, solange er in Haft war. Welche Überraschung sie erlebte, als der ehrenwerte und zuvorkommende Zensor Miguel Rives, der sich wohl in dem Rundbau auf der Isla de Pinos zu Tode langweilte, sich etwas ausdachte, um sich ein bißchen zu unterhalten. Offensichtlich hatte er die Insel, die für ihre Wellensittiche (die inzwischen ausgestorben sind) und ihre Pampelmusen (die wegen ihres Zitruscharakters widerstandsfähiger sind) bekannt war, samt ihrer Säure, den Gefangenen und den geschwätzigen Vögeln gründlich satt. Also vertauschte er die zensierten Briefe, so daß Myrta den erhielt, der für die Fee bestimmt war und umgekehrt.

Worauf Myrta die Fee anrief, sie beleidigte und ihre Epistel einforderte, die ihr postwendend ungeöffnet zugesandt wurde. Der Grad der Gefühle, die in dem anderen Brief zum Ausdruck kamen, den die Ehefrau genau gelesen hatte, bestürzte diese so sehr, daß sie ihn sogar ihren Bekannten zum Lesen gab.

Und da nun die Ehre der Fee auf dem Spiel stand, kamen der semantische Fluß, die Büchersendungen und anderweitige Grüße zum Erliegen. Sie machte sich daran, Papa Orlando einen Brief zu schreiben, da sich schriftlich vieles besser sagen läßt, und erklärte ihm, daß zwar noch nichts zwischen ihnen vorgefallen, sie aber dennoch bis über beide Ohren in Fidel verliebt sei. Dann erzählte sie mir, daß Fidel vorzeitig entlassen wurde und sie in ihrem Büro besuchte, denn er konnte nur wenige Tage in Havanna bleiben, bevor er ins Exil ging, nach Mexiko. Er nahm sie in eine Wohnung mit, die die niederträchtige Tante Lidia im Vedado gemietet hatte. Da sie dort aber nicht allein sein konnten, mietete die Niederträchtige auch noch die Wohnung nebenan, in der sie sich in den Monaten Mai und Juni, sooft sie konnten, trafen.

Und dort wurde sie schwanger, mit mir.

Sieben Monate lang, sagte sie, habe sie liegen müssen, weil ich vorzeitig auf die Welt kommen wollte. Um sich abzulenken, schnitt sie Zeitungsartikel für Fidel aus und bastelte jede Menge Tierchen aus japanischem Papier, Origami. Sie sagte, das sei die schönste Zeit ihres Lebens gewesen.

«Wenige Tage nach deiner Geburt schickte ich ein Foto an Fidel, der bereits in Mexiko war, und legte eine Schleife von deinem ersten Hemdchen bei. Ich hörte, das habe ihn sehr glücklich gemacht und zu Tränen gerührt. Damals schickte er dir die Ohrringe, die du in

Paris verloren hast, und für mich ein bißchen Silberschmuck und einen kurzen Brief, in dem er mir mitteilte, wie froh er sei. Ich ging wieder arbeiten, und die Briefe von Fidel wurden immer seltener, während die Gerüchte immer lauter wurden, er habe eine Romanze mit einer gewissen Isabel ...»

Die lebhafte Erinnerung an diesen Verrat verlieh ihren grünen Augen im gleichen Moment einen verzweifelten Ausdruck – genauso mußte sie sich damals gefühlt haben.

«Ich konnte nicht mit dir nach Mexiko gehen und Natalie allein lassen. Und er war auch nicht in der Lage, sich um eine Mutter und ein frisch geborenes Kind zu kümmern; schließlich war er kurz davor, mit dieser Unglücksjacht in See zu stechen, um die Insel zu erstürmen. Ich hörte erst im Februar 1957 wieder von ihm. Er war bereits in der Sierra Maestra, als er mir zwei Gewehrpatronen vom Kaliber 75 zukommen ließ.»

Als die Fee ihr Märchen beendete, mußte ich erst meinen Mund schließen, der mir offen stehengeblieben war. Wie sollte ich sie da noch bestrafen für ihre Heimlichkeiten, wo sie mich soeben mit ihrem Zauberstab in eine Prinzessin verwandelt hatte? «Mami, Mami, ruf ihn an! Sag ihm, er soll sofort kommen. Ich muß ihm soviel sagen!»

Ich hatte ihm wirklich viel zu sagen: Er sollte endlich dieses Problem mit dem Kleidermangel lösen und all die anderen Mängel beseitigen, er sollte dafür sorgen, daß es wieder Fleisch auf Lebensmittelkarte gab, er sollte uns Weihnachten wiedergeben und bei uns wohnen, denn hier wurde er dringend benötigt.

«Ich weiß nicht, wo ich ihn erreichen kann.»

«Dann laß ihm ausrichten, daß ich sehr krank bin, daß ich kurz davor bin zu sterben oder so etwas.»

«Ich kann nicht. Ich habe ihm schon so viel ausrichten lassen, aber es nützt überhaupt nichts. Er kommt nicht. Du kannst ihm aber ein Briefchen schreiben und schickst ihm gleich dein Gedicht mit. Ich werde versuchen, ihm das zukommen zu lassen.»

Sie, die Fee, verließ ihren Platz am Sternenhimmel und verwandelte sich in eine Mutter – noch spürte ich nichts von dem Unverständnis, das ich später für sie empfinden würde. Sie sah aus wie ein erschöpftes kleines Mädchen, wie sie so dasaß, mit hängenden Schultern, auf denen das Gewicht ihrer eigenen Geschichte lastete, die sie mir anvertraut hatte. Aber ihre Zuversicht trug sie noch immer hoch erhoben und stolz vor sich her.

Ich startete sofort meine neue Karriere als Briefschreiberin. Tags darauf begannen die Auseinandersetzungen:

«Ivette, Fidel ist mein Vater.»

«Das wußte ich schon, aber ich mußte meiner Mutter schwören, daß ich dir nichts verrate.»

Das schmerzt, wenn Freunde einem etwas verschweigen.

«Oma, Mami hat mir erzählt, daß Fidel mein Vater ist.»

«Na, das ist aber was ganz Neues.»

«Nanni, Nannilein, mein Vater ist ...»

«Hat sie es dir endlich erzählt? Hätte sie dieses verflixte Geheimnis nicht für sich behalten können? Sie hat schon genug Schaden damit angerichtet, und jetzt macht sie dir auch noch das Leben schwer ...»

Ich hatte zwar keinen Vater, dafür richteten meine beiden Mütter aber genug Durcheinander an. Ich werde nie die Szene vergessen, die die Nanni machte, als sie meiner Mutter drohte, uns zu verlassen.

Da Fidel den Brief mit dem Gedicht nicht beantwortete, schickte ich ihm noch einen mit dem Pantoffel aus grünem Atlas, der zum Grillenkostüm gehörte, das mir inzwischen zu klein geworden war. Irgendwann tischte uns der Fotograf Kosta das Märchen auf, daß Fidel sehr bewegt gewesen sei, von ihm selbst kam jedoch nie auch nur die kleinste Notiz, in der er sich bedankt hätte. So schrieb ich ihm weiter: Briefe eines lieben Mädchens, eines braven Mädchens, einer Klassenbesten und eines wütenden und traurigen Mädchens. Es waren Briefe einer heimlichen und verletzten Geliebten, die mit Schleifen verschnürt waren.

Aber es gelang mir nicht, ihn von den Kühen abzulenken und meiner Mutter zurückzugeben.

Erst nach Monaten ließ der Comandante wieder von sich hören, und zwar in Gestalt von Pedro Trigo. Pedro *Intrigo* war einer der Helden von Moncada und Geschäftsführer der Kubanischen Fluggesellschaft. An ihm verliefen überall gut kaschierte Nähte, als hätte ihn jemand mit Sägespänen ausgestopft.

Diesen abgeordneten Vater mußte ich mit Onkel anreden.

Eines Nachts zogen sie mir meine besten Sachen an und die einzigen Schuhe, die ich hatte. Ich war auf dem besten Weg, japanische Kaiserin zu werden, denn seit drei Jahren trug ich dasselbe Paar Schuhe an den Füßen, da es meine Größe nicht auf Bezugschein gab.

Der intrigante Pedro war sehr vergnügt, während meine Mutter mit abwesendem Blick einem alten Traum nachzuhängen schien. Ihr Lächeln sah aus wie von einem Präraffaeliten gemalt.

«Fidel läßt dich holen, damit du ihm beim Basketballspielen zuschaust.»

Was für ein Ereignis!

Es war nach zehn Uhr nachts. «Die Abenteuer des Schwarzen Korsaren» hatte ich nicht sehen können, weil er bis halb zehn eine Rede gehalten hatte. Keinen meiner tausendundeinen Briefe hatte er beantwortet, und was meine Mutter ihm ausrichten ließ, hatte ihn nie interessiert. Basketball hat mir außerdem noch nie gefallen, doch da die Nanni schon gegangen war, gab es niemanden, der mir geholfen hätte, mich zu wehren. Also stieg ich in den Alfa Romeo.

Im Sportstadion führte Onkel Pedro mich durch die faszinierenden Katakomben der Umkleideräume und setzte mich in die erste Reihe der Präsidentenloge. Die Zuschauer konnte man an einer Hand abzählen, während die unzähligen Sicherheitsleute, diese als Staatsschutz verkleideten Polizisten, gut versteckt auf den Rängen kauerten.

Die Mannschaft des Politbüros trat gegen die kubanische Nationalmannschaft an.

Plötzlich leuchteten Scheinwerfer das Spielfeld aus. Eine Auswahl von Ebenholzstatuen, Bantugöttern, vollkommenen und glänzenden Schwarzen in Shorts und

T-Shirts lief ein und begrüßte das nicht vorhandene Publikum. Sie setzten sich auf eine Bank, und ich amüsierte mich königlich über das gänzlich andere Spektakel, das sich mir nun bot: Mit Fidel an der Spitze marschierten ein paar schwabbelige weißhäutige Kerle im Gänsemarsch aufs Spielfeld, die sich wie Trampeltiere bewegten und dabei so anmutig aussahen wie die Bären im sowjetischen Zirkus.

Mit ihren unförmigen nackten Oberkörpern trabten sie ein bißchen durch die Gegend, um sich warmzulaufen.

Derjenige, der mich von allen am meisten faszinierte, war der Längste, größer noch als Fidel, denn er hatte riesige Brüste, länglich und spitz, gekrönt mit zwei großen, dunklen Brustwarzen.

«Onkel Pedro, wer ist der Grauhaarige mit der Spitznase und den Locken?»

«Das ist Llanusa, der Erziehungsminister. Er leitet alle Schulen Kubas.»

«Onkel Pedro, können wir jetzt endlich gehen?»

«Wo denkst du hin? Der Comandante hat noch keinen einzigen Korb gemacht.» Er zwinkerte mir zu.

Es war das merkwürdigste Spiel, das ich je gesehen habe. Die Nationalspieler versuchten erst gar nicht, diesen Wackelpuddinggestalten den Ball abzujagen, sie spielten ihn ihnen sogar zu. Wenn Fidel loslief, um einen Punkt zu machen, wichen die Schwarzen zurück wie vor Moses das Rote Meer. Und wenn er einen Korb machte, klatschten sie Beifall und riefen: «Viva!»

Ich trank eine Limonade nach der anderen und wartete nur darauf, daß das endlich aufhörte. Es wird schon nach ein Uhr morgens gewesen sein, als Pedro mich im Laufschritt hinter sich herzog und mich auf eine Bahre in der Krankenstation setzte. Fidel kam kurz darauf herein und tat so, als wäre ich Teil des Mobiliars. Drei Stunden lang hatte ich mir dieses Elend angesehen, während meine Füße die ganze Zeit in diesen Folterwerkzeugen steckten. Ich war empört und nicht besonders freundlich, weil ich nachts unverhofft geweckt worden war.

Er hatte sich verändert seit der Zeit, als er morgens bei uns zu Hause auftauchte. Sollte ich ihn etwa bitten, mir zu erklären, warum er seit zwei Jahren verschwunden war? Die Erwachsenen erzählen doch nur Lügen.

«Wie geht es dir?»

«Gut.»

«Und deiner Mutter?»

«Gut.»

«Sag ihr, daß ich mit Yabur über die Geschichte mit deinem Nachnamen geredet habe, aber es wird noch ein bißchen dauern, weil dafür ein Gesetz geändert werden muß.»

Schweigen auf beiden Seiten. Ich wußte nichts von diesem Vorhaben.

«Deine Mutter hat einen Fehler. Sie ist zu gut. Sei bloß nie gut zu einem Mann.»

Der Comandante hatte mir einen Rat gegeben, und ich mußte ihm eine Diagnose mitteilen.

«Llanusa, der Erziehungsminister ...»

«Ja, was ist los mit ihm?»

«Er hat Gynäkomastie.»

«Was hat er?»

«Er hat Gynäkomastie. Wenn Männern Brüste wachsen.»

«Wie bitte?»

«Er muß zum Arzt!»

Da meine Mutter es gar nicht mochte, wenn ich meine farbigen Homunkuli aus dem Labor holte, und ich immer noch an poetischer Verstopfung litt, suchte ich nach einem anderen, produktiven Ausweg, der ihr gefallen könnte. Ich schnappte mir Leinwand und Pinsel und malte eine Frau mit einem psychedelischen Umhang, langem schwarzen Haar und erhobenen Armen, die sie nach einer orangefarbenen Sonne ausstreckte.

«Wie hübsch, Alina. Wie kommt es, daß du so gut malen kannst? Es ist wunderschön. Ich werde es hier im Wohnzimmer aufhängen. Aber warum hast du sie von hinten gemalt?»

Was für eine dämliche Frage.

«Siehst du nicht, daß die Sonne auf dem Bild da hinten ist? Wie soll die Frau sie denn berühren können, wenn ich sie von vorne male?»

Tags darauf warteten wir frühmorgens im Wartezimmer von Frau Doktor Praderes.

«Elsa, ich bringe das Mädchen zu dir. Sie malt Frauen von hinten, schau!» sagte Mami und zog das Bild aus einem Umschlag.

Ich erklärte noch einmal die Gesetze der Perspektive, die nicht nur für Zehnjährige, sondern auch für alle anderen Altersstufen gelten. Eigentlich wäre das gar nicht nötig gewesen, denn das Bild war zwar pychedelisch, aber nicht abstrakt.

»Naty, du siehst doch, das ist nur eine Frau von hinten.«

«Elsa, ich kenne meine Tochter und weiß, was ich dir sage. Kümmere dich um sie, bitte.»

Und sie ging ruhigen Gewissens zur Arbeit.

Elsa kümmerte sich um mich. Sie testete meine Fähigkeiten und Interessen und bestellte meine Mutter ein, um ihr ihre Schlußfolgerungen mitzuteilen.

«Dieses Mädchen hat bisher keine Probleme. Aber wenn du ihr was Gutes tun willst, dann müßtest du sie außer Landes bringen. Was das Sozialleben angeht, wird sie immer Probleme haben, sich anzupassen.»

«Weißt du, was du mir da vorschlägst? Ich soll weggehen? Nicht einmal, wenn sie mich in einem Sarg wegtragen! Seit jenem Jahr in Paris habe ich mir geschworen, Kuba nie wieder zu verlassen. Das ist, als würdest du alles verpassen, und die Revolution und die gesellschaftliche Veränderung fänden ohne dich satt.»

Wann würde mein Leiden endlich aufhören? Ich würde nie wieder schreiben oder malen können, und nun war ich auch noch krank, litt an dieser Unangepaßtheit.

«Dann mußt du ihr helfen, das zu werden, was sie will. Ich habe ihre Interessen getestet und ...»

«Elsa, sie wird Chemie studieren. Ihr Vater will das so. Noch in diesem Jahr schicke ich sie in eine andere Schule. Dieses Ballett ist doch nur Zeitverschwendung.»

«Mami, aber warum denn? Warum willst du mich aus dem Ballettunterricht nehmen? Ich bin doch die Zweitbeste in der Klasse ...» Meine Kehle war wie zugeschnürt.

«Aus verschiedenen Gründen. Du hast viel zuviel Grips, um dein Geld damit zu verdienen, daß du die Beine bewegst. Außerdem wirst du so näher bei mir sein, wenn ich arbeite.»

Um mich über dieses große Unglück und den tiefen Einschnitt in meinem Leben hinwegzutrösten, versprach sie mir, eine Woche ganz allein mit mir zu verbringen. Wir würden eine Reise ins Inselinnere unternehmen.

Die Reise entpuppte sich als anstrengendes Unternehmen mit dem Ziel, das Gut in Birán zu besuchen, wo Fidel geboren worden war.

Aber man ließ uns nicht rein. Zutritt bekam nur, wer eine Einladung der Regierung vorweisen konnte, die Celia Sánchez ausstellte.

Meine Mutter änderte ihre Pläne, und wir verbrachten einige Tage im Haus von Onkel Ramón, dem älteren Bruder des Comandante, der die Bauernversion von ihm hätte sein können.

Er und seine Frau Suli warfen sich gegenseitig haßerfüllte Blicke zu, während ihre drei Jungen sich im Haus herumdrückten. Sie schauten drein wie Kinder, die nicht geliebt werden. Er bestand darauf, uns mit einem Lied zu begrüßen, das er selbst mit der Gitarre begleitete:

> *Mag der Himmel noch so hoch stehn,*
> *mag das Meer auch noch so tief gehn,*
> *nichts kann mich hindern auf dieser Welt,*
> *dich, meine Liebe, wiederzusehn ...*

Uns jedoch schlugen diese Klänge in die Flucht, und wir kehrten mit zwei Schweinen und drei Truthähnen auf der Rückbank nach Havanna zurück, die ihrer Verwirrung lautstark Ausdruck gaben, bis sie nach 24 Stunden an ihr Ziel gelangten.

Ich konnte es kaum erwarten, nach Havanna zu kommen und Onkel Pedro Emilio, meinen treuen und liebsten Vertrauten, nach der beschämenden Wahrheit zu befragen, die sich hinter der förmlichen Lieblosigkeit in dieser Familie verbarg. Er erzählte mir an einem unserer dichterischen Sonntagnachmittage folgendes:

«Ramón mußte auf die Schnelle mit Suli verheiratet werden, weil er sich mit dreizehn in eine Haitianerin verliebte, gegen deren üppige Formen und unschlagbare Voodoo-Tricks die Hexenkünste und reinigenden Rituale deiner Urgroßmutter Dominga nichts ausrichten konnten. Gegen Papa Legbá und Baron Samedi[18] sind die kubanischen Congo-Riten machtlos. Ramón riß jede Nacht aus, um seiner Schwarzen hinterherzulaufen. Tags darauf kehrte er bleich und eingefallen zurück – ‹entsaftet›, sagte Dominga, während er auf Patois so zärtliche Worte vor sich hinmurmelte, daß man sie nicht verstehen mußte, um zu wissen, daß es Namen für die Düfte der verbotenen Früchte seines Schokoladenweibchens waren.»

Daß Ramón ans andere Ende der Insel verbannt wurde, von seinem Bruder dazu verurteilt, sich um ein Lastwagendepot zu kümmern, lag daran, daß er seinem

---

18 Papa Legbá ist der Mittler zwischen Menschen und höheren Wesen im Voodoo-Kult, Baron Samedi der Totengeist. (AdÜ)

rebellischen Bruder im Gebirge nie helfen wollte und sich erst nach dem Sieg der Revolution eine olivgrüne Uniform beschaffte.

«Ich bin der letzte, der ihm das zum Vorwurf macht», fuhr Pedro Emilio fort, «denn alle wissen, daß ich es genauso gemacht habe. Aber ich habe das eine oder andere Rangabzeichen an der Uniform befestigt, so daß ich zum Hauptmann wurde ... Auf alle Fälle, meine Kleine, hatte ich mich noch unter dem alten Regime um ein Bürgermeisteramt beworben, und obendrein bin ich ein Verseschmied, in den Augen meines Halbbruders sind das verweichlichte Schwuchteln. Ramón wird er eines Tages verzeihen, aber mich wird er mein ganzes Leben lang verachten.»

Vielleicht verfolgte der Zauber der zurückgewiesenen Haitianerin die Ehefrau, die den Sieg davongetragen hatte, denn Suli unternahm einen Selbstmordversuch nach dem anderen. Wenn sie nichts fand, womit sie sich vergiften konnte, schnitt sie sich die Adern auf. Zwei ihrer Söhne wurden völlig verrückt und liefen von zu Hause weg, auch Ramón verließ sie eines Tages.

Später lebten sie in einem Haus in Miramar, und Ramón kümmerte sich nun um all die gezüchteten Kühe, F_1, F_2 und F_3, zu denen sein Bruder Fidel seine Gene beigetragen haben soll, wie man ihm nachsagt. Suli erhängte sich am Treppengeländer; es gab niemanden mehr, der sie hätte retten können.

Die Truthähne und Schweine, die Ramón in unserem Mercedes seiner Schwester Angelita zukommen ließ, waren schuld daran, daß meine Hormone in Verwirrung gerieten. Cousin Mayito war ganz schön gewachsen! Ich verguckte mich gewaltig in seine abstehenden Ohren, seinen langen und eleganten Körper, die grüngrauen Augen und den kahlgeschorenen Kopf. Fidel hatte bestimmt, daß er zur Luftwaffe gehen sollte, und obwohl er gar nicht aussah wie ein Soldat, sondern eher wie eine Figur von El Greco, studierte er an der Militärakademie von Belén. Er dachte nur an seine Gesundheit und hatte ein paar Heilmittel erfunden, die aus Tanninjod, Lebertran und einigen Vitaminzusätzen bestanden. Sie brannten in der Speiseröhre wie Feuer und drehten mir den Magen um.

Seine Militärstiefel reinigte er mit Hilfe der Pyrotechnik, er schmierte sie mit einer Art Teer ein und zündete sie an. Er war ein einsames, sanftes Wesen, und in seinem Zimmer hielt er den Altar versteckt, den die Großmutter Lina ihrer ältesten Tochter hinterlassen hatte.

Ich assistierte beim Ritual des Schuhereinigens und reichte ihm die Wedel, Läppchen und Bürsten wie eine Krankenschwester, die im Operationssaal die Instrumente reicht. Gemeinsam schluckten wir eine seiner teuflischen medizinischen Mixturen, danach fuhr er mich in einem der Autos spazieren, die seine Mutter ihm lieh. Wir hatten weder Freunde noch irgendein besonderes Ziel vor Augen.

Vor dem Altar, auf dem die katholischen Heiligen und ihre Yoruba-Verwandten[19] in synkretistischer Harmonie ihrer Bedeutung nach aufgereiht waren, gab mir mein Cousin Mayito den ersten Kuß und versuchte dabei

---

19 Afrikanische Götter. (AdÜ)

seine Zunge, die hart war wie eine Speerspitze, in meinen Mund zu stecken. Eine noch härtere Lanze wuchs ihm in der Hose. Mir schwanden die Sinne, und ein rosiges Kitzeln breitete sich unterhalb meines Bauchnabels aus.

Ich bekam eine Heidenangst, denn alles, was ich über Sex wußte, war, daß Ivette und mir zwischen den Beinen struppige Haare wuchsen, weswegen wir nicht mehr zusammen baden durften. Als ich der Nanni davon erzählte, gab sie mir eine schallende Ohrfeige, die einzige, die ich je von ihr bekam.

«Noch so klein und schon so heißblütig! Hoffentlich werde ich alt genug, um dafür zu sorgen, daß du ein anständiges Mädchen bleibst!»

Ich war elf und er achtzehn. Er war meine erste Liebe, an die ich mich bis heute erinnere.

Das Gelände der Libertad-Schule ist so groß, daß einem die eigene Identität sofort abhanden kommt.

Eins, zwei, drei, vier.

Eins, zwei.

Wir marschierten die unendlichen Alleen entlang.

Schon am ersten Tag kam ein Mädchen mit einer langen Schnüfflernase auf mich zu.

«Ich heiße Roxana Yabur, und du?»

«Alina Fernández.»

«Mein Papa ist der Justizminister.»

Sie war die Tochter des Herrn, der meine familiäre Abstammung in Ordnung bringen sollte.

«Ach, ja? Also, mein Papa ist Fidel Castro, und der hat deinen Vater vor mehr als einem Jahr beauftragt, ein Gesetz zu machen, damit ich seinen Nachnamen annehmen kann.»

«Der echte Fidel Castro?»

«Nein, du dumme Kuh, der falsche! Ich heiße Fernández, weil meine Mutter mit Papa Orlando verheiratet war, und wegen irgendeines komischen Gesetzes kann niemand ein uneheliches Kind anerkennen, also hat er Yabur beauftragt, das Bürgerliche Gesetzbuch zu ändern und ein Revolutionäres daraus zu machen, damit ich den Namen tragen kann, den ich eigentlich tragen sollte, aber bislang nicht tragen darf.»

Roxana sagte keinen Ton mehr, aber tags darauf wußte die ganze Klasse Bescheid und eine Woche später die ganze Schule, als habe sich die Nachricht, daß Fidel eine Tochter hat, wie ein Lauffeuer herumgesprochen. Sie kamen aus allen Winkeln der verflixten Schule, liefen kilometerweit, nur um den Kopf durch die Tür zum Klassenzimmer zu stecken und mich anzugaffen:

«Hey, schau dir das an. Das soll die Tochter von Fidel sein!»

«Du lügst! Eine Tochter des *Caballo*[20], die Bus fährt, ohne Chauffeur und Leibwächter? Nimm mich nicht auf den Arm.»

«Mädchen, komm her, ist es wahr, daß du eine Tochter von Fidel bist?»

«Ja ...»

«Und warum bittest du den *Caballo* nicht um ein Paar neue Schuhe? Diese hier fallen dir ja schon fast von den Füßen!»

---

20 Spitzname für Fidel Castro, bedeutet in etwa: Hengst. (AdÜ)

«Hör mal, wenn es wahr ist, daß du Fidels Tochter bist, dann sag ihm gefälligst, er soll Essen verteilen!»

«Ist deine Mutter mit Fidel verheiratet?»

«Und warum trägst du nicht seinen Nachnamen?»

«Na ja, das war so, ihre Mutter hat mit dem *Caballo* gevögelt, ohne mit ihm verheiratet zu sein.»

Abends kam ich verzweifelt nach Hause.

«Oma, was heißt Vögeln?»

«Was du für Wörter benutzt, Mädchen. Dieses Jahr werden meine Geranien bestimmt schöner, du wirst sehen. Es heißt, man soll sie mit dem Urin einer schwangeren Frau gießen. Da müssen wir bestimmt nicht lange suchen, die Angestellten heutzutage haben ja überhaupt keinen Anstand mehr!»

Lala Natica war schon immer für ihre merkwürdigen Gedankensprünge berüchtigt.

«Mami, was ist das, Vögeln? In der Schule haben sie nämlich...» Ich mußte sehr leise sprechen, weil die Sekretärin immer noch auf dem Sofa im Büro schlief und von ihrem dritten Sprößling träumte.

«Erzähl mir das später, mein Liebling. Ich muß jetzt los, zu einer Parteiversammlung.»

Als ich die Nanni danach fragte, sah sie mich mit vielsagendem Schweigen an. Schließlich erfuhr ich es von Tota: «Das ist das Schönste, was es gibt! Zumindest sagt meine Mama das zu Papa, wenn sie das Ding rein und raus tun statt zu schlafen. So werden die Kinder gemacht, du Dummkopf!»

Jeden Morgen erwartete mich ein neuer Spießrutenlauf, doch zum Glück werden alle Neuigkeiten irgendwann uninteressant, oder man gewöhnt sich an sie.

Die Tochter von Yabur wurde meine beste Schulfreundin. Wir lernten zusammen in der großen Villa mit Tennisplatz, die ihr Vater wegen seines Ministeramtes bewohnen durfte. Iccon, die libanesische Großmutter, brachte mir Bauchtanz bei. Sie lehrte uns die Aussprache arabischer Worte und allerhand Kunststücke, wie man mit den Hüften wackelte zum Beispiel. Das würden wir später im Leben gut gebrauchen können, sagte sie.

In diesem Jahr wurde Che Guevara in Bolivien ermordet, und eine Welle organisierter Schwermut brach über die Insel herein. Mit obligatorischen Totenwachen und Feierlichkeiten auf dem Platz der Revolution, mit Trauerliedern und Märtyrermärschen wurde kämpferische Trauer demonstriert.

Korda, der Fotograf, ließ an allen Mauern der Stadt sein Foto des heldenhaften Guerillero anbringen, und der Comandante riß sich von seinem Studium der Rindergenetik los, um mit großem Erfolg eine der gelungensten Werbekampagnen dieses Jahrhunderts einzuleiten.

Er kündigte sogar an, daß die abgeschnittenen Hände und die Totenmaske des Che, die in einem Gefrierbeutel nach Havanna gelangt waren, präpariert und einbalsamiert werden sollten, um sie im Museum der Revolution auszustellen. Diesen Gedanken fand ich so schrecklich, daß ich meinen Stolz überwand und ihm den tausendundzweiten Brief schrieb, in dem ich ihn bat, die Hände zu beerdigen und die Totenmaske bei sich zu behalten.

Die Rinder verschwanden plötzlich aus dem Fernsehen und machten einer neuen, noch weitsichtigeren und futuristischeren Besessenheit Platz: der Schaffung des Neuen Menschen. Kuba war der Nährboden für diesen Samen des weltweiten Fortschritts, und die Schule sollte den Boden bestellen.

Daß der Tod des Che so erfolgreich war, löste Fidels Zunge und gab ihm die Energie zurück, stundenlang, bei Sonne oder Regen, bis tief in die Nacht auf dem Platz auszuhalten und uns zu erklären, daß die kubanischen Schüler und Studenten den Traum des Apostels Martí erfüllen mußten, den der Che weitergeträumt hatte.

Die Menge klatschte Beifall.

Die neuen Schulen würden einen Fünfjahresplan benötigen, um Wirklichkeit zu werden, aber mit Hilfe der freiwilligen Arbeit des ganzen Volkes würden schon bald auf den Feldern unseres Vaterlandes die gemeinsamen Träume des Apostels und des Guerillero gedeihen. In den neuen Schulen würden die Studenten leben und arbeiten, um am eigenen Leib die Mühen der Bauern und Armen der Welt zu erfahren.

Die Menge applaudierte und rief: «Viva! Viva! Fidel, Fidel, was hat Fidel nur, daß die Amerikaner nicht mit ihm fertig werden!»

Auf dem Rest des Planeten war man gerade dabei, sich auf das Zeitalter des Wassermanns einzustellen, ließ sich die Haare wachsen, die Hosenbeine weiteten sich glockenförmig, die Röcke schrumpften auf Minilänge, alle Welt trällerte Beatlessongs, hängte sich den Che an die Wand, und die Jugendlichen taten, was sie konnten, um sich einander in Liebe anzunähern. Wir hingegen marschierten im Gleichschritt, den Jungen wurden die Uniformhosen zerfetzt, wenn ein Tischtennisball im Hosenbein steckenbleiben konnte, und die Polizisten rasierten ihnen die Schädel, wenn sie mit langen Haaren rumliefen. Dabei waren ihre Haare viel kürzer als die der Original-Langhaarigen aus den Zeiten des Triumphes der Revolution. Wenn sie ein zweites Mal erwischt wurden, schickte man sie zur Strafe in die Arbeitslager der UMAP, der Militärischen Landwirtschaftsbrigaden, wo sie zusammen mit Homosexuellen, Künstlern und Priestern ihre Strafe abarbeiten mußten. Wer dort wieder rauskam, war ein anderer Mensch geworden.

Eines Morgens mußten wir während des Englischunterrichts von *teacher* Amanda unsere Schuh- und Hosengrößen in eine Liste eintragen.

Eine Woche später erhielten wir ein Paar Gummistiefel, einen grauen Anzug im Mao-Look und einen Hut, alles in Einheitsgrößen, schließlich konnte man keine feinen Unterschiede machen für so viele Schüler, die das Glück hatten, zum Neuen Menschen zu werden.

Mit einer langen Liste voller Empfehlungen kehrten wir nach Hause zurück und mußten uns frühmorgens wieder einfinden, um zur *Escuela al Campo*[21] aufzubrechen.

Ausgestattet mit Holzkoffern, die die Kreativität des Volkes unter Beweis stellten und mit Eisenstangen und

---

21 Internatschulen auf dem Lande, in denen die Schüler unterrichtet wurden und auf den Feldern arbeiteten. (AdÜ)

Vorhängeschlössern verstärkt waren, einer wollenen Bettdecke, Bettlaken, Holzpantinen und einem Metalleimer, den wir als Klo benutzen sollten, setzten uns unsere liebenden Eltern auf der Schwelle zu einem neuen Experiment ab. Noch immer erinnere ich mich gern an den Aluminiumkrug, in den meine Mutter meinen Namen eingravieren ließ, damit ihn mir niemand klauen konnte.

In vorsintflutlichen Schulbussen zusammengepfercht, machten wir – Mutanten auf dem Weg zur Avantgarde – uns auf, um die fruchtbare Erde der Traumlandschaften unseres Apostels Martí und des Guerilla-Apostels zu beackern.

Die Jungen sollten Zuckerrohr schneiden, was die Mädchen tun würden, war noch nicht ganz klar. Weder unsere Eltern noch wir Kinder kannten unseren Bestimmungsort.

Manchmal habe ich Alpträume, wenn andere träumen. Ich wühlte gerade in apokalyptischen Erinnerungen aus früheren Leben, als der aufgeregte Ruf der Mitreisenden mich in diese Welt zurückholte: «Wir sind da! Wir sind da!»

Wir standen vor einer heruntergekommenen Baracke aus Palmenholz mit einem Lehmdach. Rechts davon gab es ein paar kleine Häuschen, die genauso aussahen wie die der Makarenko-Frauen in den Gärten von Miramar; es waren Latrinen. Das gesamte graue Elend war mit Stacheldraht eingezäunt, in den eine große Eisentür eingelassen war.

Wir mußten uns in alphabetischer Reihenfolge aufstellen, bevor wir die mickrige Bude betreten und unsere Betten beziehen konnten.

Es waren schmale Liegen, ein Stückchen Jutestoff, der auf Holzstämmen festgenagelt war, die einen halben Meter Abstand auseinanderstanden.

Als mir klar wurde, daß wir uns zweieinhalb Monate lang in dieser Hütte aufhalten würden, Hunderte von schnarchenden und übelriechenden Menschen, in zehn Reihen je fünfzig Schlafplätze, wurde mir schlecht.

«Ein Glück, daß der arme Martí schon tot ist.»

«Was hast du gesagt?» wollte die kommunistische Jugend-Sekretärin wissen.

«Was für ein Glück, daß Martí schon tot ist und jetzt von diesem Wunder träumen kann ...»

Wenn man mich überraschend auf so eine Reise schickte, litt ich sofort an jener Krankheit, der Unangepaßtheit. Kaum hatte ich das Loch im Boden gesehen, wo wir unsere Notdurft verrichten sollten, und den verstopften Abfluß und stinkenden Schlamm im Bad, durch den ich auf zwei Holzstückchen watete, die mit Fahrradschläuchen an meinen Füßen befestigt waren, bekam ich prompt eine meiner Hustenattacken. Rasch verwandelte sich der Husten in ein rauhes, pfeifendes Geräusch, das mit bestialischem Fieber einherging.

Obendrein ging dort ein perverses Wesen um, das den Mädchen an den Busen grabschte, wenn sie mitten in der Nacht aufstanden, um zu pinkeln. Aus Angst vor diesem Wesen leerten wir unsere dick angeschwollenen Blasen irgendwo in der nächsten Ecke.

Bevor die Hähne früh morgens zu krähen begannen, wurden die grellen Scheinwerfer eingeschaltet, und in knapp zehn Minuten hatten wir uns in Reih und Glied aufzustellen.

Ein eisiger, feuchter Wind fuhr uns ins Gesicht, wenn wir unsere Parole riefen.

Meine Mutter war an die Stelle der Jungfrau Maria getreten, und jede Nacht bat ich sie um das Wunder ihrer Erscheinung. Sie hatte ein Auto und war in der Lage, am Wochenende die 18 Stunden Fahrt zum Ort meiner Leiden zurückzulegen. Da der große Rest der Kubaner jedoch über kein Mittel der Fortbewegung verfügte, hielt sie es für besser, wenn sie mich sonntags nicht besuchte, damit meine kleinen Genossinnen sich nicht zurückgesetzt fühlten.

Das war nur gerecht, denn aus irgendeinem Grund merkte man mir meine Privilegien immer stärker an.

Während ich dennoch ungeduldig auf ihren Besuch wartete, füllte ich eine Tomatenkiste nach der anderen und schleppte so viele wie nötig, um den sozialistischen Wettbewerb zu gewinnen, obwohl mein Herz bedrohlich raste und die Luft in heftigen Stößen durch meine Lunge rasselte.

Bis eines Sonntags das Wunder geschah und meine Hollywood-Diva in Milizkleidung aus ihrem Mercedes stieg.

Als ich sah, daß sie ohne die Nanni gekommen war, verlor ich den Mut. Keine Macht der Welt würde mich aus dieser unerträglichen Hölle herausholen.

«Mami, ich bitte dich, um alles in der Welt, um Gottes willen, um Fidels willen, um Lenins willen, nimm mich mit!» flehte ich sie mit der rauhen Stimme eines bulgarischen Bäckers an.

«Nein, mein Liebling. Du weißt sehr gut, daß du hier, bei deinen Kameradinnen bleiben mußt. Ich freue mich so sehr, daß du zur Avantgarde gehörst. Schau, die Nanni schickt dir ein Beefsteak, das sie das letze Mal, als es Fleisch gab, eingefroren hat. Und hier sind zwei ganze Toastbrote und eine Dose Dickmilch, die hält bestimmt länger als eine Woche. Und ein Paket Maismehl.»

Doch ich bettelte weiter.

«Wenn du nicht aufhörst rumzujammern, gehe ich sofort», rief sie aus und ließ mich mit meiner Verzweiflung allein.

In der folgenden Woche setzte ich alles daran, zur Avantgarde zu gehören, denn meine Ergebenheit kennt keine Grenzen. Ich wußte nicht mehr, ob ich träumte oder wachte, da mir in meinem schlechten Zustand alles gleichermaßen unwirklich erschien. Teuflische Blasen tauchten auf meinem Hals und im Gesicht auf, so daß ich zu einem Arzt in die Poliklinik gebracht wurde. Der junge Mann hatte kein Interesse an meinen medizinischen Kenntnissen: «Schauen Sie, ein Rippenknochen hat sich mir in die Spitze des rechten Lungenflügels gebohrt, und ich habe Herzrhythmusstörungen, Herzrasen und Atemnot.»

Er schickte mich schleunigst nach Havanna, weil er Angst hatte, ich könnte den Rest der Schüler mit meinen Pusteln im Gesicht anstecken.

Die Sonne brannte vom Mittagshimmel, als mich die Lehrerin, die mich begleitet hatte, der Nanni übergab. Mir raste das Herz, und mein Lebenswille war erschlafft.

Mein erster Gang führte mich zu meinem weißen Porzellanklo.

«Nanni, ich habe Blut im Urin!»

«Laß mal sehen, meine Kleine, das kann doch gar nicht sein! Hast du nicht vielleicht deine Regel bekommen?» Es war noch nicht so weit, wenn ich dem Zettel glauben darf, den ich später in der Schreibtischschublade entdecken sollte, auf dem in ihrer Schrift geschrieben stand: «Am 11. November 1965 wurde Alina ein Fräulein.»

«Nanni, ich glaube, ich sterbe.»

Die Nanni rief unter der Telefonnummer, die nur für Notfälle war, meine Mutter an. Doch sie kam erst spätabends nach Hause, denn sie glaubt nicht an den Tod, schließlich hat sie die Magen- und Darmentzündung, die Bruzellose, den durchbrochenen Blinddarm und die galoppierende Gelbsucht überlebt sowie den Biß eines räudigen Hundes und das Pfeiffersche Drüsenfieber, das sie sich holte, als sie für die einfachen Leute Blut spendete.

Ein Psychiater, der in dieser Nacht in demselben Hospital Dienst hatte, in dem man auch die zerschnittenen Adern der Tante Suli behandelte, stellte die Diagnose, daß ich «nervös» sei, und stellte mich mit Belladonna ruhig.

Als ich die Augen wieder öffnete, wußte ich, daß ich tot war. Ich war sterbensmüde, und über meinem Kopf sah ich keinen Geringeren als den alten Hotawitsch, der auf einer weißen Wolke schwebte. Ich wollte ihm schon den ganzen Bart ausreißen, damit er das Wunder vollbringe, mich aus dem Schattenreich wieder nach Hause zu holen, da riß mich plötzlich meine Mutter aus dem Bett. Sie war vor lauter Angst völlig außer sich und umarmte mich so fest, daß sie mir beinahe die Schläuche abgerissen hätte.

Hotawitsch war Vallejo, Fidels Leibarzt, dessen Uniform aus seinen Zeiten als Hauptmann im Gebirge unter dem weißen Kittel verborgen war, und ich befand mich lebend in einem Krankenzimmer für Ausländer.

«Ihr rechter Lungenflügel ist nur noch faustgroß, er ist kaum noch funktionsfähig. Ihre Leber ist angeschwollen, die Werte sind schwindelerregend hoch, die Milz ist riesengroß, und die Nieren sind stark angegriffen. Ich werde ihr viel Penizillin spritzen. Mach dir keine Sorgen, Naty. Wo Leben ist, gibt es auch Hoffnung.»

Daß mein Inneres so häßlich aussah, gefiel mir überhaupt nicht, denn Lala Natica pflegte zu sagen, man müsse «in Schönheit sterben». Dennoch schlief ich unbesorgt ein, da mir klar war, daß ich nicht auf die Welt gekommen war, um innerlich zu verwesen und vorzeitig abzutreten. Eine Woche später wachte ich wieder auf.

«Du warst sehr krank, Alina. Du warst länger als eine Woche bewußtlos.»

«Und Fidel ist nicht vorbeigekommen, um nach mir zu sehen?»

«Nein...»

«Warum nicht?»

«Ich weiß nicht. Frag Vallejo.»

Doktor Vallejo antwortete mir: «Weil er nicht weiß, daß du krank bist. Er weiß es nicht, weil ich es ihm nicht gesagt habe. Ich wollte ihn nicht beunruhigen.»

«Aber du kannst ihm jetzt doch erzählen, daß ich krank ‹gewesen bin›.»

«Das kann ich ihm jetzt nicht mehr sagen, denn dann bringt er mich um, weil ich es ihm nicht vorher gesagt habe.» Ungerührt verließ er das Zimmer.

Die anderen kehrten ohne besondere Neuigkeiten vom Land zurück, nur daß meinem Klassenkameraden Mario ein Bein fehlte und einige andere ein paar Fingerglieder verloren hatten. Das Bein war auf dem Weg zur Zuckerrohrernte von einem umgefallenen Karren eingequetscht worden. Die Fingerglieder waren den scharfen Macheten in unerfahrenen Händen zum Opfer gefallen.

Die Mädchen blieben unversehrt, und alle kehrten zurück in den Unterricht und zu den Aufmärschen auf dem endlos weiten Schulgelände.

«Gibt es auf dem Gelände auch eine Grundschule?»

«Mami, da gibt es alles, sogar einen Militärflughafen.»

«Dann könnte es also stimmen, daß deine Kusine Deborah auch dort ist. Warum suchst du sie nicht? Man hat mir gesagt, sie sei jetzt in der dritten Klasse.»

Deborah ist die älteste Tochter von Raúl und Vilma.

Es war einfach, sie zu finden, denn rings um das Klassenzimmer bewegten sich betont unauffällig ein paar Leibwächter. Es gelang mir, ihre fürsorgliche Schutzbarriere zu durchbrechen, nachdem ich ihnen kurz meinen Verwandtschaftsgrad und meine umstrittene Herkunft erläutert hatte.

Das Mädchen sah aus wie ein Porzellanengel, mit zarter Haut und aschblondem Haar, eine Pracht, die sie ihr ganzes Leben lang behielt. Wir mochten uns sofort, und durch sie lernte ich so etwas wie familiäre Herzlichkeit kennen. Ich konnte mir sogar die Rückfahrt im Gedränge der Linie 22 ersparen, denn sie, ihre Leibwächter und die Chauffeure waren so freundlich, mich jeden Nachmittag nach Hause zu fahren.

Statt mich nach der Schule mit meinen gleichaltrigen Mitschülern zu vergnügen, traf ich mich mit meiner kleinen Kusine.

Sie lebten im siebten Stock eines Gebäudes zwischen dem Colón-Friedhof und dem Chinesischen Friedhof, denn für das Wachpersonal ist es einfacher, die Toten zu überwachen. Man mußte mitten auf der Straße stehenbleiben und warten, bis der diensthabende Offizier herauskam, nachdem er die erlauchten Bewohner gefragt hatte, ob Besuch willkommen sei. Dann wurde man in einem Aufzug nach oben gebracht, der nur mit einem Code zu bedienen war.

Raúl war freundlich und lachte viel. Er hatte im ersten Stock des Gebäudes ein Kino einrichten lassen, wohin sogar die Kinder der Leibwächter sonntags zur Matineevorführung kommen durften.

«Mami, ich habe Onkel Raúl gebeten, daß er dich mit mir zusammen zum Mittagessen einlädt.»

«Ach, wirklich, und was hat er gesagt?»

«Daß es keinen Platz mehr am Tisch gebe, aber das war gelogen.»

«Mach dir keine Sorgen um mich. Ich weiß, daß Raúl mich mag. Ich werde dir die Briefe zeigen, die er mir geschrieben hat.» Schon kam sie mit ihrem Minisafe. «Schau, dieser beginnt mit: ‹Naty, meine kleine Seelenschwester ...›»

Und sie versenkte sich wieder in die Lektüre dieses romantischen Schmus, der vor fünfzehn Jahren geschrieben worden war.

Damals wußte ich das noch nicht, aber der arme Raúl wagte es nicht, umzuziehen, sich scheiden zu lassen oder mit bestimmten Menschen Umgang zu haben, wenn sein Bruder Fidel es ihm nicht erlaubte.

Als ich eines Tages auf den Aufzug wartete, um zur Wohnung meines Onkels hochzufahren, lernte ich meinen Bruder Fidelito kennen. Er hatte strohblondes gelocktes Haar, und der kreolisch-mulattische Einschlag seiner Großeltern war unverkennbar. Groß, schlank und gutaussehend stand er mit niedergeschlagenen Augen da. Ich fiel ihm um den Hals, denn ich spürte sofort: «Du bist mein Bruder!»

Der Arme begann aus Verlegenheit zu schielen.

Er mußte sich in sein Schicksal fügen, als Onkel und Tante uns einander vorstellten. Danach ließen sie uns allein, damit wir uns besser unterhalten konnten.

«Dann solltest du auch wissen, daß wir noch einen Bruder haben.»

«Noch einen? Woher denn?»

«Es ist eine einfache Geschichte. Seine Mutter Amparo traf Fidel auf einer kurzen Reise in den Osten.»

Daß er sie geschwängert hatte, erfuhr er erst Jahre später.

«Und wie alt ist er?»

«So alt wie ich.»

«Wie heißt er?»

«Jorge Ángel. Jorge Ángel Castro. Ich fahre nächste

Woche in die Sowjetunion und habe keine Zeit mehr, euch einander vorzustellen, darum gebe ich dir seine Telefonnummer und du ...»

«In die Sowjetunion! Was wirst du dort tun?»

«Ich werde Nuklearphysik studieren. Der Alte will, daß ich das studiere ...»

«Fährst du ganz allein?»

«Nein, meine drei Freunde kommen mit.»

«Und warum nimmst du den Bruder nicht mit?»

«Er bleibt hier, um Chemie zu studieren.» Er setzte ein verächtliches Lächeln auf und zog dabei den linken Mundwinkel runter, so, als wäre das mit der Chemie eine Kleinigkeit. Er verabschiedete sich rasch: «Ruf Jorge auf jeden Fall an. Wenn ich in den Ferien wiederkomme, werden wir uns zu dritt treffen. Du und ich, wir werden uns schreiben, damit wir uns besser kennenlernen.»

Als ich an diesem Abend nach Hause kam, hüpfte mein Herz.

«Nanni, Nanni, ich habe meinen Bruder Fidelito kennengelernt.»

«Ach ja? Wie ist er denn so?»

«Er ist groß, hübsch und achtzehn Jahre alt.»

«Hast du ihn gefragt, ob er schon von dir gehört hatte?»

«Ja, hatte er.»

«Und warum ist er, der doch schon ein junger Mann ist, nicht früher gekommen, um dich kennenzulernen?»

«Ich weiß es nicht.»

«Sei vorsichtig, meine Kleine. Was du am wenigsten gebrauchen kannst, ist ein Bruder, der dich nicht liebt.»

Eine Woche später starb die Nanni.

Ich hörte nicht mehr auf zu weinen, ihr Tod ließ mich alles um mich herum vergessen. Es war ein Schlag, der mich monatelang in Trance versetzte, ich kämmte mich nicht mehr, wusch mich nicht mehr, aß nicht mehr, weil ich ohne sie nicht wußte, wie das ging. «So ein Schlag ist, als wolle Gott dich mit seinem Haß treffen; als würde sich dadurch der Kummer über all das, was man erlitten hat, tief in die Seele eingraben ...»[22]

Die Nanni Mercedes hatte meinem Leben die Richtung gegeben.

Hilda Gadea, die Witwe des Che, und Mami entdeckten damals eine Gemeinsamkeit – ihre Töchter waren beide sehr einsam und brauchten eine Freundin.

So traf ich eines Abends in der Empfangshalle eine sehr hübsche kleine Chinesin, die neben einer Dame saß, die aussah wie eine Ahnin der Inkas, Madre Rana Venerada[23] oder so etwas. Die kleine Chinesin hieß Hildita Guevara und war in Wirklichkeit gar keine Chinesin, sondern eine wunderschöne India, mit seidig schwarzem Haar, wohlgeformten kräftigen Beinen und einem schönen Busen.

Wir warfen uns haßerfüllte Blicke zu und schauten unsere Mütter, die uns eine Falle gestellt hatten, böse an.

«Geht spielen, in dein Zimmer, Alina. Zeig Hildita die Barbiepuppen.»

Dachte sie etwa, wenn ich mich in der Bibliothek einschloß, ich würde heimlich mit Puppen spielen, statt aus der Pfeife von Großvater Manolo zu rauchen?

---

22 Cesar Vallejo, «Los heraldos negros».
23 Die Verehrte Mutter Kröte. (AdÜ)

Wir gingen in mein Zimmer, auf dessen Wänden und Möbeln noch Spuren meiner Malerei zu sehen waren, bevor auch die Phase der psychedelischen und pointillitischen Improvisationen in einer Verstopfung endete.

«Willst du rauchen?»

«Klar!»

Ich holte eine Schachtel Aromas aus meinem Nachttisch und gab ihr die Streichhölzer.

«Mensch, die sind aber mild!»

Hildita rauchte gewöhnlich schwarzen Tabak.

Wir wurden unzertrennlich.

Anfangs war unsere Freundschaft traurig und besinnlich, wir hielten uns beim Einschlafen an den Händen und weinten uns die Augen aus, weil unsere heldenhaften Väter uns verlassen hatten: ihrer, der gestorben war, ohne sie für seine Verfehlungen um Verzeihung zu bitten, und meiner, der zwar noch sehr lebendig war, aber so weit weg, als sei er schon lange tot.

Was für meine Mutter Celia Sánchez war, war für Hilda Gadea, die zweite Witwe des Che, Aleida March, die alle Ehren und Privilegien für sich und ihre vier Kinder allein davontrug.

Unsere Jugend neigte sich dem Ende zu, wir wollten endlich erwachsen sein und uns von unserem Weltschmerz befreien. Hildita und ich wollten wissen, wie die Verehrten Mütter lieben, um ein für allemal unsere Unschuld zu verlieren.

Hilda Gadea hatte kurz zuvor ein Auge auf einen jungen, gutaussehenden Mann geworfen, ihm ihre Zuneigung geschenkt und ihn geheiratet.

Eines Nachmittags, als die beiden sich zurückzogen, um Siesta zu halten, öffneten wir langsam die Jalousien des Zimmers, damit die plötzliche Helligkeit sie nicht aufschreckte. Es gab kein Pardon; ich wurde hinausgeworfen und durfte das Haus nie mehr betreten, aber außerhalb seiner Mauern blieben Hildita und ich Freundinnen.

Auf dem Schulgelände von Libertad war ich bereits zu einer Art nationaler Sehenswürdigkeit geworden, als es mir gelang, in die Schwimmschule einzutreten. Wir zwanzig Mädchen sollten die erste Wasserballettmannschaft auf der Insel bilden, und da ich mir aus Kunst nicht mehr viel machte, war mir der Sport um so wichtiger. Die Mütter von Töchtern im heiratsfähigen Alter setzten sich in Bewegung. Es war eine einmalige Gelegenheit, ihr Werk der Obhut des sozialistischen Staates zu überlassen.

Die Schule war ein Schlaraffenland, voller braungebrannter Jünglinge. Die Sportler sind Teil der Revolutionspropaganda und werden schon allein deshalb bevorzugt behandelt. Ein kubanischer Champion lebt noch besser als ein Minister.

Der in der Gemeinschaft des edlen Wettstreits vergossene Schweiß schafft unlösliche Verbindungen.

Unser Leben bestand aus fünf Stunden täglichem Training, Essen und Schlafen. Niemand beschwerte sich über Fidel oder die Situation.

Die Schule rekrutierte ihre Zöglinge aus den besseren Kreisen, den Kindern der Freunde der angesehenen Familien. Daneben gab es einige Schüler, die aus dem

Landesinneren kamen und sehr dankbar dafür waren, daß sie unter den Auserwählten sein durften.

Das war 1968, man trug das Haar glatt und lang und war mager. Doch wie sollte man bei diesem vorzüglichen Essen schlank bleiben? Das mit dem Haar war einfacher, wir zogen uns die Strähnen glatt. Morgens mußten wir schön sein, darauf kam es an.

Wir blieben verschont von den Ausflügen aufs Land.

Mittwochs brachten die Mütter eine saubere Uniform für den zweiten Teil der Woche.

Meine Mutter betörte die Herzen der Polospieler, das ging soweit, daß sie sich alle hinter einer Mauer zusammendrängten, um einen Blick auf sie zu erhaschen. An diesem Mittwoch war sie sehr nervös. «Heute nacht kommt Fidel zu uns, aber mir ist es lieber, wenn du hier bleibst, weil ich mit ihm gerade über dich sprechen will. Über dein Problem. Also ist es besser, wenn du nicht da bist, und wenn er dich trotzdem sehen möchte, soll er lieber an einem anderen Tag wiederkommen, um ...»

«Habe ich womöglich ein neues Problem, außer meiner Unangepaßtheit, den Frauen, die von hinten zu sehen sind, meinen hervorstehenden Augen und der allergischen Bronchitis?»

«Er kümmert sich nicht so um dich, wie er sollte, das ist das Problem.»

«Weißt du, wie viele Kinder in dieser Schule ihren eigenen Vater nicht einmal kennen?»

«Ich mach das doch dir zuliebe.»

Wenn es nach mir ginge, hätte sie gar nichts zu tun brauchen. Wie lange war Fidel schon nicht mehr zu

Hause gewesen? Zwei Jahre sind eine lange Zeit, wenn gerade der Busen zu wachsen beginnt. Zum erstenmal lebte ich ohne seinen Schatten, und keiner konnte mehr Schuldgefühle in mir wecken, wenn er mir von Erschießungen, Enteignungen, schlechter Behandlung im Gefängnis, verweigerten Ausreisegenehmigungen erzählte oder mich um eine Wohnung, Schuhe, eine Einlieferung ins Krankenhaus oder eine Ausreise bat. Sogar sie hatte aufgehört, sich zu quälen und jedes Wochenende nach Santa María zu fahren, um vor seinem Haus zu baden, falls er zufällig auftauchte. Wie damals, als sie schreiend aus dem Wasser rannte: «Fidel! Fidel! Alinaaaa!» Der Comandante konnte uns gerade noch mal vor den Schlägen der Wachleute bewahren und schwamm eine Runde mit ihr um die Wette.

Ich hatte keine Probleme. Ich betätigte mich nicht mehr als Kupplerin zwischen Onkel Ramón und seiner neuen Geliebten, die sich in dem Landhaus von Tante Angelita einnisteten und mich als Überbringerin ihrer Liebesbriefchen benutzten, sehr zum Leidwesen von Suli. Die verrückten Cousins haßten mich noch Jahre danach dafür, in ihren Zwangsjacken.

«Ich will ihn nicht sehen. Ich habe kein Interesse, ihn zu sehen.»

Aber junge Menschen haben keinen eigenen Willen.

In der Nacht darauf sah ich meine Mutter, strahlend, ein Erzengel an der Seite des Comandante, der auf meinem Bett lag und die Arme hinter dem Kopf verschränkt hatte.

«Ich hatte in den letzten zwei Jahren zuviel zu tun.

Die Zeit zerrinnt mir zwischen den Fingern. Es ist sehr schwierig, eine Revolution in Gang zu halten. In der letzten Zeit habe ich mit Japan über den Kauf von Eismaschinen verhandelt, und ich bin sehr zufrieden. In zwei Monaten werden sie eingebaut. Mindestens eine in jedem Viertel, damit die Leute Eis essen können, bei der Hitze. Ich habe auch schon über den Kauf einer Waffelfabrik gesprochen, wir werden sie hier im Land herstellen können.»

Ich applaudierte ihm nicht, weil wir allein waren.

«Die Japaner werden mir außerdem eine Plastikschuhfabrik verkaufen, mit der wir 1000 Schuhe am Tag produzieren können, und das läßt sich noch steigern. Man gibt einfach ein Kügelchen Plastik, das aus Öl hergestellt wird, in die Maschine, und hinten kommt ein Paar Schuhe raus, mit Absatz und allem Drum und Dran. Für Männer, Frauen oder Kinder, in verschiedenen Modellen. Ich habe diese Maschinen sehr billig eingekauft. Ich glaube, damit wird sich langfristig das gesamte Problem der Fußbekleidung lösen lassen.»

Ich war wie gebannt.

«Die andere Neuigkeit ist, daß die Verfassungsänderung durch ist. Das neue Familienrecht tritt kommende Woche in Kraft, du kannst also den Nachnamen Castro tragen, wenn du willst. Deine Mutter muß sich nur mit Yabur treffen.»

Ich sah mich schon in unserer Schulmannschaft, vor dem Meer, wie ich im falschen Moment die anderen mit dieser Nachricht verblüffte. Es war lächerlich.

Und ich würde mich nicht mehr in Ausreden flüchten können: «Nein, nein. Ich kann nichts für Sie tun. Ich schwöre Ihnen, ich bin nicht seine Tochter. Nicht im geringsten. Nichts. Nicht einmal einen Brief.»

«Ich glaube, ich bleibe bei Fernández. Ich trage diesen Namen nun schon so lange, und ich mag es nicht, wenn ich Erklärungen abgeben muß.»

Ihm war das egal.

Als er ging, hinterließ er zwei Teerflecken auf dem Bettüberwurf, und in der Luft hing das Versprechen, bald wiederzukommen.

Jorge Ángel, mein Bruder, der nach dem Liebeszauber einer Reise auf die Welt gekommen war, schien etwas zurückgeblieben zu sein. Er war schweigsam und gut gekleidet. Ich fühlte mich zu ihm hingezogen wegen der ergebenen Abhängigkeit, in der ihn Fidelito und seine ewige Verlobte namens Ena Lidia hielten.

Er war daran gewöhnt, mit dem Gefolge, den Gewehren und den Essensbehältern im hinteren Teil des Jeeps zu reisen, wenn sein Bruder, der Kronprinz, sich die Ehre gab, ihn zu einem offiziellen Ereignis einzuladen. Immer blieb er im Hintergrund, niemand stellte ihn je vor, weswegen ihm sein Selbstwertgefühl mehr oder weniger abhanden gekommen war.

Fidelito schrieb mir liebenswürdige, schwülstige Briefe aus der UdSSR, in denen er mir empfahl, zu gehorchen und eine gute Aktivistin zu sein. Im Postskriptum fügte er herzliche Grüße an meine Mutter hinzu. Ich mochte den zurückgesetzten Bruder immer lieber, der etwas benommen war von der buntgemischten Familie, die ich ihm nach und nach vorstellte. Warum hatte Fidelito ihn wohl versteckt gehalten?

Meine Mutter schenkte Jorge ihre bedingungslose Zuneigung. Wir wurden so gute Freunde, daß seine Hochzeit bei uns zu Hause ausgerichtet werden sollte. Wir machten ausführliche Pläne, besprachen die Blumen, das Hochzeitskleid und das Hochzeitsessen und organisierten einen Standesbeamten, bis unser harmonisches Beisammensein plötzlich gestört wurde. Ehrengast und Trauzeuge sollte Fidelito sein, der nach zwei Jahren Studium aus der Sowjetunion zurückkehrte. Wir hatten zwar eine briefliche Auseinandersetzung gehabt, in der ich den Alten als «Scheißkerl, der sich nicht um seine Kinder kümmert» bezeichnet und Fidelito mit einem zornigen Kommentar geantwortet hatte. Jedoch hielt ich den Zwischenfall für vergessen, als Vilma anrief und mich bat, mich fertigzumachen, da sie mich auf dem Weg zum Flughafen abholen wollten.

Die Ankunftshalle war brechend voll, als mein Bruder erschien. Er sah aus wie immer und kam in Begleitung einer Russin, die geblendet war von dem offiziellen Empfang, den ihm diese vielen Männer bereiteten, die aussahen wie die Militärs ihres Heimatlandes.

Ich stand da wie ein Hündchen, das vor Freude mit dem Schwanz wedelt, und wollte die erste sein, die geküßt wird.

Mein Bruder verbrachte eine halbe Stunde damit, Leute zu umarmen und Glückwünsche auszusprechen. Als niemand mehr übrig war und alle ihn und mich anschauten, gab er mir die Hand.

«Danke, daß du gekommen bist», stieß er mir mit diesem geringschätzigen Lächeln entgegen, das ihm in die linke Gesichtshälfte zu entgleiten pflegte. Dieser aufgeblasene Kerl hielt sich offenbar für den künftigen Kaiser.

Onkel und Tante hatten nicht mit solch einer Reaktion gerechnet und wußten gar nicht, was sie mit mir machen sollten. Also nahmen sie mich einfach zusammen mit ihren Kindern mit in die Wohnung, wo ein Koch mit einer hohen Mütze ein üppiges und spätes Abendessen zubereitete.

Im gleichen Gebäude hatten sie ein paar Trennwände herausgerissen, um dem Pärchen als Willkommensgeschenk ein Liebesnest zu bereiten. Wir besichtigten die möblierte Residenz und kehrten in den siebten Stock zurück. Vor Schreck konnte ich kaum sprechen. Wenn es schwer verdauliche Katastrophen gibt, dann war dies eine. Mein aktueller Fünfjahresplan im Sozialismus stützte sich ausschließlich auf die Liebe meiner Brüder.

Dann kam die Geschenkübergabe. Er hatte Schallplatten der Beatles verschenkt und von Raphael, der unser gemeinsamer Lieblingssänger war, an meine Cousins hatte er Kleidung und Spielzeug verteilt, als er sich schließlich mir zuwandte.

«Ich wußte nicht, was ich dir mitbringen sollte, aber hier hast du was.» Er gab mir ein Fläschchen, das mit einer Übelkeit erregenden Flüssigkeit gefüllt war, ein typisches russisches Parfüm der kommunistischen Ära.

Ich war verzweifelt.

«Mami läßt dir liebe Grüße bestellen. Sie kann es gar nicht erwarten, dir einen Kuß zu geben, weil du in deinen Briefen so hübsche Sachen an sie hast ausrichten lassen. Sie sagt, das Haus steht dir jederzeit offen.»

«Sag deiner Mutter, daß ich in ihrem Haus nichts verloren habe.» Mir blieb beinahe das Herz stehen. Ich erinnerte mich an Myrta und die Briefe, die der gute Zensor im Gefängnis verwechselt hatte, und mir wurde plötzlich klar, daß mein Bruder eine Zwischenlandung gemacht haben mußte – was die Prinzipien der Revolution eigentlich nicht zuließen –, um sich in Spanien heimlich mit seiner Mutter zu treffen, die dort im Exil lebte und dem Hexenzirkel angehörte, der sich gegen meine Mutter verschworen hatte.

Ich ließ das Parfüm auf einem Schrank in der Küche stehen und verließ die Wohnung. Ich hatte nicht den Mut, nach Hause zurückzukehren, wo meine Mutter ungeduldig auf mich wartete und wissen wollte, wie das Wiedersehen verlaufen war. An der Ecke stieg ich in irgendeinen Bus, der mich möglichst weit weg bringen sollte. Ich hängte mich an die Tür des 69er, rammte meine Ellbogen in diverse Schulterblätter und hielt mich mit der rechten Fußspitze auf dem Trittbrett, so reiste man auf der Insel, als es noch Busse gab.

Eines Nachmittags rief Jorge Ángel an. Seine Hochzeit würde nicht bei uns zu Hause, sondern in einem Gästehaus der Regierung stattfinden, in Laguito, und Celia kümmere sich bereits um alles.

«Es tut mir leid, dir sagen zu müssen, daß Naty nicht eingeladen ist.»

«Mistkerl!» antwortete ich ihm.

So waren sie, meine Brüderchen, die Gott mir gegeben hat. Der eine war ein Fouché in Kleinformat und der andere ein feiger Opportunist.

«Was haben sie nur alle gegen Mami?» fragte ich meinen geliebten Cousin Mayito.

«Darüber solltest du dir keine Gedanken machen. Über Mütter soll man nicht urteilen. Man liebt sie. Das ist das einzige, was man mit ihnen machen darf», sagte Mayito und wackelte neckisch mit den Ohren.

Hartnäckig machte ich von nun an von dem Recht Gebrauch, die meine zu lieben. Wenn sie irgendwo keinen Einlaß bekam, wollte ich auch nicht. Ich übernahm gewissermaßen die Mutterrolle, denn Großmutter Natica kritisierte sie den lieben langen Tag und behandelte sie wie eine Schwachsinnige. Sie konnte keine Freunde zum Essen nach Hause einladen, ohne daß Lala sich unweigerlich und zielsicher über sie lustig machte.

Ich versuchte, meiner Mutter wieder zu ihrem angestammten Recht zu verhelfen, doch nicht einmal Herkules hätte es geschafft, die geballte Ablehnung, die ihr entgegenschlug, zu durchbrechen. Nach wie vor wollte sie der Welt beweisen, daß sie eine richtige Revolutionärin war, die sich nicht aufgrund einer kurzfristigen Verirrung mit dem Bärtigen eingelassen, sondern eine Entscheidung fürs Leben getroffen hatte.

Ich sah sie immer seltener, nachdem es ihr endlich gelungen war, Mitglied der Kommunistischen Partei zu werden und Celias dunklen Machenschaften einen Riegel vorzuschieben. Sie steigerte sich täglich mehr in ihre Traumwelt hinein. Sie wurde immer entrückter und entwickelte sich zu einer Heldin, die Demütigungen nicht mehr spürte und keinen Groll empfand.

Ich konnte sie nicht vor sich selbst schützen, denn ich war Außenstehende und Betroffene zugleich. Alles, was sie tat, kam mir übertrieben vor, und ich versuchte sie zu überreden, einen der Botschafts- oder Spionageposten anzunehmen, die man ihr ständig anbot, nur um dieser Zwietracht zu entfliehen, mit der wir eigentlich nichts zu tun hatten. Sie sollte wieder eine bezaubernde Frau werden, wie früher. Doch sie hatte ihre Lebensaufgabe gefunden, und das Urteil der anderen war ihr egal.

Ich überließ meinen Brüdern und ihren Mauscheleien das Feld. Mit meinem Rückzug war ich auch die sonntäglichen Mittagessen und die Doppelmoral meiner scheinheiligen Verwandten los.

Celias hinterhältige Sticheleien und Attacken blieben uns dagegen ihr ganzes Leben lang erhalten. Diese Frau war härter als Stein, bis ein bösartiges Krebsgeschwür sie von den Lungen bis zur Zunge befiel und sie auf einen Schatten ihrer selbst zusammenschrumpfen ließ.

Bis zu ihrem Tod sollten noch zehn Jahre vergehen, in denen meine Mutter allmählich zu einer Gefangenen ihrer eigenen fixen Ideen wurde.

Im September 1968 kehrten wir hübsch und drall in die Schwimmschule zurück. Nach den langen Ferien ohne Training lechzten wir nach Bewegung. Haare und Uniformen waren geschniegelt und gebügelt. Wir hatten uns gerade zum ersten Morgenappell aufgestellt, als der Direktor uns mitteilte:

«Da Wasserballett nicht zur olympischen Disziplin erklärt wurde, müssen wir euch leider mitteilen, daß die Mannschaft auf Anordnung des Erziehungsministeriums aufgelöst wird. Die Teilnehmerinnen werden aufgefordert, die Badeanzüge, den Frotteebademantel, die Badekappe, die Nasenklammern, die Schuhe und die Schuluniform zurückzugeben. Die Herbergsmutter wird diese Dinge entgegennehmen und dem Überbringer eine Quittung geben. Danach habt ihr Erlaubnis, eure Eltern anzurufen. Sie sollen kommen und euch abholen!»

Das war das Ende.

Ich machte die Prüfungen, um im Schwimmunterricht bleiben zu können.

«Sie ist physiologisch nicht für das Wasser geeignet», sagte ein Juror.

«Was braucht sie, um ‹physiologisch für das Wasser geeignet› zu sein? Kiemen, Flossen, Schuppen?»

Meine Mutter war wütend. Wir gingen zum Erziehungsminister Llanusa.

«Schau, Naty, ich kann nichts für das Mädchen tun. Wenn sie in der Schule bleibt, wird man sagen, sie werde privilegiert, weil sie Fidels Tochter ist.»

«Sie ist die Beste in der Mannschaft, das wissen alle. Sie hat eine fabelhafte Schwimmprüfung abgelegt, und jetzt kommen sie mir mit so was. Das ist die lächerlichste Begründung, die ich je gehört habe.»

«Es ist eine Begründung wie viele andere auch. Die Anweisung, daß keine drinbleiben soll, stammt von mir. Sie gelten als verzogen. Niemand mag verwöhnte Kinder reicher Eltern.»

«Versuch, eine Lösung zu finden. Diese Schule war das Beste, was Alina passieren konnte.»

«Mag sein ... Apropos, meine Kleine, wie heißt die Krankheit, die ich deiner Meinung nach habe?»

«Gynäkomastie», antwortete ich, «übermäßiges Wachstum der Brüste beim Mann. Hoffentlich wachsen sie Ihnen bald bis zum Fußboden, Herr Minister.»

Das sagte ich im Namen aller Mitschüler, die nun in Wiedereingliederungsheime gesperrt wurden, die sich dieser Grobian für sie ausgedacht hatte, um ihnen die Vorliebe für enge Kleidung und lange Haare auszutreiben.

Als ich in die «Schule der Freiheit» zurückkehrte, war ich in aufmüpfiger Stimmung, so daß die Lehrer mich schließlich nicht mehr zum Unterricht zuließen.

Jeden Tag schwamm ich fünf Stunden, bis ich einen unschlagbaren Rekord im Schmetterlingsstil und im Rückenschwimmen aufstellte, damit hatte ich mir das Recht erkämpft, mit der Auswahlmannschaft zu trainieren. Da mir das Paradies nun wieder offenstand, erschien ich an dem Tag, an dem der Wettkampf ausgetragen werden sollte, nicht im Schwimmbad.

Wenn ich nur noch einen Schritt von meinem Ziel entfernt bin, gebe ich auf.

Das Haus in der zweiundzwanzigsten Straße begann zu verfallen. Große Kalk- und Gipsbrocken brachen aus der Decke und legten ein Geflecht verrosteter Drähte und verfaulter Leitungen frei.

Meine Mutter fand einen einflußreichen Funktionär, der wußte, wie man einen Wohnungstausch in einem «vereisten Bezirk» einfädeln mußte.

Am 19. März räumte ich fiebrig und erkältet das Chauffeurszimmer aus, als sich ein Brett an einer Konsole löste und ich den Safe entdeckte.

Statt meine Mutter zu benachrichtigen, die die lästige Angewohnheit hatte, alles, was sie besaß, der Revolution und dem Sozialismus zu schenken, rief ich Großmutter

Natica, die gewöhnlich Lampen und andere Familienschätze aufbewahrte.

Aber Lala konnte die Wächter vom Sicherheitsdienst nicht abschütteln, die sich um den Umzug kümmerten, und kam mit Eskorte in den Raum über der Garage.

Sie rückten dem Safe mit Hammerschlägen und einem Schweißbrenner zu Leibe. Die früheren Besitzer, die 1959 geflohen waren, hatten hier ihre wertvollsten Schätze vor der Plünderei bewahrt: Eigentumsurkunden, Geld, Juwelen.

Großmutter wollte ein vergoldetes Puderdöschen behalten, schließlich sei heute mein fünfzehnter Geburtstag. Doch die Sicherheitsleute ließen nicht mit sich reden.

«Hilfe! Hilfe!» rief Lala plötzlich hysterisch. Ich dachte schon, sie werde jetzt an Ort und Stelle den Kampf gegen die Auswüchse des weltweiten Kommunismus aufnehmen. Doch es war nur mein blauer Homunkulus, der zu ihren Füßen in einer türkisblauen Flüssigkeit schwamm. Eines der Gläser meiner Kindheit war ihr aus der Hand gefallen.

Teil 2

Das neue Haus befindet sich Ecke Calle Fraile, und nachmittags scheint die untergehende Sonne hinein. Es ist aus Quadersteinen. Innen gibt es keine Türen, es ist sehr großzügig geschnitten: Ein Raum öffnet sich dem nächsten, dem Speisesaal und anderen kleineren Räumen. Der Garten wird überragt von Flammenbäumen, und die Pflanzen überwuchern die Steine. Ein Jakarandabaum fleht zum Himmel, als ahne er das gewaltige Baumsterben voraus.

An meinem fünfzehnten Geburtstag kam der Bote des Comandante in der Nacht. Er sah so aus und war genauso gekleidet wie er. Ein grauhaariger und untersetzter Bauer namens Sosa, der stets gute Nachrichten brachte.

«Hier ist das Geschenk des Comandante. Herzlichen Glückwunsch, Mädchen.»

Es war ein Parfümflakon von Cristal, der gleichzeitig als Lämpchen diente.

Fidel war lange nicht mehr zu Hause aufgetaucht.

«Na, ein Glück, daß er sich gemeldet hat. Ich dachte, man hätte es ihm nicht einmal ausgerichtet», begrüßte ihn meine Mutter.

Das Parfüm war das erste Wunder, das zweite war ein Tisch im Polinesio. In Havanna gab es noch drei öffentliche Restaurants, und um dort einen Tisch zu ergattern, mußte man entweder stundenlang Schlange stehen, was nie zum Erfolg führte, oder sich auf der Straße mit anderen prügeln, bis die Polizei kam.

Ich trug einen maßgeschneiderten Anzug, die Hose und das ärmellose Jackett waren aus Silberlamé, ganz nach der Mode der siebziger Jahre, oder was meine Mutter eben dafür hielt. Juana und Oma Natica hatten ihn gemeinsam genäht.

Ich sah aus wie ein in Geschenkpapier gewickeltes Walroß und wäre am liebsten gestorben vor Scham, doch ich wollte meinen beiden Herrscherinnen nicht den Spaß an der kulinarischen Schlemmerei verderben. Es gab niemanden, den ich einladen konnte. Nach all den Umzügen und Schulwechseln hatte ich keine Freunde mehr.

In dem alten, klapprigen Mercedes fuhren wir in die Stadt. Wir waren ein komisches Trio.

«Hey, meine Herrschaften, der Karneval hat begonnen!» kommentierte ein galanter Kreole meinen Aufzug.

Dreiviertel seines Lebens verbringt man damit, sich lächerlich zu machen.

Jedesmal, wenn man meiner Mutter eine andere Arbeit gab, mußte ich die Schule wechseln, damit ich in ihrer Nähe blieb und ihr weiter meine Besuche abstatten konnte.

Diesmal wurde sie ins Mincex geschickt, das Ministerium für Außenhandel, wo sie Expertin für die Geplacea wurde, die Gruppe der lateinamerikanischen und karibischen Zuckerexportländer. Obwohl dieser Titel sehr nobel klingt, richteten sie ihr ein Büro in einem umgebauten Wandschrank ein.

«MINCEX, MINFAR, MINCUL, MINIL, MICON[24]! Das klingt wie vietnamesisches Kauderwelsch! Sogar die Sprache hat sich auf dieser Insel verändert», sagte Großmutter Natica.

Zu allem Überfluß teilte die Partei meiner Mutter freundlich mit, daß es ihre Pflicht sei, ein Studium aufzunehmen. Sie mußte in den sauren Apfel beißen und ihren Abschluß in französischer Philologie in Angriff nehmen, zu arbeiterfreundlichen Zeiten, täglich von sieben bis elf Uhr abends. Damals stand sie kurz vor der Pensionierung. Hinzu kamen ihre Verpflichtungen als Gewerkschaftsdelegierte. Ihr Leben bestand nur noch aus Abkürzungen.

Der Mercedes streikte ständig und wurde mit Drähten und Ersatzteilen aus Wolgas und Moskvitchs am Leben erhalten. Außerdem legte sich auch noch ihr Chef mit ihr an. Böse Zungen behaupteten, sie wäre überlastet und weine vor Erschöpfung auf der Straße. Auch mir kamen diese Gerüchte bald zu Ohren, und so beschloß ich, mich um die Angelegenheit zu kümmern.

Ich zwang sie, einen Tag zu Hause zu bleiben und sich auszuruhen: «Nur einen Tag, Mami, um Himmels wil-

---

[24] Ministerium der Revolutionären Streitkräfte (Minfar), Kulturministerium (Mincul), Ministerium der Leichtindustrie (Minil), Bauministerium (Micon).

len! Seit ich dich kenne, hast du nicht einen einzigen Tag bei der Arbeit gefehlt. Mach schon ...»

Und ich zog los, um mich mit diesem unvernünftigen Kerl rumzuschlagen, der ihr Chef war, Eduardo.

«Sie macht die ganze Zeit die Arbeit der anderen.»

Er warf ihr vor, daß sie anderen Leuten zuviel helfe und deshalb ihre eigene Arbeit vernachlässige. Er merkte nicht, daß sie nie für sich selbst da war. Mit sich war sie stets nur unzufrieden, aber sie zwang sich dazu, es zu verbergen. Und er behauptete, sie habe wegen des Studiums den Verstand verloren. Die Vormittage verbringe sie bei der Fußpflege, während sie ihre Brille auf dem Tisch liegenlasse, damit die anderen dächten, sie sei noch in der Nähe.

«Das Studium macht sie, weil die Partei es ihr befohlen hat. Wenn es ein Fehler ist, anderen zu helfen, dann hat sie einen. Sie ist gar nicht in der Lage, sich so ein raffiniertes Manöver auszudenken, die Brille liegenzulassen, während sie selbst nicht da ist. Ich werde ihr sagen, sie soll dir mal ihre Füße auf den Schreibtisch legen. Sie hat mehr Hühneraugen als ein Archipel. Und weißt du warum? Weil sie ihr ganzes Hab und Gut zum Fenster rausgeworfen hat, damit Nichtsnutze wie du dahin kommen können, wo du jetzt bist. Wenn du sie nicht in Ruhe läßt, schwöre ich dir, daß ich dir das Leben zur Hölle machen werde. Diese Frau könnte deine Mutter sein.»

Der zweite Versuch war ein Glückstreffer.

Ich ging zu meinem Onkel Raúl, der mich damals in seinem Büro als Übersetzerin für Französisch beschäftigte.

«Weißt du was, Onkel, ich habe alle Briefe gelesen,

die du meiner Mutter geschrieben hast, bevor der Scheißkerl von Pacheco sie sich für das Revolutionsmuseum unter den Nagel gerissen hat. Es waren sehr schöne Briefe.»

Raúl wurde nostalgisch, als er sich an die guten alten Zeiten erinnerte.

«Sie war wie eine Glücksfee für die ganze Familie.»

Was für eine Gelegenheit!

Die Stimmung wurde poetisch, und so schüttete ich ihm mein Herz aus: «Sie ist traurig geworden. Sosehr ich mich auch bemühe, sie aufzuheitern, es gelingt mir nicht. Sie ist wie eine welke Blume, die ihren Duft verströmt, wenn niemand es erwartet, und sich beim ersten Tageslicht schließt, statt sich zu öffnen. Sie hat ihren Blütenkranz verloren, und wer sie sieht, nimmt sie nicht mehr wahr. Aber euch hat sie doch so viel geholfen, mit all ihrem Schmuck, den sie versetzt hat, um die Waffen für die Heldentat von Moncada zu kaufen ...»

Ich erreichte, daß er ihr einen neuen Wagen verschaffte, «zwar nicht ganz neu, aber fahrtüchtig».

«Du magst doch die Autos von Mercedes, und in der Werkstatt des Innenministeriums können sie ihn reparieren. Es ist das gleiche Modell wie die anderen, die du hast.»

«Das kommt gar nicht in Frage, Nichte. Verkauft das Auto. So bleibt euch noch ein bißchen Geld. Sie scheinen dafür unerhörte Summen zu zahlen. Und wenn ich dir einen Rat geben darf, versucht, ihn auf dem Land zu verkaufen. Die Bauern haben die Taschen voller Geld vom Schwarzmarkt und wissen gar nicht, wofür sie es ausgeben sollen.»

In der Tat, es gab nichts, was zu kaufen war. Da er gerade in Spendierlaune war, bat ich ihn noch um eine letzte Kleinigkeit.

«Onkel, was meinst du, wenn ihr sie, um sie richtig glücklich zu machen, zu den Feiern für den 26. Juli einladet? Jedesmal, wenn sie hört, daß die am Angriff auf die Moncada-Kaserne Beteiligten sich Jahr für Jahr treffen und sie nie einladen, wird sie trübsinnig.»

«Das kann ich dir nicht versprechen, da muß ich erst nachfragen.»

Tags darauf bekam meine Mutter einen blauen VW und ein paar Monate später eine Einladung zu den Feierlichkeiten anläßlich des 26. Juli. Der feine Unterschied war, daß sie nicht zusammen mit den ehemaligen Kämpfern eingeladen wurde, sondern als Angehörige eines Märtyrers. Dabei hatten wir keinen Gefallenen von Moncada in unserer Familie zu beklagen, sondern lediglich die englische dauergewellte Haarpracht meiner Großmutter Natica, die sie auf ihrer Forschungsreise in den Osten verloren hatte.

Ich war endlich klug geworden, hatte meinen unerfüllt gebliebenen Traum von der großen Schwimmerinnenkarriere endgültig begraben und besuchte nun das Saul-Delgado-College im Vedado, in dem eine finstere erzieherische Macht herrschte: die Marquetti. Sie stammte aus einer alten italienischen Baseball-Familie, hatte ein dunkles Gesicht mit kleinen Augen und ein großes Gebiß. Aus tiefstem Herzen verachtete sie alle «Bonzen», und da sie es mit ihnen selbst nicht aufnehmen konnte, machte sie ihren Kindern das Leben schwer.

Hildita Guevara und ich trafen uns dort wieder, nachdem wir so lange voneinander getrennt gewesen waren. Unsere Freundschaft war jedoch unverändert.

Ihre Mutter war innerhalb von nur sechs Monaten an Krebs gestorben. Sie erzählte mir etwas, das ich lieber rasch wieder vergaß, wie so viele andere verzweifelte Bekenntnisse, die ich zufällig gehört hatte. Ich wollte mir die Unschuld bewahren.

«Weißt du, was sie mir kurz vor ihrem Tod gesagt hat? Ihre Lungen waren schon halb verfault, sie war kurz davor, den letzten Atemzug zu tun, und konnte es doch nicht für sich behalten. Weißt du, was sie mir erzählt hat? Daß die Kubaner meinen Vater in Bolivien absichtlich sterben ließen. Daß das alles arrangiert gewesen sei, um den Helden zu kriegen, den sie brauchten. Daß alle Briefe, die er hinterließ, Fälschungen sind, von erfahrenen Kalligraphen. Sogar der an mich! Und daß ich mir diese Wahrheit gut merken solle, eines Tages würde sie sowieso ans Licht kommen. Warum können die Leute nicht sterben und die Lebenden in Ruhe lassen, verdammt!»

Ich wußte nicht, was ich sagen sollte. Hilda Gadea war mir immer etwas rätselhaft erschienen, und wer liebt schon Entzauberungen?

Nicht einmal meine Freundin Hildita wurde mit der Marquetti fertig. Nach einem Semester ging sie vom College ab, als sie die Drangsalierungen satt hatte. Sie heiratete einen Mexikaner, der seit dem Massaker, das ein gewisser Echeverría[25] an Arbeitern in Mexiko verübt

---

25 Luis Echeverría Álvarez war von 1970 bis 1976 mexikanischer Präsident.

hatte, im kubanischen Exil lebte. Echeverría wurde später Präsident und auf der Insel mit Pauken und Trompeten empfangen, nachdem man alle Mexikaner, die seinetwegen hier ins Exil gegangen waren, festgenommen hatte. In gewissen Dingen scheinen sich alle Sicherheitsbehörden dieser Welt zu gleichen.

Auch Hilditas Mann wurde in Gewahrsam genommen, und beide verloren jede Illusion.

Ich ging mit einem Köfferchen und einem Paar Schuhe zu ihr, denn sie lebte damals in dem Elend, vor dem sie mich mit einem Darlehen bewahrt hatte, als wir beide elf Jahre alt waren.

Sie hatte ein Neugeborenes auf dem Arm. Mit diesem Kind, das von karibischem Ungeziefer befallen war, begleitete sie ihren Mann, der aus irgendwelchen Gründen nach Italien, in sein zweites Exil, verbannt wurde. Jahre später hörte ich wieder von ihr, als sie nach einem weiteren Unglück froh war, nach Kuba zurückkehren zu dürfen. Es war der einzige Ort, wo sie auf einen Psychiater und alte Freunde zählen konnte, die ihrem zweiten Sohn zu essen gaben. Sie war nicht mehr klar genug im Kopf, um eine Flasche Rum von einem Milchfläschchen zu unterscheiden.

Jose Ramón Pérez hatte so viele Vorzüge, daß die jungen Mädchen im College von Vedado ganz verrückt nach ihm waren.

Er hatte schelmische grüne Augen, kleine, wohlgeformte Zähne und struppiges Haar, das wie ein Federbusch von seinem kreisrunden Kopf abstand. Was ihn jedoch letztlich von anderen unterschied, waren seine

Wildlederstiefel mit Fransen, seine Jeans und ein weißer VW: gekleidet wie aus dem Katalog, in einem Land, in dem es alles nur auf Bezugsschein gab, und obendrein im Besitz dieser Himmelskutsche, zu einer Zeit, da man Stoßgebete aussandte, wenn man an der Haltestelle auf den Bus wartete. Außerdem hatte er einen Vater im Politbüro.

Grund genug für die Marquetti, ihn aus der Schule zu werfen, doch daß er der Goldjunge war, konnte sie nicht verhindern.

Ich war ganz schön überrascht, als er sich ausgerechnet für mich zu interessieren begann.

Sein berühmter Vater hatte das eheliche Lager gegen das seiner Büroleiterin eingetauscht, die zwanzig Jahre jünger war. Er verließ seine Familie, die er in Verzweiflung stürzte. Bei seinem Sohn führte sein Weggang zu übersteigerter Sensibilität.

Er war sechzehn, als er der erste Mann in unserem Haus wurde. Mein Freund glitt von meinem Schoß auf den meiner Großmutter und bedrängte und küßte meine Mutter, die sich ihm zu entziehen suchte.

Zu seinen Pflichten gehörte es, die Lichter zu löschen und das Haus gut abzuschließen, wenn er ging, nachdem er mich ins Bett gebracht hatte, wobei er sehr behutsam mit mir umging.

Wir hatten ein Abschiedsritual: José setzte sich auf den Bettrand, unter der Decke verschwand seine linke Hand, mit der er mich langsam zu berühren begann, um «deinen ganzen Körper auswendig zu lernen», wie er sagte. Kurz darauf steckte sein Kopf unter der Bettdecke und seine Zunge tastete sich vor, bis die Großmutter im Dunkeln aus ihrem lauten Schnarchen hochschreckte.

«José Ramón, bist du immer noch da?»

«Ich schließe gleich ab, Großmütterchen!»

Wie Rotkäppchens Wolf schlief Großmutter Natica wieder ein und träumte von einer Wunderkur für den kranken Mangobusch im Garten, der viel zu früh riesige Früchte ohne Samen trug, träumte von Pfropfen an den Rosenbüschen und Krotonsträuchern.

Ich blieb erregt, erschöpft und feucht zwischen den zerwühlten Laken zurück. José schlich langsam davon und nahm nie den kürzesten Weg nach Hause.

Je mehr er log und je mehr Probleme er sich aufhalste, desto mehr Freunde hatte er. Er machte einen einträglichen Beruf aus seinem Status als traumatisierter Sohn eines Bonzenvaters. In seinem Reich, dem umbenannten Hotel Habana Libre, ließ er anschreiben, statt zu bezahlen. Zu Hause nannten wir ihn Baby Hilton, denn dorthin ging er frühmorgens, wenn er mich aufgeregt und zufrieden in meiner Traumwelt, in der das Schnarchen meiner Großmutter den Takt angab, zurückgelassen hatte. Er selbst tröstete sich in den Armen einer Nachtschwärmerin an der Hotelbar. Nie bedrängte er mich mit anderen Bedürfnissen, und ich war immer noch Jungfrau, allerdings nicht mehr lange. José Ramón setzte seinen ganzen Ehrgeiz daran, zur Geheimpolizei zu gehen, wie viele andere junge Männer, die ganz richtig erkannten, daß die Staatssicherheit eine Elite war. Ich weiß nicht, mit welcher Mitgliedskarte es ihm gelang, jemanden zu überzeugen, ihm einen 45er Colt zu leihen. Jedenfalls zog er ihn vor dem Eingang zum Polinesio und feuerte eine Salve in den Rasen neben dem Gehweg, nachdem er den Colt auf ein paar Kerle gerichtet hatte, die er etwas über meine Beine und die großartigen Rundungen meiner Mutter hatte sagen hören, während er die Rechnung für die Grillhähnchen bezahlte.

Wir verbrachten eine lange Nacht im Untersuchungsgefängnis, Ecke Zanja und Dragones, mitten im Rotlichtviertel von Havanna. Meiner Mutter, die wie eine Respektsperson aussah und außerdem Mitglied der Kommunistischen Partei war, stellten sie zum Schlafen einen Streifenwagen zur Verfügung, der gegenüber geparkt war.

Sie legte sich auf den Rücksitz, streckte ihre schönen langen Beine mit den Schuhen, die noch aus Frankreich stammten, zum Fenster raus und schlief die ganze Nacht.

Als es Tag wurde, blieben die Leute auf dem Gehweg stehen, um sie zu betrachten.

Ein Dutzend Jahre war seit dem Tag vergangen, an dem Fidel, triumphierend und bejubelt, neun Stunden lang erklärt hatte, wie er die regulären Streitkräfte von seinen eigenen trennen wollte, die mit ihm aus dem Gebirge gekommen waren.

Ein Bild der Jungfrau der Gnaden, der synkretistischen Obatalá[26], hing ihm um den Hals, und ein paar hundert weiße Tauben pickten das Vogelfutter von den Achselstücken seines Hemdes.

Die Festlichkeiten zum Jahrestag der Gründung des Innen- und des Verteidigungsministeriums fanden im

---

[26] Mächtigster Orischa, Gottheit der Yoruba. (AdÜ)

Sozialen Arbeiterkreis Patricio Lumumba statt, im ehemaligen Club Biltmore in Miramar. Die Musik und die Ansprachen hätten sogar das vegetative Nervensystem eines Lamas durcheinandergebracht, als mein Blick plötzlich auf einen hochgewachsenen Brünetten fiel, mit ersten grauen Strähnen im Haar, einem bitteren Zug um den Mund und einem Gang wie ein Kater.

Was Schönheit anbelangt, bin ich kompromißlos: Die Menschen sind entweder schön oder häßlich, darüber urteilt mein drittes Auge, das ich sofort auf Yoyi geworfen hatte. Ich gab keine Ruhe, bis man ihn mir vorstellte. Ich hatte sogar das Glück, daß er mich am Ende des Abends nach Hause fuhr, in einem klapprigen Chevrolet, der meinem zukünftigen Ehemann zur Verfügung stand, um seine Aufgaben als Leutnant der Spionageabwehr zu erfüllen und pünktlich zum Karateunterricht zu erscheinen. Ich war ein Aschenputtel in einem Leihwagen. Ich war sechzehn, und mein Prinz war doppelt so alt. Wie Charles Aznavour. Heimlich schrieb er mir verführerische Gedichte, und wir begannen uns mittags zu treffen, ebenfalls heimlich.

Eine Lawine unerfreulicher Gerüchte ließ uns auffliegen, denn auf der Insel bleibt nichts geheim. Mein Verlobter José Ramón, der seit den Schüssen vor dem Polinesio zu Hausarrest verurteilt war, wollte mich nicht mehr sehen. Yoyi war mit einer schwarzen Sängerin verheiratet, die auch heute noch die schönste Stimme Kubas ist, und mußte mit ein paar Habseligkeiten ein ungewisses Leben antreten. Er kam mal bei diesem, mal bei jenem Freund für kurze Zeit unter.

Diese Freunde waren das Beste an Yoyi. Meiner Mutter und meiner Großmutter gefielen sie ausgesprochen gut, alle waren zauberhaft und hatten besondere Kontakte zu Restaurants und Nachtklubs sowie Zugang zu Häusern am Strand, Hütten im Gebirge, zu Angeltouren und Reisen. Die wunderbare Welt der militärischen Elite Kubas, der besten Uniformträger der Nomenklatura.

Lala Natica war glücklich und fühlte sich dank der großzügigen kulinarischen Gaben wieder nützlich. In der Küche konnte sie ihre alten Gourmetrezepte wieder aufleben lassen, zum Beispiel Languste mit Bitterschokolade oder Soufflé, am Telefon erteilte sie den unglücklichen Frauen jener Freunde Ratschläge, Frauen, die zwanzig Jahre älter waren als ich und nicht wußten, worüber sie mit mir reden sollten.

Meine Mutter mußte sich keine Sorgen mehr machen, wenn etwas kaputtging und repariert werden mußte oder ein anderer Notfall eintrat, denn auf einmal hatte Fortuna ihr Füllhorn geöffnet.

Pepe Abrantes, der inzwischen zum Innenminister ernannt worden war, Gallego Franco, der nationale Polizeichef, die Zwillinge de la Guardia[27] von den Spezialeinsatzkräften und deren Chef Pascualito fanden für alle Verwicklungen eine Lösung.

---

27 Gemeint sind die Zwillinge Patricio und Antonio de la Guardia Font, der erste war General, der zweite Oberst im Innenministerium. Beide arbeiteten eng mit den obersten Revolutionsführern zusammen und führten zahlreiche geheime Aufträge innerhalb und außerhalb Kubas aus. 1989 wurde ihnen wegen Drogenhandels der Prozeß gemacht, zusammen mit dem General Arnaldo Ochoa und anderen Offizieren. Antonio wurde zum Tode verurteilt und erschossen, Patricio zu 30 Jahren Gefängnis verurteilt.

Wir saßen gemeinsam mit den Zwillingen Patricio und Tony beim Mittagessen im L'Aiglon, im Hotel Riviera.

«Was sind die Spezialeinsatzkräfte?»

«Eine Eliteeinheit. Es sind die Sturmtruppen der Armee, die im Krieg Sondereinsätze übernehmen.»

«Sturmtruppen? Was will Kuba denn stürmen? Sind wir nicht eine pazifistische Insel, sind wir nicht gegen den Krieg? Treten wir nicht für das Recht der Völker auf Selbstbestimmung ein und für die Nichteinmischung des Imperialismus in die inneren Angelegenheiten anderer Länder?»

Ich kannte die ganze pathetische Litanei auswendig. Ich hatte sie hundertmal gehört.

Yoyi wurde bleich, meine Mutter rammte mir einen Ellbogen in die Rippen, und die Zwillinge sahen mich an, als sei ich vom Mars.

Von da an gaben sie sich keine allzu große Mühe mehr, ihre geheimen Angelegenheiten zu verbergen.

Die Lage verschlechterte sich jedoch, als unsere Freunde in Lebensgefahr gerieten. Nach der Kampagne, die Fidel für Allende in Chile[28] startete, bekam Abrantes chronisches Herzflattern, weil er einen Monat lang neben dem Jeep des Comandante hergerannt war. Diese Angelegenheit nannten sie «Operation Salvador», und sie bereitete nicht nur Abrantes ein Leben lang Herz-

---

28 Im September 1970 wurde Salvador Allende Gossens zum Präsidenten von Chile gewählt. Im Jahr darauf reiste Castro zu einem zehntägigen Staatsbesuch nach Chile. Der Besuch dehnte sich auf einen ganzen Monat aus, und Castro nutzte ihn als Unterstützungskampagne für die Volksfrontregierung.

beschweren, beinahe hätte sie auch die Zwillinge das Leben gekostet.

Es schien, als sei die ganze Sache von Anfang an gut organisiert gewesen, die sogenannte «Unterwanderung». Tati, Allendes Tochter, wurde mit dem armen Luis verheiratet, einem Offizier der Staatssicherheit, allerdings war es für ihn nicht ganz einfach gewesen, sich für diesen Auftrag in Chile von seiner kubanischen Frau scheiden zu lassen. Allende hatte Tony als Chefkoordinator der GAP, der Gruppe der Freunde des Präsidenten, akzeptiert, die die Leibwache des zukünftigen Staatschefs stellen sollte. Vermittelt hatte das Ganze ein chilenischer Agent, der in Kuba trainiert und ausgebildet worden war, der Guatón. Bei mir gingen all diese Spezialbegriffe zum einen Ohr rein und zum anderen wieder raus. Die ausgedehnte Reise von Fidel, auf der er für Salvador Allende warb, war allerdings jeden Tag im Fernsehen zu sehen gewesen.

Die Zwillinge waren gerade in Chile, und ihre Frauen labten sich an den weißen Eisentischen in unserem Garten an einem Mittagessen, das Natica zubereitet hatte. Nach fünfzehn Jahren der Abstinenz konnte sie endlich wieder nach Herzenslust Knoblauchknollen, Petersilienblätter und den todbringenden Stachel im Schwanz der Languste anfassen und beim Zwiebelschälen weinen, soviel sie wollte – die Entsagungen der Lebensmittelkarten hatte sie rasch vergessen. Plötzlich verkündete im Fernsehen und im Radio dieselbe Stimme, Militärpanzer hätten den Moneda-Palast in Santiago umstellt, und Allende, der sich dort mit seinen Töchtern und der

GAP verschanzt hatte, sei bereit, sein Leben zu opfern, um die Demokratie zu verteidigen. Wir Freunde, die Ehefrauen und ich waren bereits in tiefste Trauer versunken, als die Zwillinge auf einmal gesund und munter auftauchten, mitsamt der halben GAP und ihrem Chef Guatón Marambio, die in Kuba um Asyl bitten wollten.

Das beste war, daß sie sogar Zeit gehabt hatten, Geschenke, Fernseher und Waschmaschinen einzupacken, während wir sie bereits für tot hielten, gefallen bei der Verteidigung des Präsidenten.

Wenig später fand man eines Morgens Tati in Havanna tot auf. Sie hatte sich mit der Pistole ihres Mannes erschossen. Kurze Zeit darauf brachte sich auch die Schwester von Allende um, sie sprang aus einem der obersten Stockwerke des Hotel Riviera.

Fidel hatte einen philosophischen Sieg errungen:

«Revolutionen können nur mit Waffengewalt gelingen.»

Die Zwillinge, Yoyi und ich erholten uns in einer der Hütten der Einsatzkräfte von der Aufregung, in Soroa, zwischen farnbedeckten Hügeln und anderen Lebewesen, die die klare, unberührte, feuchte Luft liebten.

Mein Idyll wurde durch einen weiteren Ausflug aufs Land gestört. Zweieinhalb Monate lang verbannte mich der Tabakplan nach Pinar del Río.

Mandeln, die man mir hätte rausnehmen können, hatte ich nicht mehr, auch keinen Blinddarm, keine Hühneraugen oder andere Warzen, die mir Alonso, der Dermatologe, hätte ausbrennen können. Ich mußte also mit dem üblichen Gepäck antreten: dem Eimer, dem Hut, dem Koffer und den Holzsandalen.

Ich begann einen Einpersonenstreik: «Kein Klo, kein Essen.» Um die miserable Ernährung im Lager zu überleben, tauschte ich mein letztes Hemd bei den Bauern gegen ein Reis- und Bohnengericht. Bald war ich über und über mit einer widerlichen Tabakharzschicht bedeckt, da blendete mir eines frühen Morgens das Licht einer Laterne die Augen.

«Im Lagerhaus gibt es eine wichtige Versammlung, an der du teilnehmen mußt», sagte die Marquetti und bleckte die Zähne.

Im Lagerhaus, dem Reich der Ratten, die den raffinierten Zucker verschmähten und statt dessen in die Reissäcke und die Maismehltüten pißten, saßen fünf meiner Freundinnen auf den Säcken: Hildita, Aimee Vidal, Tochter einer beliebten Fernsehmoderatorin, und weitere drei Mädchen aus jenen Kreisen, die der Marquetti das Blut in den Adern gefrieren ließen. Es begann mit der Hygiene. Sie behauptete, wir würden uns nicht waschen. Wir führten zu unserer Verteidigung an, daß es nur zehn überfüllte Latrinen für 500 Frauen gebe, aus denen man nach dem Bad dreckiger rauskomme als man hineingegangen sei.

«Das ist noch nicht alles! Ihr spielt Baseball, und statt schlafen zu gehen, bleibt ihr nachts auf, singt, entlaust euch und kratzt euch gegenseitig die Flohstiche auf. Leider konnten wir das Ungeziefer bislang nicht vernichten, aber das ist kein Grund, sich dabei unschicklich zu berühren!»

Conchita Ariosa stimmte ihr mit einem verständnisvollen Lächeln zu, wobei man ihre Zahnstummel sehen konnte. Ihre Freundin Luisa nickte. Die beiden waren Erste und Zweite Sekretärin der Kommunistischen Jugend. Was das Waschen anging, so endete die schlüpfrige Anklage schließlich mit dem Vorwurf der aktiven Homosexualität.

Die Marquetti war wild entschlossen, uns zu Parias zu machen. Sie fädelte es so geschickt ein, daß einige Mädchen wegen der Gerüchte sogar ihren Verlobten verloren. Ihr Schicksal als gestrauchelte Jugendliche war besiegelt.

Als ich vom Land zurückkehrte, war Yoyi bereits mit meinen beiden Herrscherinnen verheiratet und hatte es sich im Haus bequem gemacht.

Es war eine angenehme Überraschung, seine Rasiercreme in meinem Waschbecken zu finden, und seine männliche Unordnung hielt in meinem Zimmer und meinem Bett Einzug.

Großmutter konnte sich ein paar giftige Bemerkungen nicht verkneifen: «Alina, wie kannst du nur mit einem Mann schlafen, der es schon mit einer Schwarzen getrieben hat. Das bringt dich nicht weiter, meine Kleine!» Doch sie selbst hatte ihm Tür und Tor geöffnet.

Ich sollte nun im hinteren Zimmer schlafen ...

Ich befriedigte mich selbst, aber es war nicht das, was ich mir in meiner Erregung erträumte. Ich hatte den Eindruck, daß man solche Dinge erst später richtig genießen würde, nach der Entjungferung. Also schlich ich mich eines Nachts in sein Zimmer und bat ihn inständig, doch endlich dieses unbequeme Hindernis zu entfernen, das schuld war an seinen Augenringen und den schlaflosen Nächten.

«Laß es uns tun, jetzt schlafen alle!»

So romantisch war es, und ich wurde schwanger.

Weil so was viel böses Gerede nach sich zieht, setzte sich meine Mutter mit mir hin und sagte:

«Was willst du mit einem Kind? Willst du alles hinschmeißen?»

Es sprach alles gegen mich: die Frauen von hinten, die soziale Unangepaßtheit und sämtliche Traumata einer Tochter, die von ihrem Vater im Stich gelassen worden war. Ich ließ mich also in die angeblich beste Frauenklinik von ganz Lateinamerika bringen, doch irgendwas mußte bei der Abtreibung schiefgelaufen sein, da ich danach jede Nacht tränenüberströmt aufwachte und jeden Mittag, pünktlich um zwölf, ein Schmerz einsetzte, als zöge mir eine Hand die Eingeweide zusammen. Kalter Angstschweiß brach mir mitten im Unterricht aus, so als könne die verbannte Seele mir nicht verzeihen.

Aber die Vorbereitungen für die Hochzeit liefen weiter.

Aus einer Kiste, die die Überfahrt von Frankreich mitgemacht hatte, kramte meine Mutter eineinhalb Meter Stoff mit Lochstickerei hervor. Daraus zauberte Juana, die Schneiderin, ein Brautkleid, das Leinenkleid von Natalie verwandelte sie in einen Unterrock dafür.

Die Hochzeit sollte am 28. März stattfinden, am Strand. Die Freunde hatten für uns eine vollkommene Nacht organisiert.

Bis eines Abends das Telefon klingelte.

«Ich will mit Alina sprechen!»

«Ich bin es selbst ...»

«Also, ich bin Leivita, der Chef der Leibwache deines Vaters. Und ich kann vor Zorn kaum sprechen! Du bist eine schlechte Tochter! Ja! Eine mißratene Tochter, die keine Rücksicht auf ihren Vater, den Comandante, nimmt!»

Ich hielt das für einen Scherz und legte auf. Gleich darauf klingelte es wieder:

«Jetzt will ich mit deiner Mutter sprechen!»

«Ich soll eine schlechte Revolutionärin sein? Genosse, passen Sie auf, was Sie sagen, und zeigen Sie etwas mehr Respekt», herrschte sie ihn an.

Er drohte Yoyi mit dem ewigen Zorn der Spionageabwehr und befahl mir, das Haus so lange nicht mehr zu verlassen, bis der Comandante Zeit habe und nach mir schicken lasse.

«Denkst du etwa, ich warte hier darauf, daß der Comandante Zeit hat? Ich heirate in vier Tagen, verstehst du? Das einzige, was ich bereit bin zu tun, ist, erreichbar zu sein.»

Jedesmal, wohin ich auch ging, tauchten Kontrolleure vom Sicherheitsdienst auf, so daß meine Begleitung völlig eingeschüchtert war. Ganz zu schweigen von meiner Mutter, meinem Zukünftigen und all seinen Freunden, die nicht wußten, ob sie sich auf einmal mit ihm anlegen sollten.

Wir waren in der Bodeguita del Medio, wo man sich nach all den Mojitos und dem Grillfleisch regelmäßig eine Magenverstimmung zuzog, und debattierten wild herum, wie man es nach einem guten Mahl eben so tut, als sich Leivita persönlich in seiner ganzen Größe von 1 Meter 70 vor mir aufbaute und mich ehrerbietig anbrüllte. Dann brachte er mich zu einem Alfa Romeo, der mit Antennen gespickt war.

«Gelb ruft Blau! Gelb ruft Blau! Ich komme jetzt mit dem Objekt zum vereinbarten Ort.»

Das Objekt war grün vor Wut.

Dem mißbilligenden Gesichtsausdruck der Pförtner nach zu urteilen, die die Türen im Erdgeschoß des Palastes der Revolution öffneten und schlossen, hatte ich in den vergangenen 72 Stunden den Gang der kubanischen Geschichte verändert. Ich wurde in ein rechteckiges, holzgetäfeltes Büro geführt, das von tropischen Pflanzen überwuchert war. Ich mußte mich vor einen Schreibtisch setzen, der an ein Regal mit ein paar Büchern und Gläschen voller Samen angebaut war.

Es war zwei Uhr morgens. Die Verdauung und die stark kohlendioxidhaltigen Ausdünstungen des eingesperrten Grünzeugs hatten mich eingeschläfert, als der Comandante eintrat, unwirsch und wortkarg. Ich musterte ihn von oben bis unten. Die Stiefel waren neu, aus glänzendem Leder mit kantigen Spitzen, und kleideten seine Beine gut. Ich lächelte ihm zu und griff zuerst an. Mit einem Kuß.

Schweigen.

«Ich habe dich wegen dieser Hochzeit holen lassen.»

«Das dachte ich mir fast.»

«Wann sollte sie stattfinden?»

«Wir gehen immer noch davon aus, daß sie am 28. März stattfinden wird. Du bist natürlich eingeladen.»

«Was ich mir nicht erklären kann, ist, daß du mich nicht um Erlaubnis gefragt hast.»

Ich hatte große Lust, ihn an seinen Schulterklappen zu packen und zu schütteln.

«Erlaubnis? Und wie soll ich dich fragen? Soll ich beten? Ich hatte nie auch nur eine Telefonnummer, unter der ich dich hätte anrufen können.»

«Ja, das weiß ich doch. Ich gebe zu, daß ich mich nicht genug um dich gekümmert habe. Aber mußt du unbedingt mit sechzehn schon heiraten!»

«Siebzehn, seit einer Woche.»

«Das ist doch egal. Du kennst diesen Mann doch kaum.»

«Er wohnt seit Monaten bei uns zu Hause und kümmert sich um alles. Da wohnen nämlich nur Frauen, und alles ist so schwierig, manchmal finden wir sogar Fußspuren unter den Fenstern im Garten, als würde uns jemand ausspionieren, um einzubrechen und zu stehlen ...»

«Aber was hat dieser Kerl denn mit dir gemeinsam? Er war mit einer Sängerin verheiratet!»

«Du wirst doch nicht etwa anfangen wie Großmutter, daß die Frau schwarz ist und daß ...»

«Hör bitte auf, mich zu unterbrechen! Ich glaube, dieser Mann ist ein Opportunist!»

«Schöner Opportunist, wo es bei uns nur Ärger und Elend gibt. Er war derjenige, der das Dienstmädchen schnappte, das den silbernen Samowar mitnehmen wollte ... Schau, es ist schon sehr spät, und ich habe keine Lust mehr, über so einen Scheiß zu reden.»

«Du sollst nicht solche Wörter benutzen, ich benutze sie auch nicht dir gegenüber!»

«Entschuldige. Meinst du das ernst, was du sagst?»

«Ich weiß nicht, ob du weißt, daß dieser Mann im Gefängnis gesessen hat.»

«Veruntreuung. Er verwaltete ein Lager und verteilte ein paar Fernseher an seine Freunde. Die Menschen ändern sich.»

«Die Menschen ändern sich nicht. Ich werde dir ein Beispiel nennen: Ein Mann wollte ein Attentat auf mich verüben. Das war vor zehn Jahren. Ich bewahrte ihn vor dem Erschießungskommando und verhängte nur die Mindeststrafe. Ich habe mich oft mit ihm unterhalten. Wir haben uns sogar persönlich um die Familie gekümmert. Dann wurde er freigelassen, und drei Monate später war er schon wieder in Haft.»

«Hat er noch ein Attentat auf dich begangen?»

«Nein. Er versuchte illegal auszureisen, mit seiner ganzen Familie.»

Vielleicht lag es an dem Grünzeug, daß sich die Atmosphäre verschlechterte und die Luft, die ich einatmete, dünner wurde, jedenfalls konnte ich seiner Argumentation nicht folgen.

«Ich verstehe immer noch nicht, daß du mich nicht um Erlaubnis gefragt hast.» Unser Gespräch begann, sich im Kreis zu drehen. «Und du bist noch nicht lange genug mit diesem Mann zusammen. Eine Verlobung muß mindestens zwei Jahre dauern. Ich werde dich auch nicht fragen, ob du schon ...»

Er meinte die Jungfräulichkeit. Da er mich nicht überzeugt hatte, fuhr er schweres Geschütz auf.

«Es geht ja nicht nur darum, daß er gestohlen hat, dieser Mann ist ein Vergewaltiger!»

«Wie bitte?»

«Ja. Wir wissen, daß er, als er in Villa Marista die Verhöre vornahm, einige Frauen vergewaltigt hat.»

«Es tut mir sehr leid, daß dieses System einen überführten Dieb und mutmaßlichen Vergewaltiger zum Offizier der Spionageabwehr gemacht hat.»

Damit waren meine Argumente am Ende.

«Wenn du übermorgen diesen Mann heiratest, kannst du auf mich als Vater nicht mehr zählen!»

«Ich werde den Unterschied kaum bemerken.»

«Wenn du nicht heiratest, verspreche ich dir, daß alles anders wird. Ich bitte dich doch nur, eine Zeitlang zu warten.»

Mein ehrwürdiger Erzeuger gewann die Verhandlungen mit dem Versprechen, er werde für Speisen und Getränke sorgen, wenn die Hochzeit zu einem späteren Zeitpunkt stattfände.

Er machte mit mir einen Spaziergang am Malecón, unterwegs versprach er mir hoch und heilig, ein besserer Vater zu werden, und begleitete mich schließlich bis nach Nuevo Vedado. Als ich die Tür öffnete und meine Mutter, Yoyi und Oma ihn an meiner Seite sahen, blieben sie wie angewurzelt stehen. Der arme Yoyi grüßte ihn militärisch, dabei stand er in Pyjama und Pantoffeln da.

Großmutter zeigte ihm die kalte Schulter, und meine Mutter säuselte: «Wie gut du aussiehst» und «Wie geht es denn so?».

Fidel rief sogleich Lupe Véliz an, die Frau von Nuñez Jímenez, der die Erdkundebücher für die Schulen umgeschrieben hatte, um ein kleines Tête-à-tête mit irgendeiner ausländischen Schauspielerin, Journalistin oder Tänzerin abzusagen, das sie für ihn arrangiert hatte. Der Morgen dämmerte bereits, als ich ihn zur Tür begleitete.

«Alles in allem scheint er gar kein so schlechter Junge zu sein.»

«Nicht wahr! Woher hast du eigentlich diese schönen Stiefel?»

«Die sind Handarbeit. Aus Italien. Celia ließ sie für mich anfertigen.»

Wir sagten die Hochzeit ab und warteten auf neue Anweisungen. Fidel versuchte, sein Versprechen, sich zu ändern und ein besserer Vater zu werden, zu halten.

Am Tag, als Breschnew Havanna besuchte, kam er in Galauniform bei uns zu Hause vorbei. Wir schmeichelten ihm und lobten sein stattliches Aussehen.

Danach reiste Fidel nach Europa, in den Osten, und wie nach seiner Chile-Reise gab es bei seiner Rückkehr einen Familienempfang in einem Gästehaus der Regierung, wo man erfolglos darauf bestand, daß Fidelito und ich uns aussöhnen sollten.

Für alle Schwestern, Schwägerinnen und Nichten brachte er eine Flasche Shampoo und ein Schächtelchen russische Schokolade mit, sogar meine Mutter bekam ein Geschenk. Für die Männer gab es Bulowa-Uhren. Sosa, der Bote mit den guten Nachrichten, kam mit breitem Lächeln zu uns nach Hause und brachte ein Armband mit passender Halskette, Ohrringen und Brosche in einem russischen Kästchen vorbei. Es waren keine Brillanten, sondern echt russische «Glasperlen», scheußlicher als die Parfüms gleicher Herkunft. Weniger als ein Monat war vergangen, als Fidel mich holen ließ, um mich in einem seiner Häuser in El Laguito ins Kino einzuladen. Er gab mir einen Plüschmantel und ließ mich im Zuschauerraum Platz nehmen, wo es kalt genug war, um ein Otterfell zu tragen. Wir sahen, wie ich schon befürchtet hatte, einen Dokumentarfilm über seine Reise durch Osteuropa.

Er staunte, wie gut die Menschen in Europa gekleidet waren. Er sagte, in Kuba sei das anders.

Was kein Wunder war, da die Leute sich aus Sackleinen Kleider nähten und sie von Hand bemalten. Als ich die Zuteilungskarten erwähnte, die für jeden zwei Meter Stoff und zwei Garnrollen im Jahr vorsahen, wechselte er das Thema.

Yoyi und ich heirateten im August, fünf Monate nach dem ursprünglich vorgesehenen Termin.

Fidel sorgte für das Hochzeitsessen und die Getränke. Es gab Süßigkeiten und Nudelsalat mit Mayonnaise und Ananasstückchen, zehn Flaschen Havanna Club und eine Whiskyflasche für ihn, alles von seinen Leibwächtern auf Silbertablettchen serviert. Sie sorgten auch dafür, daß alle Gäste, die ich eingeladen hatte, abgewiesen wurden, einschließlich Hildita Guevara und ihrem unerwünschten Ehemann. Meine Hochzeit war eine Polit-Veranstaltung mit Umtrunk. Sogar die Standesbeamtin kam aus dem Innenministerium.

Fidel erschien rechtzeitig, gab mit seiner Unterschrift die Zustimmung zu dieser Hochzeit und amüsierte sich. Ich nicht und mein armer Ehemann noch weniger. Um

Urgroßvater Martín Ruz,
der Jude aus Istanbul, mit
einem seiner Söhne

The British connection:
Urgroßvater Herbert
Clews, mit seiner Frau
Natalia und seinem
Sohn Enrique

Opa Manolo Revuelta
aus Santander

Großvater Ángel Castro,
der Galizier, Dorfbonze
von Birán

Großmutter Lina Ruz, nach der Alina benannt ist

Großmutter Lala Natica, 1948

Fidel im Alter von drei Jahren

Natys Verlobung mit Papa Orlando, 1948

Naty, 1955, ein Jahr vor Alinas Geburt

Fidel, 1955

Naty mit der frisch geborenen Alina, 19. März 1956

Am Tag der Taufe. Von links nach rechts und von oben nach unten: Natica, Natalie, Elsie Clews, Doktor Orlando Fernández Ferrer, Caridad Betancourt de Sanguily (die Taufpatin, die Alina im Arm hält), Antonia Ferrer, die Witwe von Fernández, Doktor July Sanguily (der Taufpate), Naty und Manolo Revuelta

Alina mit ihrem Lieblingsspielzeug, einem Gummiknochen aus der Hundehütte

Alina mit ihrer Fremden-
legionärsmütze

Alina mit ihrer
Nanni Mercedes

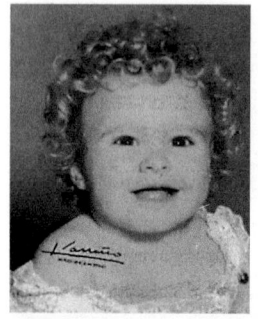

Alina, ein Jahr alt

Naty und Alina im Garten des Hauses Ecke fünfzehnte und vierte Straße, im Vedado (aufgenommen im Jahr der Revolution, 1959)

Die dreijährige Alina hat Fidel gezeichnet

Alina im Arm von Nanni Mercedes

Alina und Natalie, 1958

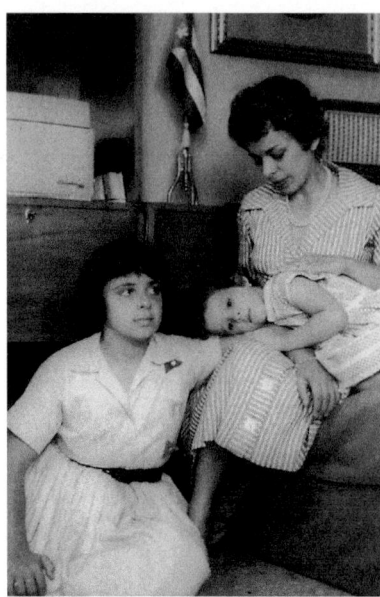

Naty mit Natalie und Alina, 1959

Alina mit ihren verhaßten zweifarbigen Schuhen im Kindergarten

Während einer Geburtstagsfeier, Alina auf dem Arm von Raúl Castro. Rechts von Castro seine Frau, Vilma Espín. Die zweite Frau links von Alina ist Lidia Castro, die Halbschwester von Fidel

Alinas erstes Briefchen für Fidel
(um 1960)

Mami sagt, ich habe sehr hübsche rosa Mäppchen
Sag Fidel, er soll das mit der Versorgung in Ordnung bringen, du weißt schon, warum
Alina

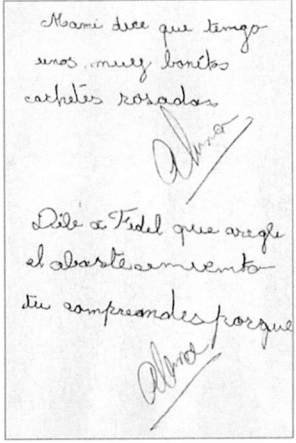

Karnevalssternchen mit einem chinesischen Robin Hood

Auf der Reise nach Paris, Alina und Naty im Zoo von Madrid (1964)

Verschwollenes Mumpsgesicht

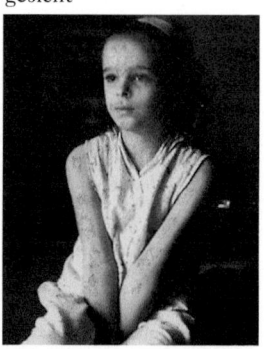

Naty und Alina 1964

Alina in der Île de la Cité, Paris 1964

Fidel spielt Baseball

Die Zeitschrift «Der Pionier» veröffentlicht ohne Alinas Wissen ein Gedicht von ihr

EL MAR

El mar bravea
alza sus crestas blancas
y se va a fracasar sobre la orilla
de arena fina.
Negro se ve a los ojos del humano
pero no se ve más que
con el corazón.
Ya comienza la tormenta.
Las crestas blancas sobre las olas
se convierten en altas montañas de
(pena,
nevadas en la punta,
de base vacilante.
Y gastan roca, como la pena
gasta el corazón.

Llueve, llueve.
Las gotas son como perlas,
sobre un fondo gris.
Corren, corren, sobre las mejillas
de la Naturaleza.

Las nubes viajan cual
pájaros enormes
sobre cielo vuelto corazón.

Pero llega una sirena
cual una perla más,
con cabellos dorados
piel rosada
boca de rosa
y el mar se vuelve tranquilo,
ya las olas se inclinan
ante la pura alegría y belleza
de aquella sirena.

Las crestas blancas la acarician.
Y las montañas de base vacilante
(se vuelven
en fuertes montañas de amor.

El cielo, azul se vuelve.
Las gotas cual perlas
yacen sobre las algas,
y la arena húmeda
lleva huellas de felicidad.

El mar lleva fondo transparente
con miles de peces.
El cielo, fondo azul.
Y el corazón, fondo puro.

Alina verabschiedet sich von Nanni Mercedes, als sie 1967 zum ersten Mal auf die «Landschule» muß

DAS MEER

Das Meer tobt
Hoch wogen die weißen Schaum-
kronen, eh sie auf dem feinen
Sand des Ufers vergehen.
Schwarz sieht es aus, sagen die
Menschen
doch man sieht nur
mit dem Herzen gut.
Schon bricht der Sturm los.
Die weißen Schaumkronen auf
den Wellen
türmen sich zu steinernen
Gebirgen
verschneit sind die Gipfel,
vergänglich der Grund.
Sie höhlen den Stein,
wie der Schmerz das Herz
aushöhlt.
Regen, Regen.
Die Tropfen wie Perlen
auf grauem Grund rinnen über
die Wangen der Natur.
Wolken wie riesige Vögel
ziehen über das Herz des Himmels.

Doch dann eine Sirene
schön wie eine Perle,
mit goldenem Haar
und rosiger Haut
mit ihrem Rosenknospenmund
beruhigt sie das Meer
und die Wellen verneigen sich
vor ihrer Schönheit
und Anmut.
Die weißen Schaumkronen
umschmeicheln sie.
Das vergängliche Gebirge formt
einen starken Berg der Liebe.
Der Himmel so blau.
Die Tropfen wie Perlen
aufgereiht auf den Algen,
und im feuchten Sand

Spuren des Glücks.
Das Meer so klar,
voller Fischlein.
Der Himmel so blau.
Und das Herz so rein.

Fidel als stolzer Vater während der Hochzeit von Alina und Yoyi

Alina und Yoyi, ihr erster Mann

Im Garten des Hauses in Nuevo Vedado

Alina und ihr zweiter Mann
Honduras

Die schwangere
Alina mit ihrem
dritten Mann
Panchi

Für Alina, so rein wie eine Blüte,
ewig ein Kind,
Lob sei ihr heute
und der, die an diesem holden Tag
schon ihren zweiten Frühling
erlebt:
Diesen beiden.
Auch der zwillingsgleichen
Schwester von Joan Crawford
so strahlend schön und klug,
und der aufrechten Herrin
von einst:
Natalia Clews, deren Hände und
Füße im Licht der Sterne badeten.
Diesen vier wahren Kind-Frauen
gewidmet von dem, der sie über
die Maßen liebt,
der einen Donnerhall im tiefsten
Innern seiner Seele fühlt;
wundersam wie eine Lilie,
entrollt er in der Schlacht das
Banner: «Kein Leid möge Euch
betrüben.»

Gedicht von Pedro Emilio Castro, das er Alina und ihrer 1977 geborenen Tochter Mumin gewidmet hat

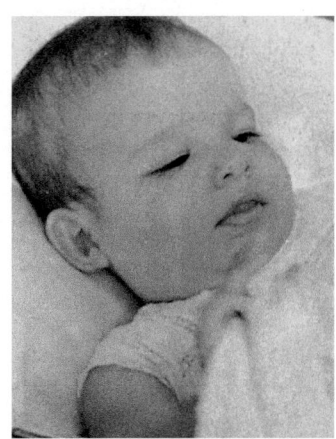

Mumin

Mumin, ein Jahr alt

Mumin mit Raúl Castro und seinem Enkel Raulito (1985)

Mumins zweiter Geburtstag

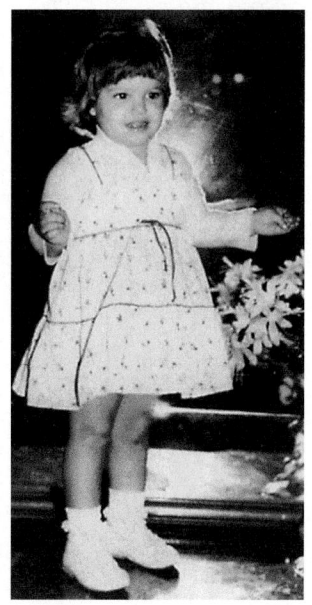

Mumin, fünf Jahre alt

Natica, Naty, Alina und Mumin (1989)

Alina als Model im
Modehaus La Maison
(1991)

Alina 1989, als sie als Model arbeitete

Modeaufnahme

Alina 1992

Ein Foto aus jüngster Zeit

das Ganze zu ertragen, betrank er sich, wie ich es noch nie erlebt hatte. Die Hochzeitsreise, die uns von der zuständigen Behörde zugeteilt wurde, drei Tage und zwei Nächte im Hotel Habana Libre, war eine einzige Enttäuschung. Mein Vater nahm mich beiseite, bevor er sich als einer der letzten von der Hochzeitsfeier verabschiedete: «Sag mir nicht Bescheid, wenn du dich scheiden läßt.»

«Mach dir keine Sorgen. Ich habe deine Telefonnummer noch immer nicht.»

Wir versuchten, unsere verpatzten Flitterwochen in Varadero nachzuholen. Eine Woche lang brieten wir in der Sonne und langweilten uns fast zu Tode.

Großmutter Natica war zu ihrer alten Gewohnheit zurückgekehrt, über die Ehre der Frauen in ihrer Familie zu wachen und sie zu verteidigen, wie damals, als ihre Tochter mit diesem bärtigen Rebellen alles durcheinanderbrachte.

«Yoyi, meine Enkelin ist viel zu jung und hübsch dafür, daß du sie mit dieser dicken Schlampe betrügst. Das ist ja wohl kaum zu glauben!»

Gemeint war die Chefin der vereisten Zone von Nuevo Vedado, die die Häuser der Bonzen mit Möbeln einrichtete, die sie in anderen Wohnungen konfisziert hatte.

Ich zog mit ihm in eine Wohnung, die sie gestaltet hatte. Nachts konnte ich nicht schlafen. Ich sehnte mich nach meinem Zimmer, meinem Bad, meinem Bett und meinem Kopfkissen. Um zwei Uhr morgens zog ich übernächtigt über die sechsundzwanzigste Avenida wieder nach Hause.

Die Dicke hatte allerdings nichts mit der Handvoll

Teufelchen zu tun, die sich seit der Nacht in meinem Kopf eingenistet hatten, als mein Vater meinen Mann beschuldigte, ein Dieb und Vergewaltiger zu sein.

Noch immer verwirrten mich die Bewunderung und die Ehrfurcht jener, die Fidel zujubelten und «Viva! Viva!» riefen, als seien sie nicht ganz bei Trost.

Im darauffolgenden August war ich eine geschiedene Achtzehnjährige. Es hatte den Anschein, als hätten die Spionageabwehr und die Eliteeinheit der Sturmtruppen gemeinsam beschlossen, mit mir ins Bett zu gehen. An allen Ecken, selbst im Haus, traf ich einen der «besten Freunde» meines Mannes. Großmutter Natica öffnete ihnen die Tür, da sie nicht bereit war, meinetwegen die gesellschaftlichen Ereignisse und kulinarischen Abwechslungen aufzugeben. Mich aus dem Staub zu machen, schien mir die einzige Lösung zu sein.

Den kubanischen Liedermacher Silvio Rodriguez hatten unsere Regierenden auserkoren, um als Rattenfänger von Hameln die Massen für den neuesten pädagogischen Schrei zu begeistern. Die Schulen auf dem Land waren die Vervollkommnung von Martís Traum. Die Schüler sollten nun nicht mehr nur zweieinhalb Monate lang auf den Feldern arbeiten, sondern dort leben und lernen. Auf der ganzen Insel wurden graue Gebäude errichtet. Sechs Tage die Woche sollten die Schüler dort verbringen, vormittags Unterricht erhalten und nachmittags auf den Feldern arbeiten.

«Das ist das Neue Haus
Das ist die Neue Schule,

*Haus und Schule sind
die Wiege einer Neuen Rasse.»*

Dennoch ist Silvio ein unübertrefflicher Dichter.

«Die Uniformen wurden so ausgewählt, daß sie möglichst bequem und modern sind», sagte Fidel. «Zwar sind die Synthetikfasern sehr warm, doch sie haben den Vorteil, daß sie nicht so leicht knittern. Das bedeutet, daß in den Herbergen keine Bügeleisen zum Einsatz kommen müssen, was wiederum die Unfall- oder Feuergefahr vermindert. Die Schuhe können leicht ersetzt werden ...» Es waren die Plastikschuhe aus der japanischen Fabrik, die er 1967 gekauft hatte und die dem ganzen Land Fußpilz bescherten. «Es stimmt allerdings nicht, daß der Arbeitseinsatz der Schüler die Investition rasch amortisiert. Nicht in den ersten drei Jahren», wiederholte er unermüdlich.

Leoncio Prado war aus Fertigteilen zusammengebaut und eineinhalb Stunden von Havanna entfernt. Die Erleichterung, weit weg von zu Hause zu sein, währte nicht lang: Die Gemeinschaft war dort allgegenwärtig, im Bad, im Schlaf, bei der täglichen Notdurft, bei der Hexerei, beim Klatsch, bei der Denunziation, im Kampf für den Kommunismus, in der Doppelmoral und bei der Klauerei.

Diesmal war der Ananasplan an der Reihe. Die Plantagen waren voller borstiger, mörderischer Stacheln. Wir arbeiteten monatelang mit ausgetrockneten Kehlen. Der Boden gab unter unseren Füßen nach. Von den Verletzungen taten uns alle Knochen weh, wir hatten ständig

Hunger und warteten auf die Ernte, um uns den Bauch vollzuschlagen.

Die Lehrer und Schulleiter hatten den Betrug vereinfacht: Damit ihre Schulen den Sozialistischen Wettbewerb bestanden, schrieben sie uns die Prüfungsaufgaben am Vortag auf die Tafel. Dadurch erhielten wir den Vortritt an den Universitäten, und ich war immer noch versessen auf ein Medizinstudium. Eines Tages tauchte Honduras auf dem Schulgelände auf, ein Freund von Yoyi, der hartnäckigste dieser gerissenen Bande, die es nach der Scheidung auf mich abgesehen hatte. Er war ganz unverkennbar ein Indio aus Honduras und auf der Insel Waise geworden. Seine Mutter hatte ihn im Alter von zwölf Jahren nach Havanna geschickt, um dort die Ferien bei einer Tante zu verbringen. Als er eines Abends, nachdem er mit gleichaltrigen Kindern stundenlang auf der Straße rumgetollt war, in die Wohnung zurückkehrte, war sie leer.

Die Tante hatte ohne Vorwarnung das nächste Flugzeug genommen, als sie die Revolution kommen sah.

Ich stellte mir den kleinen Indiojungen vor, ganz allein im Alten Havanna, inmitten des rasenden Tumults, den «Viva! Viva!»- und «An die Wand! An die Wand!»-Rufen. Das muß schlimmer als eine eiskalte Dusche gewesen sein.

Die Armee nahm sich seiner an, und er hatte keine Probleme, bis er als Jugendlicher zum erstenmal Ausgang erhielt und nicht wußte, wohin er gehen sollte.

«Damals habe ich die Begräbnisfeiern entdeckt. Dort kannst du die ganze Nacht bleiben, denn es gibt immer eine Trauernde, die getröstet werden will ...»

Er hatte eine überbordende Phantasie und war inzwischen Unterleutnant der Spezialeinsatzkräfte. Wir waren ein lebhaftes und fröhliches Paar, das sich heimlich traf, bis der gute Abrantes davon Wind bekam und ihn auf der Stelle nach Japan schickte, um dort den vierten Dan in Karate zu machen. Er schrieb mir wunderschöne Briefe, deren zahllose Rechtschreib- und Grammatikfehler mich zutiefst rührten. Wir kannten keine Scham und kein Leid, unsere Liebe war so ungezwungen und einfach, daß ich mir kaum verzeihen kann, daß sie nur von kurzer Dauer war.

Als Fidel mich rufen ließ, um mir die erste Scheidung zu vergeben, war ich bereits willens, ihm die Möglichkeit einer zweiten anzudeuten.

Er ließ mich nicht zu Wort kommen. Ich saß da und hörte ihn über den nächsten Fünfjahresplan reden, der vorsah, Trauben, Erdbeeren und Reis mit Hilfe der Hydrokultur und Salpeter als Düngemittel anzubauen. Da verwirrte eine bösartige Kraft meine Sinne. Fidels Haut verschwand, und ich hatte die Vision eines verknoteten Sehnen- und Nervenbündels, umgeben von einer teuflischen Aura, auf dessen Stirn ein riesengroßes, blutunterlaufenes drittes Auge erschien.

Ich schüttelte das Grauen ab, doch seit jener Nacht ist etwas in mir zerbrochen. Meine Regel blieb aus, ich war innerlich wie gelähmt.

Trotz der Liebe, die Honduras in mir geweckt hatte, fing ich an mich zu zermürben und diesen Körper, der sich meiner Kontrolle entzog, zu hassen.

Ich bestrafte ihn, indem ich ihm die Nahrung entzog. Das Ende des Schuljahrs, meine Zulassung zur Medizinischen Fakultät und die lang ersehnte Rückkehr meines Briefverlobten Honduras beging ich mit vierzig Kilogramm.

Honduras landete am Flughafen José Martí. Ich erwartete ihn, zur Begrüßung hatte ich mehrere Strumpfhosen unter der Hose übereinandergezogen und den Büstenhalter ausgestopft, doch mein Verlobter ging an mir vorüber.

Er hatte dieses Gerippe, das ihn mit der schauderhaften Grimasse einer lebenden Toten anlächelte, nicht wiedererkannt. Erst die Liebe öffnete ihm die Augen, und er fütterte mich wie ein krankes Vögelchen.

Magersucht war damals eine in Kuba unbekannte Krankheit. Er entdeckte, was viele Psychiater und Ärzte nicht erkannten: Wer an fehlender Liebe erkrankt, kann nur durch liebevolle Pflege geheilt werden.

Die medizinischen Erkenntnisse meiner Mutter stammten aus einigen alten Ausgaben der New York Times, die sie an ihrem Arbeitsplatz las, jenem umgebauten Wandschrank im Büro des Ministeriums für Außenhandel. Genauer gesagt verdankte sie sie der Rubrik, wo ein Arzt Fragen der Leser beantwortete. Eines Abends erschien sie auf der Terrasse. Ich lag in der Hängematte und hörte ihrer Übersetzung mit starr aufgerichtetem Kopf zu.

«Verehrte Dame, wenn Ihre Tochter übermäßig Gewicht verliert und immer weiter abnimmt, leidet sie an nervöser Anorexie. Diese Krankheit hat vor allem mit der Mutterbeziehung während der Kindheit zu tun.»

«Du kannst nichts dafür, Mami. Wenn dir das nichts

ausmacht.» Schuldgefühle sind meiner Mutter vertraut und sogar angenehm.

«Mag sein. Übrigens, wenn du willst, daß Honduras hier wohnen bleibt, müßt ihr heiraten. Ich dulde in meinem Haus keine wilde Ehe.»

Aber das mit der wilden Ehe war nur die halbe Wahrheit. Da war auch noch das Komitee zur Verteidigung der Revolution, das vorbeigekommen war und nach der RD-3[29] gefragt hatte sowie die Bescheinigung des OFICODA[30] und die Arbeitserlaubnis «des Genossen, der in Ihrer Wohnung lebt, Genossin» sehen wollte. «Sie wissen ja, daß man nicht einfach einen ‹zusätzlichen Bürger› aufnehmen darf, ohne das Komitee zu verständigen.»

Honduras hatte es leichter als Yoyi, Natica zu erobern. Es gab keine Schwarze in seiner Vergangenheit, und aus dem Offizierskasino der Spezialtruppen schleppte er Berge von Essen und tonnenweise Mandeleis herbei.

Außerdem hatte er auch unsere ehemaligen Freunde im Schlepptau. Die Zwillinge de la Guardia hatten Honduras schon lange ins Herz geschlossen, und für ihre Eltern, zwei entzückende Alte, die Mimí und Popín genannt wurden, war er so etwas wie ein dritter Sohn. Sogar Fidel mochte diesen neuen, unangemeldeten Ehemann

---

29 Bescheinigung, mit der das Büro für die Kontrolle der Versorgung den Wohnungswechsel eines Konsumenten genehmigt und bescheinigt, daß dieser in seiner neuen Wohngegend die Produkte erwerben kann, die seiner Zuteilungsrate entsprechen.

30 Oficina de Control de Abastecimientos: Abteilung des Ministeriums für Binnenhandel, die die Verteilung der rationierten Produkte regelt und überwacht.

so gern, daß er uns zur Silvesterfeier ins Haus von Abrantes einlud.

Abrantes selbst ernannte ihn nach dieser gelungenen Nacht zum persönlichen Referenten und Chauffeur.

Ich studierte Medizin.

Alles war in bester Ordnung, bis der Angolakrieg begann, und die ganze Insel plötzlich in Hysterie ausbrach.

Als erstes wurden die Viertel der Schwarzen ausgeräumt. Es waren immer noch dieselben wie vor der Revolution: Dionisia, Palo Cagao, Llega y Pon. Die ersten Truppen, die Kuba nach Afrika schickte, bestanden aus Schwarzen.

Das stank geradezu nach Rassismus.

Ich wurde quengelig und wollte wissen, warum Kuba eine imperialistische Macht geworden war, nach all dem aufgeregten Gerede vom Selbstbestimmungsrecht der Völker und der Nichteinmischung in innere Angelegenheiten.

Den Gesichtsausdruck der anderen, wenn sie mich für einen Marsmenschen hielten, kannte ich bereits.

Also ging ich zum Palast und antichambrierte vor Fidels Schlafzimmer, damit er mir endlich seine Staatsraison erklärte. Nachdem ich eine Weile gewartet hatte, erblickte ich ihn vor einer Landkarte, die mit Stecknadeln gespickt war. Damit disponierte er seine Truppen.

Endlich hatte er einen wirklichen Krieg. Diese Scharmützel in Syrien, Algerien, Namibia, Afghanistan und Lateinamerika langweilten ihn. Er war dabei, sich von den Russen zu emanzipieren. Als ich ihn fragte, wieso er es zuließ, daß Heer und Waffen von der Insel abgezogen wurden, wo doch die Invasion der Yankees ständig kurz bevorstand, hörte er mir gar nicht zu. Ich verließ den Palast mit der bitteren Erkenntnis, daß man mich betrogen hatte und die Yankees entzückt waren, Fidel in nur neunzig Seemeilen Entfernung zu wissen, während er in der restlichen Welt den Umsturz probte. Mit Fidel vor der Haustür würde ihre Armee blonder Kaugummikauer, die nach Vietnam und Korea arbeitslos geworden war, immer zu tun haben.

Als Kammerjäger, die überall dorthin geschickt wurden, wo der andere den Kommunismus säte.

Wenn sie sich abgesprochen hätten, wäre es nicht besser gelaufen.

Die Freunde, die Chile überlebt hatten, rückten im Gefolge der schwarzen Truppen nach Angola aus.

Dafür gab es die Sturmtruppen, ein ganzes Heer kubanischer Soldaten.

Ich blieb dabei, daß man den Kommunismus nicht verteidigen konnte, indem man den Prinzipien des Kommunismus zuwiderhandelte.

Ich legte mich mit Honduras an.

«Du wirst nicht dort hingehen, stimmt's? Du wirst dich weigern, angolanische Kinder zu Waisen zu machen, nicht wahr?»

«Bist du verrückt? Hältst du mich etwa für einen Märtyrer oder Drückeberger? Wie soll ich denn nein sagen? Die Revolution ...»

«Jetzt fang du nicht auch noch davon an, daß du nach Angola gehst, um die Revolution zu verteidigen! Die Revolution findet hier statt, in Kuba, dachte ich!»

Ich kehrte auf den Boden der Tatsachen zurück und

gab meine zeitweilige Blindheit auf, die so angenehm gewesen war. Mein Leben hatte im wesentlichen aus Angeltouren bestanden, aus Häusern am Strand, teuren Fummeln und Uhren.

Ich bekam einen moralischen Anfall:

«Warum nennt ihr euch Soldaten? Söldner seid ihr!»

Mein Liebster kratzte sich nachdenklich am Kopf.

«Eigentlich dürfte ich das nicht, aber ich verstehe dich», sagte er. «Es ist nur so, Alina, für ein kleines Rädchen wie mich ist es gefährlich zu denken. Denken sollen die, die dafür bezahlt werden.»

Honduras hatte mir so viel beigebracht. Zum Beispiel, als wir plötzlich nach all den zu Papier gebrachten Liebesbekundungen dem täglichen Elend, das den Zauber erstickt, gegenüberstanden. Als ich schon alles hinwerfen wollte, hatte er zu mir gesagt:

«Laß nie meine Hand los. Die Liebe findet ihren Weg, Schritt für Schritt.»

Also sagte ich ihm: «Vielleicht lerne ich, mit diesen neuen Wahrheiten zu leben.»

Die kubanischen Soldaten waren letztendlich Söldner, die Agostinho Neto bezahlte – auch wenn viele Angola-Veteranen das nicht wahrhaben wollen. Sogar die Liegezeiten der kubanischen Schiffe in den Häfen wurden der Regierung bezahlt.

Kuba wurde ein bißchen elender und nackter. Und es trug Trauer.

Abrantes, der bereits Innenminister war, wurde abkommandiert, um die Truppen in Angola zu inspizieren. Meine Vorahnung sagte mir, daß ein gewöhnlicher Referent wie Honduras nicht zurückkommen würde, wenn er ihn begleitete. Dort würde er sich den Fragen seiner Freunde und Waffenbrüder stellen müssen, denn in den Kasernen wird genauso geneidet und gelästert wie im Bordell.

Da mein Körper immer noch tat, was er wollte, meine Verdauung streikte und ich eine Menge anderer psychosomatischer Störungen hatte, bekam Honduras Angst, ich könne zu Hause, ohne seine Pflege, verhungern. Er überzeugte Abrantes, daß ich ins Krankenhaus eingeliefert und gründlich untersucht werden sollte, solange sie unterwegs waren.

Ich erhielt ein Zimmer in dem Bereich der Klinik, wo das gesamte Politbüro und dessen Verwandtschaft behandelt wurde und der sich offiziell «Chirurgische Abteilung des Innenministeriums» nannte. Dort wartete ich auf ihn.

Drei Wochen später kehrte Abrantes von seiner Tournee zurück. Er fuhr gleich vom Flughafen zu mir, um mir zu erzählen, daß Honduras in Angola bleiben mußte. In der Truppe sei darüber gemunkelt worden, daß er sich vor dem gemeinsamen Todeskommando drücken könne, weil er mit der Tochter des Comandante verheiratet sei.

«Ein zuständiger Offizier wird dir den Sold und die Briefe bringen, die ankommen. Honduras hat schon unterschrieben, daß du sein Geld entgegennehmen kannst. Er hat mir aufgetragen, gut auf dich aufzupassen.»

An diesem Abend erklärte ich mich für gesund und kehrte nach Hause zurück.

Die Briefe aus Angola versetzten mich in völlige Trance:

Jetzt gehöre ich zum spähtrupp stell dir for und gestern lag ich mehr als sechs Stunden unter einem Stein, um mich for dem Feuer unserer eigenen Truppen zu schützen. So ist das eben wenn man zur forhut gehört aber du kennst ja dein anderes ich, ich überlebe und danach besuchten wir das nächstgelegene Dorf, denen war ein giftiges Tier in den Suppentopf des Stammes gefallen. Sie essen hier was, das sie aus verfaulter malanga-knolle machen, sie nenen es vergoren, ich weiß nicht wie es heißt und das tier ist wie eine dicke bunte Eidexe mit verdrehten Pfoten, es streckt die bösartige Zunge raus und hinten am Schwanz hat es eine kleine Spitze, in der das Gift steckt und dieses Viech ist häßlicher als alles, was ich in meinem Leben gesehen habe. Als wir das Dorf oder den Stamm wie man richtig sagt eroberten, das sind Lemhütten mit Strodächern ohne Fenster, waren die Leute ganz steif von dem Gift. Es gab ein ziemliches Durcheinander mit Pedro, aus der dritten Einheit, erinnerst du dich, der wollte sich eine Angolanerin anlachen, die am Leben geblieben war, ich weiß nicht, warum und auf einmal stürzen sich ein paar leute wie die wilden auf ihn und schießen und du merkst sofort, das sie es nie gelernt haben aber so ist eben der Krieg. Wie du weißt denke ich immer an dich und auf die Erkennungsmarke, die sie mir gegeben haben, habe ich ein Bild fon dir geklebt, weist du, das, auf dem wir beide zu sehen sind bei der Hochzeit von der Tochter von Nuñez Jimenez mit dem Guaton. Ich hatte keine zeit mehr, mich um irgendwas zu kümern, als ich erfuhr, das ich hier bleiben muß und du weist ja, daß ich das nicht freiwillig gemacht habe, sondern weil sie sagten, das ich deinetwegen ein feigling geworden bin, so etwas sagte mir jedenfalls Pepe. Diese Truppe ist wie du sagst schlimmer als ein Bordell und du hast recht wie immer das ist ein Scheißkrieg und eigentlich dürfte es nicht so sein aber ich komme bald zurück. Das darf sich nicht zwischen uns drängen im Gegenteil ...

Irgendwann hatte ich es satt, auf die Nachricht zu warten, daß er «im Kampf gefallen» sei.

Jener kleine Krieg kostete mehr als 20 000 Menschenleben einer Armee, die über 50 000 Mann verfügte, und zerstörte fast alle Ehen der Insel. Die Kommunistische Partei machte Jagd auf untreue Ehefrauen, und der militante Kern des Arbeiterzentrums sorgte für den Todesstoß, indem man die verblüfften, uneinsichtigen Gatten zu einem Treffen einbestellte, sie aufhetzte und drohte:

«Genosse, entscheiden Sie sich zwischen der Kommunistischen Partei und Ihrer Frau!»

Diejenigen, die sich für Liebe und Verständnis entschieden, verloren ihren Mitgliedsausweis.

Josefina masturbiert. Ihre Mutter versteht sie und sagt, das sei ganz normal. Aber da ihr Vater sie schlägt, beschließen sie, zu einem Psychiater zu gehen. Der Psychiater sagt, Josefinas Verhalten sei ihrem Alter angemessen.
Richtig oder falsch: Josefinas Verhalten ist normal.
Richtig oder falsch: Das Verhalten der Mutter ist richtig.
Richtig oder falsch: Das Verhalten des Vaters ist richtig.
Richtig oder falsch: Die Antwort des Psychiaters stimmt.

Man mußte ankreuzen, was richtig oder falsch war. Es gab siebzig solcher Fragen im ersten Examen, das die fünfhundert Schüler meines Jahrgangs an der Medizinischen Fakultät ablegten.

Das Fach war Psychologie, und die Unterrichtseinheit hieß: «Der Mensch in seiner Umwelt».

Außer Psychologie lernten wir viel über Marxismus, Anatomie und Biochemie.

Die Genetik übersprangen wir, weil die Lehrer eine «internationale Aufgabe» erfüllen mußten.

Der Angestellte, der die Toten für unsere Studien aufbewahrte, hieß Bolívar. Auf den Fingernägeln wuchsen ihm Pilze, weil er die Leichen ohne Handschuhe versorgte.

Die friedlichen, klaglosen Toten, auf die niemand Anspruch erhob, lagerten in Holzbottichen, die mit Formaldehyd gefüllt waren, wie die vergessenen Föten meiner Kindheit. Niemals in meinem Leben habe ich einen Menschen gesehen, der die Lebenden mit so viel Sorgfalt behandelt hätte wie Bolívar seine Toten.

Um zum Studium zugelassen zu werden, reichten gute Noten allein nicht aus. Man mußte außerdem vor einer Jury der Kommunistischen Jugend eine politische Prüfung bestehen:

«Was hältst du von der PLO?»

«Und von der OPEC?»

«Und vom sogenannten Brasilianischen Wirtschaftswunder?»

«Wer war Ben Bella? Erkläre seine historische Bedeutung.»

Die Examen waren sehr schwierig. Sie nannten sie «Tests». Unter vier vorgegebenen Antworten mußte man die richtige Lösung finden – und das bei siebzig Fragen.

Nach der Prüfung wurde das «Antwortmuster» an die

Tafel geschrieben: siebzig Nummern, in Reihen geordnet, so daß wir überprüfen konnten, ob wir richtig geantwortet hatten. In der ganzen Schule gab es nicht einen, der mehr als zehn dieser Fragen beantworten konnte, ohne durcheinanderzukommen. Wir lernten in Grüppchen geistesverwandter Freunde. Einer von uns hatte den großartigen Einfall, mit fünfhundert Pesos jemanden aus der Universitätsdruckerei zu bestechen, der uns eine Kopie der Prüfungsaufgaben zukommen lassen sollte.

So mußte man sich nicht mit Kaffee und Amphetaminen wachhalten.

Wir hielten uns für unschlagbar.

Um so überraschter waren wir daher, als wir zusammen mit allen anderen fünfhundert Studenten das dritte Studienjahr begannen: Der Kerl aus der Druckerei hatte mit dem Verkauf der Prüfungsaufgaben einen ziemlichen Reibach gemacht.

Durch den Angolakrieg lernte ich Panchi, den Tänzer, kennen. Bis heute weiß ich nicht, was Panchi beim Wachpersonal der Kinderklinik von Havanna zu suchen hatte. Ich war mit der Tochter meines Söldnermannes Honduras dorthin gegangen, einem traurigen, verlassenen kleinen Mädchen, das aus einer der Beerdigungsbekanntschaften hervorgegangen war.

Kannten wir den gleichen Arzt?

Ich erinnere mich nicht. Und was hat das schon zu sagen? Schließlich ist die Liebe das einzige, was am Ende der Geschichte Bestand hat.

Auf dem Kopf wuchs ihm ein rötlichblonder Flaum,

die Nase war leicht plattgedrückt, und auf der Haut machte sich die jugendliche Akne noch deutlich bemerkbar ... Aber die Beine sahen aus wie dorische Säulen. Er ging, als trüge er seinen Körper in einem Tempel spazieren.

Für uns beide war es Liebe auf den ersten Blick. Wir brachten das Mädchen nach Hause und überließen sie dort der Roßkur gegen die Keime, die sich in ihren Mandeln eingenistet hatten, während wir uns auf den Bordstein eines Gehwegs setzten und uns lange unterhielten.

Seine Mutter hatte um das Jahr 1962 herum einen Antrag bei der Nationalen Kunstschule eingereicht, mit dem Ziel, aus ihrer ältesten Tochter eine Tänzerin zu machen und aus den beiden Söhnen Musiker. Als die Mutter mit ihren beiden Söhnen dasaß und auf den Urteilsspruch wartete, tauchte Laura Alonso auf, die Tochter der großen Legende des Kubanischen Nationalballetts, Alicia Alonso.

«Zwei Jungen! Mal sehen, stehen Sie auf, und zeigen Sie mir die Fußrücken! Meine Güte, die sind perfekt!»

In der Tat. Aber im machistischen Kuba der Sechziger, das streng auf der Geschlechtertrennung beharrte, wurde alles, was tanzte, auf der Bühne spielte und gleichzeitig einen Schwanz hatte, auf die finsteren Felder der Militärischen Landwirtschaftsbrigaden verbannt, zusammen mit den wenigen Priestern, die es noch gab, und meinen langhaarigen Mitschülern aus der Mittelschule. In der Kunst glänzte die Männlichkeit durch ihre Abwesenheit.

Laura überzeugte die verwirrte Mutter, daß der Tanz ihren beiden Söhnen eine größere Zukunft verspräche als die Musik.

«Meine Dame, in Kuba brauchen Sie nur einmal auf den Boden zu stampfen, und schon stehen hundert Rumbamusiker vor Ihnen», sagte sie. «Aber Ballettänzer? Um Ballettänzer zu werden, muß man nahezu vollkommen sein.»

Das Mädchen wurde abgelehnt, die beiden Jungen blieben für immer dort.

«Ich hatte so starke Akne, daß sie mich zu meinen ersten Auftritten zwingen mußten. Sie drohten mir mit einem Rausschmiß», sagte Panchi.

Ich erzählte ihm, daß mir der Ballettunterricht verwehrt wurde, weil ich mein Leben lang zur Chemie verurteilt gewesen sei, dabei wüßte ich nicht einmal genau, was ein «Elektron» sei. Meine Mutter hatte dafür gesorgt, daß ich eine bevorzugte Schülerin Ledóns wurde. Dem berühmten Chemiker des Nationalen Zentrums für Wissenschaftliche Forschungen, einem der besten des Landes, hätte es doch gelingen müssen, meine vielen Wissenslücken zu schließen. Immerhin opferte sie dreimal in der Woche einen Teil ihrer Zeit, um mich zu seinen Nachhilfestunden zu bringen. Aber Ledón, der etwas von Lernschwächen verstand, gab mir gleich am ersten Nachmittag in seiner Wohnung Papier und Buntstifte und ließ mich Landschaften malen, die er an die Wand hängte, oder er ließ sich von mir die physikalischen Gesetze der Pirouetten und *Fouetés* erklären. Der Meister und ich hatten allerdings vereinbart, dieses Geheimnis mit ins Grab zu nehmen.

Einen knappen Monat später tanzten Panchi und ich einen Pas de deux in einem Zimmer im Hotel Capri, das die Frau von Abrantes für uns gemietet hatte. Es war ihr

Geburtstagsgeschenk für mich. Ich erinnere mich noch genau an die Umstände, die zugleich angenehm und anstrengend waren, denn wir zeugten in jener Nacht den künftigen Troll in heftiger Liebe.

Mein Mann, der Legionär, kehrte eine Woche, nachdem die Staphylokokken im Hals seiner Tochter eingegangen waren, nach Kuba zurück, genau drei Wochen, bevor Panchi und ich die kleine Mumin zeugten.

Er tröstete sich mit dem gleichen Rezept, das er auch schon auf den Beerdigungen angewandt hatte: Es gab immer jemanden, der getröstet werden wollte, und immer einen anderen, der bereit war, dies zu tun. Meine besten Freundinnen setzten alles daran, ihn den Schmerz vergessen zu lassen.

Und eigentlich hätte die Geschichte an diesem Punkt enden können, wenn er nicht auch die Sympathien meines Vaters in Anspruch genommen hätte, um dem Schmerz des abgelegten Ehemannes Gehör zu verschaffen. Leivita, der Brüllzwerg, war inzwischen in psychiatrischer Behandlung wie unzählige Chefs der Leibwache vor ihm. Es war also irgendein anderer Kerl, der beleidigt anrief und mir auftrug, mich verfügbar zu halten, «bis der Comandante nach Ihnen schicken läßt».

Ein Fahrer brachte mich zum Palast.

«Kaum zu glauben, daß du einen Helden des Angolakrieges verläßt. Wegen eines Tänzers!»

«Ich habe ihn nicht verlassen, Fidel. Er war es, der mich vor zwei Jahren verlassen hat, um in einen fernen Krieg zu ziehen.»

«Ein Tänzer! Wenn er Tänzer ist, muß er eine

Schwuchtel sein. Und was wird jetzt aus deiner Karriere? Ich habe Kuba zu einem medizinischen Imperium gemacht.»

Wie wird er sich erst aufführen, wenn ich ihm erzähle, daß ich schwanger bin, dachte ich. Wer wollte Fidel, dem ewigen Einsiedler, von der Liebe erzählen? Und meiner Mutter, der ewigen Verliebten? Als sie die frohe Botschaft erfuhr, warf sie mich hinaus. «Wenn du diesem Hungerleider ein Kind gebären willst, dann mach das dort, wo du ihn aufgegabelt hast.»

Um von dort, wo der Hungerleider wohnte, zur medizinischen Hochschule zu gelangen, mußte man drei Stunden mit einem Bus fahren, und selbst der Wartesaal im Kinderkrankenhaus war angenehmer und hygienischer als das Zimmer mit Küche in dem Wohnblock, in dem Panchi mit seiner Schwester, deren Mann und Tochter lebte.

Ich machte mich daran, die aus der Zeit vor der Revolution stammende Dreckschicht im Bad mit einem Rasiermesser abzukratzen, und versuchte eine Kloschüssel zu organisieren, denn dort, wo sie hingehörte, war nur noch das Loch, das an sie erinnerte. Um ein Klo zu erhalten, mußte man sich in die Bedarfsliste der Bezirksversammlungen eintragen. Auf eine gebrauchte Kloschüssel, die einigermaßen hygienisch war, mußte man mehr als fünf Jahre warten.

Die ganze Angelegenheit führte zur ersten ernsthaften Auseinandersetzung mit meiner Mutter.

«Ich werde hier, in diesem Haus, gebären, denn Gott ist mein Zeuge, daß du unter einem Klavierdeckel leben müßtest, wenn ich nicht wäre. Du hast alles weggegeben, und keiner hat es dir je gedankt. Im Gegenteil. Und wenn der tanzende Hungerleider in einem anderen Land lebte, würde niemand ihn um die Früchte seiner Arbeit betrügen. Dies ist das einzige Land der Welt, in dem der Staat das ganze Geld, das er dir aus der Tasche zieht, für sich behält und dich zwingt, in ein Loch zu scheißen!»

«Weil der Staat dir alles umsonst gibt!»

Ich wollte mit ihr nicht über Politik diskutieren. Wir heirateten, um von dem Recht Gebrauch zu machen, das der Staat frisch Verheirateten zubilligt – im Hochzeitspalast einzukaufen. Zwei Decken, ein Bettlaken, ein Handtuch, ein Slip, eine Unterhose, eine Bettdecke, und mit etwas Glück konnten die Frauen sogar ein Extra-Paar Schuhe ergattern.

Mein Bauch war schon leicht gewölbt, als ich zum erstenmal das Lehrkrankenhaus Manuel Fajardo betrat, wo meine Gruppe von Betrügern nun an der Reihe war, die wahre Kunst der Medizin zu erlernen, indem wir sie ausübten.

Professor Wagner hielt uns folgende Begrüßungsrede:

«Der internationale Einsatz in Angola hat für unsere Regierung höchste Priorität. Daher fehlen uns einige Substanzen und Instrumente, die unser Heer dringender braucht als wir. So mußten wir im Krankenhaus bei den Kathetern improvisieren. Unsere Krankenschwestern sind da sehr erfinderisch, wie Sie sehen werden.»

Und er deckte einen armen, vor Angst zitternden Kerl auf, dessen Glied fest mit Heftpflaster umwickelt war, die Spitze steckte in einem abgeschnittenen Gummifinger eines Chirurgenhandschuhs, während eine Sonde voller blutiger Urinschlieren in ein Mayonnaiseglas Marke Doña Delicias mündete. «Wir werden Ihnen jeweils einen Patienten zuteilen.»

Das klang nach der Sprache der Zuteilungskarten.

Im Krankenhaus waren die Hierarchien auf den Kopf gestellt. Die wichtigste Person war die «Pantrista», die Angestellte, die für die Speisekammer zuständig war, die Göttin des Essens.

Danach kamen die Krankenschwestern, die über alle unaussprechlichen Geheimnisse Bescheid wußten, dann die Kurpfuscher, das waren wir Studenten, und ganz am Schluß die Kranken.

Noch in derselben Woche hatten wir den ersten klinischen Unterricht. Meister Wagner sprach über Leistenmuskeln und dünnwandige Samenleiter, als der Patient den Hörsaal betrat: ein alter Mann, der beim Gehen einem riesigen Ei, das er vor sich hertrug, sanfte Stöße versetzte. Man hatte ihm gesagt, seine Behandlung im Krankenhaus hinge von dieser Vorführung ab.

Der Alte schluckte, zog seine Pyjamahose runter, legte dieses riesengroße, behaarte Ei auf den Tisch und schaute es an, als gehöre es nicht zu ihm.

«Dies ist ein Leistenbruch. Ihr könnt ihn euch aus der Nähe anschauen und berühren», wies uns Wagner an.

Wir hatten gerade drei Wochen Unterricht hinter uns, als Conchita und Luisa, die unzertrennlichen Sekretärinnen der Kommunistischen Jugend, das gleiche Telegramm erhielten: Sie mußten das zweite Jahr wiederholen, weil sie zu oft im Sportunterricht gefehlt hatten. Drei Stunden pro Woche, in denen sie die rhythmische Gymnastik geschwänzt hatten, sollten sie ein ganzes Studienjahr kosten. Keine drei Tage später erhielt ich ebenfalls ein solches Telegramm.

Wie der Alte mit dem Ei packte ich meinen geschwollenen Bauch aus und legte ihn der Fakultätsleiterin auf den Tisch.

«Sieht das aus wie ein Kopfkissen?»

«Nein, ganz und gar nicht.»

«Warum bestehen Sie darauf, daß ich die erste schwangere Frau in dieser Fakultät bin, die an der Gymnastik teilnimmt?»

«Um die Wahrheit zu sagen, zwei Studentinnen beschuldigen dich, den Lehrstuhl für Sportwissenschaft unter Druck gesetzt zu haben.»

«Ich allein den ganzen Lehrstuhl?»

«Ja. Mit Fotos, auf denen du mit Fidel zu sehen bist.»

Conchita und ihre Adjutantin waren ein immerwährender Alptraum. Seit dem Tag, an dem ich zum erstenmal das College betreten hatte, hingen sie wie die Kletten an mir. Sie wechselten mit mir von einer Schule zur nächsten. Ich erinnerte mich, wie sie und die Marquetti auf den Zuckersäcken in der Landschule saßen und uns vorwarfen, wir seien Lesben. Ich erinnerte mich auch an den Vater von Alquimia, der, um seine Tochter in Leoncio Prado vor einer härteren Strafe wegen Diebstahls zu bewahren, der Polizei erzählte, ich sei ihre Komplizin gewesen. «Fidels Tochter» hier und «Fidels Tochter» da. Immer wenn ich bei irgendeinem Problem in der Nähe war, zogen sie mich hinein, die Väter oder ihre Kinder, weil sie dachten, wenn ich mit ihnen zusammen in der

Scheiße steckte, würden die Behörden klein beigeben. Ich sagte der Leiterin:

«Die einzigen Fotos, die es von mir und Fidel gibt, sind von meiner Hochzeit. Die würde ich nie im Leben jemandem zeigen. Da sehe ich aus wie eine fette Tonne im Spitzenfummel. Frau Doktor, warum bestrafen Sie nicht den Lehrstuhl? Wäre doch auch eine Idee. Denn wer kann sich schon zehn feige Lehrer leisten, die sich von ein paar Fotos ins Bockshorn jagen lassen!»

Entlastet kehrte ich nach einer Woche ins Lehrkrankenhaus zurück, nachdem ich alle Hebel in Bewegung gesetzt und meinen Bauch an verschiedenen Stellen im Bildungsministerium zur Schau gestellt hatte. Zum Glück war Llanusa mit den Brüsten inzwischen nicht mehr der Minister. Seines Amtes enthoben, züchtete er nun Schweine auf einem staatlichen Bauernhof.

Ich hatte zwar den Mut nicht verloren, aber mein Glaube an das Gute im Menschen ließ deutlich nach.

Mein Patient, der mir nach dem Wagnerschen System zugeteilt worden war, war gestorben, aufgrund einer mißglückten Röntgenaufnahme und einer weiteren überflüssigen.

Einer seiner beiden Lungenflügel war vom Krebs zerfressen. Wochenlang hatte man ihn hingehalten, weil das Bronchoskop repariert werden mußte, bis ihm schließlich der Techniker, der sich in der Körperöffnung geirrt hatte, eine Magensonde einbaute. Doch Meister Wagner gab sich nicht geschlagen, und die verflixte Untersuchung wurde erneut angesetzt. Das gab ihm schließlich den Rest, nachdem er tagelang mit dem Kopf nach unten im Bett gelegen hatte, um das wieder von sich zu geben, was sie ihm in die Bronchien getan hatten.

Gerade hatte ich meinen Patienten ins Leichenschauhaus gebracht, als meine liebe Nachbarin Estercita eingeliefert wurde, die mit verdrehten Augen im diabetischen Koma lag. Es dauerte Tage, bis wir sie ins Leben zurückgeholt hatten. Das erste Essen, das man der gerade Auferstandenen servierte, enthielt so viele Kohlenhydrate, daß sie beinahe wieder ins Jenseits befördert worden wäre. Am Fußende des Eisenbettes, von dem die Farbe abblätterte, hing eine leere Krankengeschichte. Ich versuchte, den Schuldigen zu finden, und schrieb dem Direktor einen empörten Brief.

Meine nächste Patientin war eine liebe alte Frau, die an Parkinson erkrankt war. Sie erhielt Dopamine und wurde in den Operationssaal geschickt. Offensichtlich erholt sich das Gehirn, wenn man an den befallenen Stellen Gewebe von menschlichen Embryonen implantiert. Ich wußte nicht, daß man Parkinson operieren kann, und verstehe bis heute nicht, wie man darauf gekommen ist, denn es gibt kein einziges Versuchstier auf der Welt, keine Maus, kein Kaninchen und keinen Affen, das daran leidet.

Langsam wurde mir klar, daß es um die medizinische Ethik nicht gut stand.

Die Toten in ihren Formaldehydbädern haben mich nie gestört, wie dem guten Bolívar wuchsen auch mir Pilze auf den Fingernägeln, weil ich die Leichen mit der bloßen Hand berührte, doch auf die lebenden Kranken war ich genauso wenig vorbereitet wie auf die Krankenhäuser.

Wir mußten auch Hausbesuche machen und Schwangerschaften, Geschlechtskrankheiten und Tuberkulosefälle betreuen. Mir wurde das ehemalige Chinesenviertel im alten Teil Havannas zugeteilt. Bevor mich meine Dienste zum erstenmal in die Calle Zanja führten, hatte ich immer gedacht, von den alten Kantonesen, die im vergangenen Jahrhundert als billige Arbeitskräfte gekommen waren und Wäschereien und Kneipen aufgemacht und wieder aufgegeben hatten, sei nur eine winzige Minderheit übriggeblieben. Ich staunte nicht schlecht, als ich sah, daß sie immer noch in den gleichen finsteren Löchern wie früher wohnten und sich dort vermehrten. Nach wie vor hatten sie kaum mit Kubanern zu tun, und der Choleraerreger hatte leichtes Spiel bei diesen unmenschlichen Lebensbedingungen, wo die Nahrungsmittel neben den Fäkalien gelagert wurden. Die Revolution hatte vor dem Chinesenviertel von Havanna Halt gemacht, ebenso wie vor den schwarzen Stadtvierteln Dionisia, Palo Cagao und Llega y Pon. Es waren noch immer die gleichen offenen Wunden des Elends.

Ich versuchte mir meinen Schock nicht anmerken zu lassen, als eines Abends ein Notfall in die Klinik eingeliefert wurde. Es war ein altersloser Mann – denn unter solchen Bedingungen altern die Menschen sehr schnell –, der nach einem unglücklichen Sturz von der Taille an abwärts gelähmt war. Er lag da mit ängstlich aufgerissenen blauen Augen.

Wagner nahm uns beiseite.

«Wenn ihr vorsichtig und diskret vorgeht, könnt ihr bei diesem Patienten die Rektaluntersuchung üben – es kann ihm nicht mehr sehr weh tun. Ein paar von euch können auch eine Lumbalpunktion machen. Nicht alle. Nur diejenigen, die Chirurgen werden wollen.»

Unsere illustre Gruppe zählte zwanzig Lehrlinge, von denen achtzehn ihm den Finger in den After steckten. Immerhin war Wagner so rücksichtsvoll, nur acht Punktionen zuzulassen.

Tags darauf begann der Arme wie ein Besessener zu zittern, in seinem Krankensaal war um zwei Uhr mittags weder ein Arzt noch eine Krankenschwester zu sehen. Ich suchte Hilfe, doch ich fand niemanden. Ich suchte sogar an den geheimen Plätzen, an denen sie gewöhnlich Liebe machten. Sie hielten zur Unzeit eine Parteiversammlung ab, um nicht ihre Freizeit opfern zu müssen, und verfolgten eine Rede des Comandante, der mit der gleichen Begeisterung über Medizin sprach, mit der er auch schon über seine Rinderzüchtungen geredet hatte.

Ich war eine halbe Stunde lang durch alle Etagen gerannt, hatte meinen schweren Bauch vor mir hergetragen und obendrein die Angst, der Teufel würde die arme Seele dieses zuckenden Christus holen, bis ich sie endlich fand. Wut mischte sich unter mein Mitleid, und ich ließ eine Tirade los:

«Opportunisten, Feiglinge und Mörder!»

Keuchend, dickbäuchig und zerzaust – eine Schmerzensmutter, außer sich vor Wut.

An diesem Samstag führte Panchi mich zum Essen aus, und wir trafen uns mit Antonio Gadés, einem spanischen Tänzer, der in Havanna ein Flamenco-Ballett inszenierte. Er war beeindruckend, gesellig und charismatisch. Es war ein fröhlicher Abend mit guter Musik, Tanz und gutem Wein.

Der Sonntag begann mit heftigen, rasch aufeinanderfolgenden Wehen. Der Fötus versuchte sich einen Weg zu bahnen.

Ich weckte meine Lieben zu einem Zeitpunkt auf, zu dem sie noch nicht bei sich waren. Meine Mutter und Panchi schrien sich gegenseitig an und rasten durch die Wohnung. Geduldig und ergeben saß ich auf einem Stuhl neben der Küchentür, mein Köfferchen auf den Knien, und schaute ihnen zu.

In der Klinik begann ich herumzulaufen: Ich wußte nichts über Atem- und andere geburtsvorbereitende Techniken, aber ich war mir sicher, daß die Schwerkraft mir und meinem Baby helfen würde. Ich wußte, daß es ein Mädchen wurde, das in die Welt drängte.

Das diensthabende Personal im besten Krankenhaus für Frauenheilkunde und Geburtshilfe ganz Lateinamerikas war alles andere als gut geschult und schien auch nicht aus Kuba zu stammen. Es waren die berühmten internationalen Austauschstudenten, sie kamen von überall her, waren jünger als ich und wirkten noch hilfloser und erschrockener.

Zwei andere Gebärende schrien aus vollem Halse und fluchten, was die spanische Sprache hergab.

In dieser Umgebung ereilte mich die ersehnte Folter: Eine Kralle setzte sich zwischen Magen und Rücken fest, und ich versank in einem Strudel gegensätzlicher Gefühle, bis die Haßliebe ihren Höhepunkt erreichte und ein erdbebenartiger Stoß Mumin auf die Schwelle des Lebens schwemmte, während ich, die nur an die

Sternkonstellation und die perfekte Rundung des Nabels dachte, auf die Uhr schaute und der Krankenschwester androhte, sie umzubringen, sollte meine Tochter mit einem schnullerartigen Nabel zur Welt kommen – ein Kennzeichen, das viele kubanische Babys aufweisen, warum, weiß man nicht.

Mumin kam am späten Vormittag eines Dezembersonntags zur Welt – die Geburtsstunde werde ich nicht verraten, um ihr jeglichen Sternenzauber zu ersparen.

Sie war ein Troll. Mit ihrer plattgedrückten Nase und dem dichten schwarzen Haarbüschel, das ihr bis zu den Augenbrauen reichte, hätte sie den Leuten unter den Brücken einen gehörigen Schreck einjagen können.

Natica hatte Mühe, sich damit abzufinden.

«Als sie mir die Babybettchen zeigten, waren dort zwei rosige, blonde, wunderhübsche Kinder, und ich sagte zu Panchi, ‹sie muß eines von diesen sein›. Aber er zeigte auf eines mit dichtem Haar und einer Mulattennase. Bist du sicher, daß sie sie nicht vertauscht haben?»

Großmutter Natica war immer für einen Scherz gut. Mumin hat sich nicht verändert, seit sie an jenem Morgen zur Welt kam, sie ist nur schöner geworden. Sie hat nie vor Hunger oder Wut geweint. Meine Brüste waren prall gefüllt mit Milch und taten mir weh, aber das ließ sie kalt. Sie wollte schlafen und in Ruhe gelassen werden. Sie war so müde! Mumin erlebte alle Experimente einer unerfahrenen Mutter und blieb dabei immer fröhlich. Sie schlug die Augen auf und lächelte mich zahnlos an, nie weinte sie. Sie bewegte die Hände, und ich war von diesen zwei Sternchen jeden Tag aufs neue bezaubert.

Sie hing an meiner Brust, während ich mich zusammen mit einem Studienfreund auf die Prüfung über die Atemwege vorbereitete. Der verständnisvolle Arbeiter aus der Druckerei war uns leider durch den Wechsel der Fakultät abhanden gekommen. Die Wunden meiner Geburt waren noch nicht ganz verheilt, als ich mich in den Hörsaal begab, wo Professor Wagner sich in einer würdigen Form an mir rächte.

Er verteilte die Prüfungsaufgaben und ging dabei an mir vorüber, als sei ich Luft. Ich beschwere mich.

«Es tut mir leid, du kannst nicht an der Prüfung teilnehmen, du bist nicht zugelassen.»

«Aber ich habe doch nur eine Woche gefehlt! Hören Sie, ich habe ein Kind auf die Welt gebracht!»

«Das interessiert mich nicht. Sei so gut, und verlaß den Hörsaal.»

Ich ging, meine Zuversicht schien mich endgültig zu verlassen.

Meine Tante Vilma hatte vergessen, mir eine Zugehfrau des Kubanischen Frauenverbandes zu schicken, wie sie es mir in einem Anfall familiärer Großzügigkeit versprochen hatte.

Großmutter Natica erklärte sich für nicht zuständig, und meine Mutter konnte ihre Arbeit nicht aufgeben.

Ich bat um Mutterschaftsurlaub und erhielt einen Exmatrikulationsbescheid, weil ich meine Studien vernachlässigt hätte. Bis heute stellt sich die Fakultät stur, wenn ich um eine Studienbescheinigung bitte.

Die größten Feinde einer Mutterschaft sind die Zuteilungskarten. Der Troll hatte nicht einmal eine Matratze, weil es im Laden keine zu kaufen gab, sofern man nicht eine Bestätigung der Klinik beibrachte, daß das Kind lebend zur Welt gekommen war. Das Stückchen Seife, das es einmal im Monat gab, reichte nicht für die Unmenge an Windeln, und aus den fünfzehn Metern «keimfreien» Stoffs ließen sich nicht genug neue machen.

Im Haus gab es seit dem Tag kein Wasser mehr, an dem der Verkehrsminister sich ein paar Straßen entfernt ein Schwimmbad in den Garten hatte bauen lassen. Kürbis, Bananen und Malangaknollen lebten nur noch in unserer Erinnerung.

Um Essen für den Troll zu besorgen, mußte ich Wanderschaften auf mich nehmen, die mich völlig erschöpften. Alle zwei Wochen reiste ich auf der Landstraße 85 zu meiner Schwiegermutter, und gelegentlich unternahm ich sehr viel kürzere Abstecher in den Garten eines alten Mannes, der mir ein paar Lebensmittel dafür gab, daß er meine Brüste anfassen durfte.

Panchi reiste mit der kubanischen Fluggesellschaft zu endlosen unbezahlten Ballettourneen. Meine Mutter flog in ihrem blauen Vogel Marke VW, der kleinen Aufmerksamkeit von Raúl, unermüdlich zwischen Büros, Hörsälen und Versammlungen hin und her. Großmutter Natica reiste mit dem Telefon durch den Äther, und ich zog zu Hause meine Runden, kochte Windeln und Fläschchen und sorgte dafür, daß meine Tochter ihre Ruhe hatte. Da tauchte auf einmal mein geliebter Sosa mit seinem Glückwunschlächeln auf und brachte ein Geschenk, das dunkelviolett verpackt war. Es enthielt eine Puderdose, ein Set Arzneimittel, Wollmütze und -mantel für das Kind und einen Hausmantel in der gleichen Farbe wie die Schachtel.

Ich glaubte nicht, daß Fidel wußte, was er verschenkte. Aber ich zeigte mich dankbar und widmete mich wieder den Windeln, die ich so lange in Seifenlauge wusch, bis sie makellos sauber waren, und versuchte, neue Rezepte für Babybrei zu erfinden, damit der Troll, der sich langsam zu einem gefräßigen Zwerg entwickelte, gedieh. Der Troll zwang mich, ein regelmäßiges Leben zu führen, das nichts in der Welt stören durfte. Vor allem anderen wollte ich seine Mama sein. Aber die Mama mußte weiterstudieren, schließlich hatte sogar meine Mutter ein Diplom an der Wand hängen, auf das sie mich gerne hinwies und dabei betonte, daß sogar sie mit ihren gut fünfzig Jahren es noch geschafft habe.

Ihr sanfter Druck war nichts gegen den, den der Verband, das Komitee zur Verteidigung der Revolution und alle Massenorganisationen ausübten, die es mit ihren Parolen tatsächlich erreicht hatten, die kubanischen Frauen in Wesen zu verwandeln, die Hosen trugen und gleichzeitig arbeiteten, studierten und die Pöbeleien im öffentlichen Nahverkehr und in den Schlangen vor den Läden über sich ergehen ließen.

Nach mehr als zweiundzwanzig Jahren fand die Tragödie von Onkel Bebo ein Ende, und er konnte zurückkehren. Der Bruder von Oma Natica war einst der «bestgekleidete Mann Jamaikas» gewesen, mit Cut, Gamaschen, Handschuhen und Zylinder, bis ein ministerieller Beschluß der Revolutionsregierung ihn absetzte und verbannte.

Onkel Bebo kam als Vertreter der «kubanischen Exilgemeinde» am Flughafen an, so lautete neuerdings die offizielle Bezeichnung, die Fidel den einstigen «Würmern» gab, diesen vielen Menschen, die unter ihrer Vergangenheit und der schmerzhaften Trennung von Familie und Heimat litten.

Fidel erlaubte nun die Wiedervereinigung der Familien, solange sie mit frei konvertierbarer Währung einherging. Die «Würmer» kehrten auf die Insel zurück und entpuppten sich als großzügige Verschwender. Sie hatten die Brieftaschen voller Dollars und brachten jede Menge Geschenke mit.

In den Hotels wurden «Gemeinschaftsläden» eingerichtet, die ein ziemliches Durcheinander verursachten. Den Parteiaktivisten mußte man verbieten, daß sie ihre ins Exil gegangenen Angehörigen zu sich nach Hause einluden oder mit ihnen Kontakt aufnahmen, weswegen sie ihre Kinder oder Verwandten auf Betteltour schickten. Das alles führte zu Denunziationen und Familienstreitigkeiten, denn die neue Generation, die mit dem antiimperialistischen Gerede aufgewachsen war, fühlte sich spontan zu diesen Onkeln und Cousins hingezogen, die etwas gegen ihre physiologische und modische Anämie ausrichten konnten.

Bebo hatte sich die Manieren eines Lords bewahrt. Er war Junggeselle geblieben, hatte einen Diener, der Hindu war, und machte jeden Morgen Yogaübungen. Mit Hilfe dieser geistigen Disziplin bekämpfte er sogar die Zuckerkrankheit.

Im Haus meiner Mutter führte er einige zivilisatorische Neuerungen ein, wie Papierhandtücher oder Waschmittel in Pulverform und ein paar gute alte Sitten wie die des abendlichen Whiskys im Familienkreis.

Doch zu seiner Enttäuschung arbeitete seine Nichte Naty abends noch, und seine Schwester Natica hatte schon vor Jahren den Geschmack an edlen Getränken verloren. Wir gingen in den Diploshop, um Whisky und Soda zu besorgen, und anstelle meiner Herrscherinnen übernahm ich es, den Umtrunk mit ihm zu genießen. Auf die Minute genau hielt ich das Eis und die Siphonflasche für ihn bereit, genau zu der Stunde, wenn die Sonne auf der Insel sinkt und das grelle Licht sich in der Abenddämmerung auflöst.

Bebo hatte ein feines Gespür für die Atmosphäre im Haus. «Noch nie in meinem Leben habe ich so etwas Merkwürdiges erlebt. Was ist bloß mit meiner Schwester und meiner Nichte los? Sie verschlingen alles geradezu mit Heißhunger! Dinge, die zu meiner Zeit – und ihrer übrigens auch – den Hunden oder Schweinen zu fressen gegeben wurden ... Dabei waren meine Schwester und deine Mutter zwei Frauen von Welt!»

«Haben sie dir etwa Maismehl zum Frühstück gegeben?»

«Und wie sie miteinander umgehen! Statt miteinander zu reden, blaffen sie sich an, und dir geben sie Anweisungen, als wärest du mit ihnen beiden verheiratet. Diese schlechte Angewohnheit, niemandem zuzuhören. Ich hatte nicht viel erwartet, als ich hierherkam, aber was ich hier vorgefunden habe, Nichte ... Du tust mir sehr leid.»

«Ich mache mir nur Sorgen um Mumin, Onkel. Ich würde alles darum geben, sie weit wegzubringen.»

«Sag mal, was macht eigentlich Natica den ganzen Tag in Natys Haus, wenn ihre Wohnung doch genau gegenüberliegt?»

«Was weiß ich. Sie ist nicht gern allein. Sie kommt morgens um neun und geht abends um zehn.»

«Wenn deine Mutter hier ist, wird es hier zur Hölle. Hast du gesehen, wie ich mich hier waschen soll? Ich soll auf einer Bank sitzen, mit einem Wassereimer und einer Kerze! Ich komme mir vor wie im Mittelalter, aber sie finden das ganz normal.»

In der Tat fiel regelmäßig das Licht aus, und es gab nicht genügend Wasser. Nach reiflichen Überlegungen hatte Natica entschieden, daß es für Onkel Bebo mit seiner Körpergröße leichter sei, wenn er sich neben den Eimer setzte, statt sich niederzukauern, um an das Wasser zu kommen.

«Und wie kommst du zurecht?»

«Na ja, nicht sehr gut. Ich versuche, ihnen zu helfen. Ich habe ein paar Ehemänner angeschleppt, aber mein dritter ist für sie ein rotes Tuch. Außerdem passen sie nicht auf Mumin auf, so daß ich abends nicht einmal für ein paar Stunden das Haus verlassen kann.»

«Das wird sich schnell ändern. Je größer die Kinder werden, desto mehr schließen die anderen sie ins Herz. Warum gibt Natica dir nicht ihre Wohnung? Paare sollten allein leben.»

«Ich weiß nicht ... Es ist nun einmal ihre Wohnung.»

«Ja, aber sie benutzt sie nicht. Überlaß das mir.» Onkel Bebo beherrschte die Kunst der Politik genausogut wie Yoga. Er sagte, Fidel werde von anderen Mächten gesteuert und die einzigen, die Fidel steuern, seien wir Kubaner. «Sag mir die Wahrheit. Du triffst dich doch nicht mit Manley, dem Präsidenten Jamaikas, oder?»

«Onkel, ich kenne diesen Kerl nur aus dem Fernsehen.»

«In Jamaika wird erzählt, er treffe sich in Kuba mit Fidels Tochter.»

«Onkel, nicht einmal hier, in meiner nächsten Umgebung kenne ich all die Leute, die behaupten, daß sie sich mit mir treffen, nur um die Polizei loszuwerden.»

«Das wundert mich nicht, bei der Stimmung hier und der Angst, in der die Leute leben. Was wirst du studieren?»

«Diplomatie.»

«Bist du verrückt? Sobald diese Regierung wechselt, bist du arbeitslos.»

Dank der einmaligen Überredungskünste meines Onkels erbte ich von meiner Großmutter noch zu Lebzeiten ein Heim, in dem ich mit dem Troll allein leben konnte. Sie war inzwischen ein hübsches Teufelchen geworden und eine geschickte Strippenzieherin. In einem Jahr hatte sie bereits gelernt, wie man das Telefon benutzt und in der anderen Wohnung anruft, von der Mutter aus bei der Großmutter und umgekehrt, immer auf der Suche nach Verbündeten.

Eine einflußreiche Witwe eines Märtyrers der Revolution, die kurz vor der Pensionierung stand und über zahlreiche Beziehungen zum Außenministerium verfügte, fand schließlich eine Lösung für die unfreiwillige Unterbeschäftigung meiner intellektuellen Fähigkeiten:

«Dieses Mädchen ist für die diplomatische Karriere wie geschaffen!»

Die Witwe war eine Frau, die es gewohnt war zu befehlen. Lautstark verkündete sie ihren Entschluß, mich unter ihre Fittiche zu nehmen, und so trat ich der elitärsten Fakultät Kubas bei, in der ausschließlich Aktivisten der Kommunistischen Jugend studieren durften, die nationale Avantgarde.

Ich hatte mich immer gedrückt und alle möglichen Krankheiten vorgeschoben, wenn ich als Aktivistin vorgeschlagen worden war, und nun war ich auf einmal umgeben von Kubanologen und eisernen Verfechtern der marxistischen Ideologie. Die «Schliff-Schule» wie wir sie nannten, sollte den zukünftigen Repräsentanten Kubas ein paar Manieren beibringen, etwa wie man Huhn ißt, ohne die Hände zu benutzen, oder wie man sich auf landesübliche Weise bedankt.

Wir lernten Sprachen, Literatur und Kunstgeschichte, Marxismus und Etikette.

Die Benimmlehrerin, die Botschafterin im Vatikan gewesen war, erklärte uns, wie man den Mittagstisch für Männer ohne Begleitung deckt, daß die Krawatte zur Farbe des Anzugs, des Hemds sowie der Strümpfe passen sollte, und zeigte uns, wie man elegant die Schalen von Langusten und Krebsen aufbricht und anschließend die fettigen Finger in die dafür vorgesehenen Schälchen taucht, «Wasser mit Rosenblütenblättern für die Dame, Wasser mit Zitronenscheiben für den Herrn». Alles Dinge, die ich seit jener Zeit verinnerlicht hatte, als Oma Natica mich nach guter herrschaftlicher Sitte erzog und das Essen auf Silbertabletts von unsichtbaren Dienerinnen präsentiert wurde, die die Linsen auf russische und französische Art servierten.

Die Zeit mit diesen frischgebackenen Chefideologen

zu verbringen war tödlich langweilig. Außerdem hatte ich Probleme mit der Pünktlichkeit, denn der Troll hatte seine Launen, vor allem dann, wenn wir gerade zur Kinderkrippe «Kleine Freunde Polens» aufbrechen wollten. Sobald mein Hintern die Schulbank berührte, überfiel mich eine unbezwingbare Müdigkeit, die sich weder mit Amphetaminen noch mit starkem, bitterem Kaffee bekämpfen ließ. Am Ende jeder Unterrichtsstunde weckte mich die Klingel.

Der Marxismus veränderte schließlich mein Leben. Ich begann, die Gesetze der Dialektik ernst zu nehmen, denen zufolge alles zugleich es selbst und sein Gegenteil ist und ein Phänomen das vorangegangene negiert, bis man am Ende zu dem Schluß kommt, daß man selbst eine Einheit ist, in der die Gegensätze streiten. Im «Kapital» wird sehr gut beschrieben, wie man die Menschen ausbeutet, indem man ihnen weniger bezahlt, und der einzig erkennbare Unterschied zwischen Kuba, den USA und Rußland ist, daß man in einigen Ländern weiß, in welche Taschen das Geld wandert, und in anderen nicht. Ich habe nie erfahren, wo in Kuba die Erträge unserer freiwilligen Arbeitseinsätze gelandet sind, alles wurde nur immer schlimmer, die Menschen immer abgerissener und ärmer, und von den Häusern blätterten Putz und Farbe ab. Wenn Fidel nicht größenwahnsinnig geworden wäre und wir nicht für den Angolakrieg und all die anderen Guerilleros hätten arbeiten müssen, wären wir heute wahrscheinlich genauso unglücklich, aber nicht ganz so elend.

Die Philosophie ist schuld daran, daß es auf der Insel keine Bücher gibt. Denn wenn man beginnt, Dinge über die Welt zu lesen und darüber nachdenkt, dann bekommt man Flausen, hebt ab, verliert den Kontakt zu dieser rauhen Wirklichkeit, die in Parolen verpackt ist. Fidel weiß das nur zu gut, denn er hat viel gelesen, als er in Haft saß und glaubte, das Leben ginge an ihm vorbei. Doch dort ist man in Wirklichkeit freier, als wenn man ständig damit beschäftigt ist, eine ungeliebte Revolution in Gang zu halten.

Aber ich will nicht die Philosophie dafür verantwortlich machen, daß ich erschöpft war, wenn Panchi von seinen Reisen nach Hause kam. In der wenigen Zeit, die er in Kuba verbrachte, löste er mich ab und half mir bei der ewigen Suche nach Essen für den Troll und anderen Sachen. Aber seine Hilfe brachte nur meinen Lebensrhythmus durcheinander. Wenn ich mich gerade an seine Anwesenheit gewöhnt hatte, ging er wieder auf Tournee. Ich löste mich langsam von ihm, denn ich war unfähig, sein freies Leben mit meinem zu vereinbaren.

Am Ende des Semesters waren wir geschieden.

Die Reaktion meiner Mutter war ziemlich überraschend.

«Ich werde nicht zulassen, daß meine Enkelin ohne Vater aufwächst!» Und sie ließ Panchi in ihrem Haus gegenüber wohnen.

«Du wirst uns alle ruinieren.»

Sie hörte nicht auf mich.

Der einzige Lehrer der Schliffschule, der mir in Erinnerung geblieben ist, ist José Luis Galbe, ein republikanischer Spanier, der in Kuba lebte und Literatur unterrichtete. Wenn die Poesie mit ihm durchging, beschwor er das wundersame grünliche Leuchten der Sonnenuntergänge in der Ägäis, wobei er Zitate aus seinen eigenen surrealistischen Werken einstreute. Er erzählte unglaubliche Dinge in seinen spanischen Lispellauten.

«Die Intellektuellen müssen sich im gesellschaftlichen Prozeß engagieren, ohne dabei ihre Identität zu verlieren. In Kuba ist das anders. In Kuba geschieht genau das Gegenteil. Ich werde Ihnen von dem Abend erzählen, an dem ich zu einer Lesung der kubanischen Künstler- und Schriftstellervereinigung eingeladen wurde. Alle kubanischen Revolutionsautoren waren anwesend: César Leante, Fernández Retamar, Pablo Armando Fernández, Ezequiel Vieta und so weiter. Jeder von ihnen las ein Gedicht. Dann baten sie mich, auch eins von mir vorzulesen. Nachdem sie applaudiert hatten, sagte ich: ‹Passen Sie auf. Mein Gedicht ist aus Sätzen zusammengesetzt, die Sie heute abend hier vorgetragen haben, aus jedem Gedicht ein Satz. Meine Herren! Ich erlaube mir, Ihnen zu sagen, daß Sie in die Mittelmäßigkeit abgerutscht sind. Ich halte zwar Originalität in der Kunst für Disziplinlosigkeit. Aber ich muß sagen, Sie haben nicht einmal einen Anflug von Kreativität.»

Dieser alte Mann ohne Söhne, Enkel und Familie, die er mit seinen Erlebnissen hätte beeindrucken können, versetzte mich in Entzückung. Inzwischen war er bei Balzac und der Aufklärung angelangt: «Mal sehen! Wer von Ihnen hat die *Menschliche Komödie* gelesen?» Ich hob einen blassen, schüchternen Zeigefinger. Fidel hatte mir das Gesamtwerk von Balzac auf französisch geschenkt.

Zehn Bände aus hauchdünnem Bibelpapier, die ich brav gelesen hatte. «Herzlichen Glückwunsch! Ich sehe, daß Sie viel Zeit totzuschlagen hatten!»

Mein Literaturlehrer hatte recht. Ich vergeudete mein Leben damit, die Lebensgeschichten anderer Leute zu lesen, dank der heiligen Termite, der Schutzheiligen der Bücherwürmer. Das Leben, das ich führte, mitten in diesem feministischen Sturmtrupp der Revolution, war nicht normal. Alle sammelten sie wie ich Universitätsabschlüsse und rieben sich an der unlösbaren Aufgabe auf, ein Kind großzuziehen, ohne auch nur über das Existenzminimum zu verfügen.

Ich war einsamer als der letzte Mohikaner, nur meine beiden Herrscherinnen waren übriggeblieben, dabei sollten in einer Familie doch alle dazu beitragen, das Leben zu meistern.

Ich begann gerade das zweite Jahr in der Diplomatenschule, als sich ein peinlicher Skandal in der peruanischen Botschaft ereignete. Das Gebäude lag wie alle, denen das Recht garantiert war, Kubanern Asyl zu gewähren, in einem «vereisten» Wohnviertel. Es versteckte sich gegenüber der fünften Avenida von Miramar hinter einem zwei Meter hohen Zaun, dessen Stangen oben spitz zuliefen. Davor war alle drei Meter ein Soldat postiert, der die Asylsuchenden abhalten sollte.

Eines Nachts brachten ein paar Männer einen Wachsoldaten um, um auf das Gelände zu gelangen. Kuba verlangte, daß die Asylsuchenden ausgeliefert würden, doch die Peruaner weigerten sich.

Regierung und Botschaft begannen zu verhandeln. Die Peruaner bestanden darauf, den Asylsuchenden Zuflucht zu gewähren, und die Kubaner zogen ihre Wächter vor der Botschaft ab.

Was dann geschah, war unglaublich. Der Ansturm der Menschen, die um Asyl baten, überrannte die Belagerten. Hunderte kamen über die angrenzenden Hinterhöfe. Die Busfahrer hielten an und riefen: «Endstation, meine Herrschaften!»

Die eine Hälfte der Fahrgäste blieb ratlos sitzen, während die anderen ausstiegen und sich dem Wettrennen über die niedergerissenen Zäune hinweg anschlossen. Die Zahl der zurückgelassenen Autos sorgte für einen Preisrutsch auf dem Schwarzmarkt.

In weniger als drei Tagen hatten sich mehrere tausend Kubaner auf dem Botschaftsgelände versammelt.

Die Regierung konnte sich nicht länger lächerlich machen lassen und mußte handeln. Man umzingelte die Botschaft in einem Umkreis von mehreren Kilometern, ohne dadurch den Menschenstrom stoppen zu können.

Fidel hatte keine andere Wahl, als die Botschaft, einschließlich der Leute, die auf den Dächern und Bäumen saßen und an den Fenstergittern hingen, mit Wasser und Essen zu versorgen, wenn er nicht des Massenmordes bezichtigt werden wollte.

Diese verzweifelte Menschenmenge wurde «Abschaum»[31] genannt, und Fidel versuchte, selbst diesen

---

[31] So bezeichnete die Regierung die 120 000 Kubaner, die 1980 vom Hafen Mariel die Insel Richtung Vereinigte Staaten verließen. Die kubanischen Behörden nutzen diesen Exodus, um Tausende Gefangene und Geisteskranke abzuschieben, die auf die Schiffe ge-

Rückschlag noch in einen Sieg zu verwandeln, indem er dazu aufrief, «den Abschaum öffentlich zu ächten».

In einem Abkommen einigten sich Regierung und Botschaft darauf, den Exilsuchenden eine ordnungsgemäße Ausreise zu ermöglichen und sie einstweilen in ihre Wohnungen zurückkehren zu lassen.

Der Tumult, der sich daraufhin auf den Straßen breitmachte, ist eine meiner schrecklichsten Erinnerungen, damals habe ich den Glauben an das Gute im Menschen vollkommen verloren: «Abschaum! Abschaum!» riefen Kubaner ihren eigenen Landsleuten zu.

Aufgestachelte Horden prügelten los und lynchten, ohne daß die Polizei einen Finger rührte.

Durch ein Busfenster erhaschte ich das seltsame und flüchtige Bild einer Sandwich-Frau, die wie ein Losverkäufer oder eine wandelnde Litfaßsäule aussah. Inmitten der wütenden Menge ihrer Peiniger trug sie vorne und hinten das Wort «Abschaum» zur Schau.

An der Straßenecke vor unserem Haus organisierte man eine dieser öffentlichen Bekundungen des Volkszorns. Sie dauerte wochenlang. Die betreffenden Familien wurden von der Strom- und Wasserversorgung abgeschnitten, und aus Lautsprechern, die eigens zu diesem Zweck installiert worden waren, tönte es: «Hurenfotze! Deinem Mann haben sie in der Botschaft den Arsch aufgerissen!»

Die Familienangehörigen aus Miami kamen als Retter auf gemieteten oder eigenen Schiffen der verschieden-

---

bracht wurden, die die Exilierten aus Florida geschickt hatten, um ihre Familienangehörigen abzuholen.

sten Typen, denn Peru konnte all die vielen Flüchtlinge nicht aufnehmen. Sie mußten mehrmals hin- und herfahren, mit freigelassenen Verrückten, Häftlingen, die aus dem Gefängnis entlassen wurden und vom grellen Licht geblendet waren, und lächelnden Jünglingen, echten oder falschen Schwulen.

Wer gehen wollte, mußte sich persönlich im Büro und in der Schule abmelden, aber auch das konnte der Abstimmung mit den Füßen keinen Einhalt gebieten.

Eines Mittags mußten wir uns im Eingang der Diplomatenschule zu einem öffentlichen sogenannten «gewaltlosen Akt» versammeln. Es ging um ein Jüngelchen aus dem fünften Schuljahr, das das Land verlassen wollte.

Er und seine Mutter gingen an dem schweigenden und feindseligen Spalier vorbei, bis ein Angeber aus dem ersten Jahrgang besonders diplomatisch sein wollte, indem er der Frau eine schallende Ohrfeige verpaßte und damit das Signal zum Angriff gab.

Mehr als zweihundert Schüler verfolgten die beiden wie verdammte Nazis auf die Straße hinaus. Sie hätten sie erschlagen, wenn ein Mitbürger sie nicht rechtzeitig gerettet hätte, dessen Windschutzscheibe dabei auf der Dritten Avenida zurückblieb.

Ich war außer mir vor Wut.

Ich schnappte mir den aus dem ersten Jahrgang und packte ihn an seinem verschwitzten Kragen.

«Dreckskerl, du elender Feigling, eine Frau zu schlagen, vor ihrem eigenen Sohn. Wenn du mich anfaßt, trete ich dir in die Eier, trau dich doch ...»

Ich ging in Kampfstellung. Irgendwann mußte es sich

ja mal auszahlen, daß ich mit zwei Karatemeistern verheiratet gewesen war. Wie eine hysterische Vogelscheuche ging ich auf ihn los.

Der Typ wurde ganz klein.

«Hinter jedem Extremisten steckt ein Opportunist!» warf ich ihm an den Kopf; ich kannte meinen Lenin auswendig. «Wahrscheinlich würdest du selbst gern aus dieser Scheiße rauskommen und traust dich nur nicht.»

Die Zuschauer klatschten nicht.

Auch unser Lehrer José Luis Galbe schaffte es nicht, ihnen ins Gewissen zu reden. Als wir in den Hörsaal zurückkehrten, wirkte er düster. Die Enttäuschung stand ihm ins Gesicht geschrieben. Er benutzte das gleiche Leninzitat und nannte sie alle Feiglinge.

In jener Zeit begann ich aufzugehen wie ein Hefeteig. Morgens kam ich ganz normal in die Schule, setzte mich hin, schlief ein, wachte auf und schlief wieder ein und verbrachte so den Tag, bis ich mich in einen schläfrigen Buddha verwandelt hatte. Auf dem Rückweg holte ich den Kobold aus der Kinderkrippe ab, und wenn ich am Abend die Schuhe auszog, kam ein Paar Elefantenfüße zum Vorschein.

Durch die Wohnung hallten die ganze Nacht lang die Beleidigungen aus dem Schmähmikrofon, das an dem Gebäude an der Ecke angebracht war. Sogar die Betrunkenen, die morgens früh vorbeikamen, hielten an, um ihren Seelenmüll auszukotzen. Der Wortlaut läßt sich nicht wiedergeben. Mumin schlief ruhig, aber ich dachte darüber nach, daß ich sie einfach so in diese Welt gesetzt hatte, wie einen falsch adressierten Brief.

Ich war voller Schuldgefühle.

Zum zweiten Mal wurde ich in die chirurgische Abteilung des Innenministeriums eingeliefert. Man wollte herausfinden, welche unbekannte Krankheit bewirkte, daß ich Flüssigkeit aufsog wie ein Schwamm. In der ersten Woche nahm ich acht Kilo ab, alles Wasser. Sehr zur Verblüffung der Ärzte und Krankenschwestern gab es keine Erklärung dafür.

Ich selbst wußte, was ich hatte: Ich absorbierte die Seelenqualen der anderen – durch Osmose.

Also wurde ich einem Psychiater übergeben, der arthritische Finger hatte und beim Sprechen die Wörter so artikulierte, daß seine zu groß geratene Zunge ihm nicht aus dem Mund entwischen konnte. Wir mochten uns auf Anhieb. Ich überzeugte ihn davon, mich hypnotisch in Trance zu versetzen, um herauszufinden, ob sich vielleicht im Schlaf das Geheimnis des Kummers lüften ließ, der mich im Laufe eines Tages in einen aufgeschwemmten Buddha verwandelte. Entweder redete ich gar nicht, wenn ich hypnotisiert war, oder ich sprach in einer unverständlichen Sprache. Am Ende ging ich mit meinem Psychiater einen trinken oder begleitete ihn zu seiner Geliebten. Auch Psychiater brauchen schließlich jemanden, der ihnen zuhört.

Vier Monate später wurde ich entlassen. Freiwillig wäre ich nicht gegangen, denn mir ging es dort wunderbar.

Ein ehemaliger Boxer trainierte zweimal täglich mit mir, und es fehlte nicht viel, so wäre ich eine erfolgreiche Langstreckenläuferin geworden, die dem Innenministerium alle Ehre gemacht hätte.

Die Familie Castro tauchte gelegentlich bei mir auf. An meinem Geburtstag weckte mich Onkel Ramón, der immer noch verhext war und auf seiner Gitarre traurige Lieder spielte, mit einer riesigen Torte auf, die er auf einem kleinen Serviertischchen hereinrollte.

Sogar Fidel stattete mir unverhofft einen Besuch ab und brachte mir zwei Kisten Blumenkohl mit, den er mit Hilfe der Hydrokultur gezogen hatte. Der Koch Espina bereitete sie nach seinen Anweisungen für mich zu.

Sein Besuch schien ihn mit etwas Sorge erfüllt zu haben, denn wenig später wurde mir eine angenehme Arbeit zuteil: Núñez Jiménez war nämlich nicht nur Geograph und Höhlenforscher, sondern auch noch Literat, der Verstärkung für seine Lektoren- und Korrekturmannschaft brauchte. Auf Fidels Spuren erschien er in meinem Krankenzimmer und schlug vor, ich solle ein Buch über den berühmten kubanischen Maler Wilfredo Lam redigieren. So verdiente ich mein Geld im Bett.

Ich galt nun als «Nervenleidende» und war wild entschlossen, mir diesen Status für den Rest meines Lebens zu erhalten. Es gibt nichts Besseres, als in Kuba für unheilbar verrückt gehalten zu werden, denn das macht einen für alles unbrauchbar.

In meinem Zimmer hatte ich Fernsehen und Video.

Abends erhielt ich Ausgang und spielte eine Statistenrolle in einem kubanischen Film, den der spanische Schauspieler Imanol Arias drehte. Von seiner Maskenbildnerin Magaly Pompa lernte ich einige nützliche Dinge, etwa, wie man durch die Schattierung bestimmter Stellen ein Gesicht verändern kann.

Morgens kehrte ich müde und glücklich zurück und trainierte mit meinem schwarzen Boxer.

Ich war das Hätschelkind der Chirurgischen Abteilung. Wenn ich den Troll und sein drolliges Verhalten nicht vermißt hätte, wäre ich mein Leben lang dort geblieben.

Am Troll lag es auch, daß ich wieder einmal den Palast aufsuchte, nachdem ich das Paradies nach vier Monaten verlassen mußte. Fidel war neugierig, wie sich seine Gene in seinen Nachkommen entwickelten. Er haßte alles Unvollkommene.

«Du bist so mager! Warum bist du so mager?»

«Na ja, Regoiferos hat eine Langstreckenläuferin aus mir gemacht.»

«Sehr gut! Soll ich etwas zu essen für dich bestellen? Hier kochen sie sehr gut. Oder einen Milchkaffee?»

«Vielleicht lieber einen Whisky, um diese Zeit.»

Wir tranken.

«Wie geht es der Kleinen?»

«Sie wird langsam ein richtiger Kobold und kräftig.»

«Ißt sie ordentlich?»

«Sie ist ein Vielfraß.»

«Kinder brauchen ihren eigenen Kühlschrank. Das ist hygienischer. Das Essen eines Neugeborenen sollte getrennt aufbewahrt werden, damit keine Keime hineingeraten. Nicht dort, wo andere mit ihren Händen alles anfassen. Ich beschäftige mich zur Zeit mit der Medizin, weißt du?»

Ich wußte es nicht, aber es wunderte mich auch nicht. Ich ahnte, daß seine nächsten Reden von medizinischen Fachausdrücken nur so wimmeln würden.

«Ich werde dir einen Kühlschrank schicken, damit du dort ihre Sachen aufbewahren kannst. Du sollst auch wissen, daß ich das aus meiner eigenen Tasche bezahlen werde, obwohl ich im Moment nicht viel Geld habe. Ich hatte in der letzten Zeit eine Menge Ausgaben. Fidelito kommt jetzt endgültig aus der Sowjetunion zurück und muß sich hier mit seiner Frau nett einrichten und ein bißchen amüsieren können.»

«Natürlich.»

«Das mit dem Kühlschrank ist extra. Ich will dir und der Kleinen helfen. Was hältst du von achtzig Pesos?»

Mit der dreifachen Summe ließe sich die Stromrechnung bezahlen.

«Grandios!»

«Was sind das für Nervenprobleme?»

«Ich weiß nicht. Ich bin aufgequollen, als eine ganze Menge Dinge schiefgingen, und ich verlor das Wasser wieder, als sie besser wurden. Das mit Peru und der Ächtung der...»

«Was für ein Unsinn! Wir sind eine ganze Menge chronisch Kranker losgeworden, ganz zu schweigen von den Kriminellen, jetzt können die Amis zusehen, wie sie mit denen fertig werden. Nervenprobleme sind eine Schwäche, etwas Mangelhaftes.»

«Ich habe immer das Gefühl, daß ich mich am falschen Ort aufhalte. Ich will weg.»

«Wohin? Weg aus Kuba? Das hätte politische Folgen, das kannst du vergessen.»

«Das hast du mir schon einmal gesagt, als ich elf Jahre alt war und die Familie von Wilfredo Lam mich nach Frankreich eingeladen hat.»

«Du brauchst nur ein bißchen Ruhe.»

«Ich habe mich doch schon vier Monate lang ausgeruht ...»

«Bleib für den Rest des Schuljahres hier im Palast, und dann sehen wir, was du nächstes Jahr studieren wirst. Diese Diplomatenausbildung ist albern.»

Darin war er sich mit Onkel Bebo einig. Er ging zum Telefon und meldete mich in der Schule ab.

Mein Aufenthalt im Palast verlief nach dem Plan, den er für seinen neuen Schützling Willy ausgeheckt hatte, den Sohn von Guillermo García[32], dem Mann, der die Wassertanks von Nuevo Vedado geleert hatte, um sein Schwimmbad zu füllen. Wir mußten mit einer erlesenen Schar zu Mittag essen, und nachmittags brachte uns ein Lehrer Russisch bei.

«Wenn du dem Jungen helfen willst, such ihm einen guten Psychiater, er ist ein professioneller Lügner», riet ich ihm, als wir über Willy sprachen.

«Ich habe dich nicht um Rat gefragt, ich wollte deine Hilfe. Wann kann ich die Kleine kennenlernen?»

«Am besten bringe ich sie vorbei.» Ich wollte den Auflauf der Bittsteller vermeiden.

Als ich den Troll in einem Ballettkleidchen zu ihm brachte, erwartete er uns schon auf dem Flur. Er kniete sich nieder, wie Papa Orlando es getan hatte, und breitete die Arme aus. Mumin lief auf ihn zu, blieb stehen, sah ihn genauer an und drehte sich um, um sich an meinem Rock festzuklammern.

---

[32] Einer der ersten Gefolgsleute Castros in der Sierra Maestra, er wurde 1986 als Verkehrsminister abgesetzt. (AdÜ)

Die Runde im Speisesaal des Palastes bestand aus Osmani Cienfuegos[33], dem Bruder eines Helden der Revolution; Montané[34], Minister für die nicht existierende Telekommunikation; seinem Sohn Sergito, um den die Frauen sich rissen, bis er nach einer langwierigen Gehirnoperation nur stammeln konnte und in einer infantilen Welt verloren war, aus der er nur langsam wieder auftauchte; Faustino Pérez[35], dem Vater meines ersten Freundes, der damals mit seinen Lügengeschichten einer ganzen Mädchengeneration den Kopf verdreht hatte und dessen Erbe nun Willy antrat und Chomy[36], Fidels neuem Büroleiter, der der Nachfolger von Celia Sánchez war. Schließlich waren noch Willy der Aufschneider, der in seinem Riesenschädel ganz bezaubernde Lügen ersann, und meine Wenigkeit, die auseinanderging, wenn es Psyche oder Soma beliebte, mit von der Partie. Ich war die einzige Frau, die in diesem illustren Kreis vertreten war, außer der Genossin, die uns bei Tisch servierte.

---

[33] Bruder von Camilo Cienfuegos, einem der berühmtesten und populärsten Befehlshaber der Sierra Maestra, der 1959 unter immer noch ungeklärten Umständen verschwand. Osmani Cienfuegos bekleidete verschiedene wichtige Posten und war Mitglied des Politbüros.

[34] Jesús Montané (Chucho), Überlebender des Sturms auf die Moncada-Kaserne und während des ganzen revolutionären Prozesses ein enger Begleiter Castros.

[35] Expeditionsteilnehmer auf der Jacht Granma und Mitkämpfer in der Sierra Maestra. Er organisierte den Widerstand im Untergrund in Havanna und war Mitglied des Zentralkomitees der Partei.

[36] José Miyar, genannt Chomy, Arzt aus Santiago de Cuba; er war Direktor der Universität von Havanna und Fidels Büroleiter.

Sie waren erfreut über meine Anwesenheit. So sehr, daß ich mir Zöpfchen ins Haar flocht und weite Kleider mit Umschlagtüchern im Hippiestil anzog, damit sie mich nicht allzu ernst nähmen. Der Tisch mit den acht Gedecken befand sich in einem kleinen Salon. Rechts neben jedem Teller lag eine Auswahl Tabletten zur Steigerung der Konzentration und Männlichkeit. Die letztgenannten nahm vor allem Montané, der erst kürzlich eine neue Frau geheiratet hatte.

Die Gesprächsthemen waren mitunter sehr anspruchsvoll:

Montané: «Carter wird wiedergewählt werden! Dieser Reagan hat doch keine Chance.»

Sein stammelnder Sohn: «A... A... Aber Pa... Papa, was sa... sagst du da?»

Ein anderer: «Er hat die Juden und die Schwarzen gegen sich, seit dem Skandal mit Andrew Young. Die, die das Geld haben, sind gegen ihn! Der wird nie im Leben wiedergewählt.»

Montané: «Ihr werdet schon sehen!»

Wir sahen, daß Carter nicht wiedergewählt wurde und Montané zu Fidels politischem Berater für Lateinamerika ernannt wurde. Ich erfand jeden Tag neue Frisuren.

Der Russischlehrer war ein Albino, der zitterte, wenn er im Bus vom anderen Ende Havannas angekommen war, um uns zwei verwöhnten Kindern die Sprache beizubringen. Er hätte sich keine Aufgabe vorstellen können, die ihm eine größere Ehre gewesen wäre, vor allem, da Fidel gelegentlich während des Unterrichts auftauchte. Dann wurde er zuerst rot und anschließend kreidebleich, so daß man die Adern unter seiner papierdünnen Haut erkennen konnte.

Manche Freuden durfte ich erst sehr spät erleben. Endlich kam mein Papa in die Schule, um zu sehen, ob ich lernte!

Doch es ist nicht leicht, die verpaßten Gelegenheiten der Kindheit nachzuholen, und schon bald mußte ich ihn wieder in seinem vertrauten Büro besuchen.

Im Dämmerlicht der vielen Pflanzen wurden wir beim Whisky gelegentlich vertraulich. Trotz meiner Zöpfe war ich Naty die Zweite, in neuer Gestalt. Mein Gewissen meldete sich dennoch. «Du wirst mir doch nicht im Ernst erzählen wollen, daß dieser Montané ein politischer Berater ist! Du hast ihn wahrscheinlich ernannt, um nicht auf ihn zu hören, oder?»

«Wie kannst du so etwas sagen? Chucho ist sehr fleißig!»

«Mami arbeitet mehr als er, und obendrein sitzt sie in einem Wandschrank!»

Wenig später wurde Montané entlassen.

Die Bücher zu redigieren, die Núñez Jiménez von anderen abgeschrieben hatte, war immer noch meine beste Einkommensquelle. «Dieses Buch ‹Seite an Seite mit Fidel›, das dein Doppelgänger geschrieben hat, ist eine Schande! Man könnte meinen, er habe die Revolution gemacht.»

«Das ist mir egal! Für das Copyright gibt es dreihunderttausend Peseten, die Hälfte davon gehört mir. Was hast du nur gegen Núñez? Er ist sehr intelligent. Oder hättest du etwa gewußt, daß die Aale im Sargassomeer laichen?»

«Das habe ich nicht gewußt. Aber wenn man, um dich zu beeindrucken, so etwas auswendig lernen muß ...»

Was mich wirklich störte, war, daß er mir frühmorgens vertraulich seine Sorgen und Nöte klagte, die noch am selben Tag Stadtgespräch in Havanna waren.

«Laß bloß nicht zu, daß dieses Büchlein mit den ‹Gesprächen zwischen Fidel Castro und García Márquez› veröffentlicht wird. Man könnte meinen, ihr hättet nur vom Essen gesprochen. Die Langusten, ‹die auf Gabos Tisch klettern ...› Wenn ein Kubaner eine Languste sehen will, muß er im Zoo ins Aquarium gehen.»

Ich ließ nicht locker.

«Warum hast du diese Kunsthandwerker[37] ins Gefängnis gesteckt? Ist es denn ein Verbrechen, Holzpantoffeln zu verkaufen oder Kleider, die aus den Planen genäht wurden, mit denen man Tabakfelder abdeckt?»

«Der Staat muß das Handelsmonopol behalten!»

Meine Frage, ob der Staat mit seinen Devisenläden nicht den Schwarzmarkt fördere, hatte zur Folge, daß er kurz darauf alle Angestellten verhaften ließ.

Ihm die öffentliche Meinung und das Elend der Nation zuzutragen, brachte mir nichts Gutes ein.

«Warum nimmst du mich nicht an einem der nächsten Sonntage mit zum Angeln?»

---

37 In den Achtzigern ließ die kubanische Regierung einige selbständige Tätigkeiten zu, daraufhin tauchten die Bauern- und Kunsthandwerkmärkte auf. Da sie schnell wuchsen, fürchtete die Regierung, der private Sektor könne innerhalb der sozialistischen Wirtschaftsordnung zuviel Gewicht erhalten, weswegen sie wieder verboten wurden. Zahlreiche Kunsthandwerker wurden der gesetzwidrigen Bereicherung angeklagt und verhaftet.

«Weil ich mich entspannen will, wenn ich angeln gehe!»

Nach und nach fügte ich mich in meine Rolle der Zuhörerin. Es war klüger, ihn über die jüngsten Erfolge seiner Kuh Ubre Blanca reden zu lassen, die gar nicht mehr aufhörte, Milch zu geben, oder über die Fortschritte seines jüngsten Sohnes Angelito, der als Dreijähriger bereits an einem Programm für Begabtenförderung teilnahm, oder über seine neuesten kulinarischen Erfindungen. Nicht einmal meine Ehegeschichten schienen ihn zu interessieren: «Ich wollte dir erzählen, daß ich heiraten werde ...»

«Nimm ein paar Kaschusamen mit. Sie sind ganz frisch. Agostinho Neto hat sie mir kürzlich geschickt. Ich kann dir nicht viele geben, denn ich habe selbst nur eine Dose bekommen. Hast du schon einmal geröstete Kürbiskerne probiert? Du mußt einen Eisentopf mit Öl auspinseln, wie um Kaffee zu rösten, darin werden sie goldgelb, bis die Schale fast abspringt ...» Selbstgefällige Gespräche, die manchmal fast komödiantische Züge annahmen. «Übrigens, wer ist dein nächstes Opfer, wen wirst du diesmal heiraten?»

Frühmorgens zog ich mit meinen zwei Mayonnaisegläsern voller Kaschusamen und Kürbiskernen davon. Ich kaute genüßlich, während ich darüber nachgrübelte, ob die «großen Geister wirklich verwandt sind», wie meine Mutter behauptete. Mein Geist mußte sehr schlicht sein, denn es kostete mich große Mühe, den Ausführungen des Comandante zu folgen.

Es war kein schönes Leben, das ich führte: Ich war das Kindermädchen des Aufschneiders und das Äffchen der alten Lustgreise. Als Überbringerin von Klagen und Anregungen erntete ich nur Neid und Mißgunst, und obendrein wurde ich ständig bewacht, denn die Nähe zum Chef bedeutete für das Sicherheitspersonal eine Reihe unumstößlicher Regeln. Rund um die Uhr wurde ich beschattet, sogar mein Telefon wurde ständig abgehört. Als Fidel mich eines Abends rufen ließ, um mir seine Pläne für mein kommendes Studienjahr zu erläutern, wobei Worte wie «Computerkurse» und «Informatik» fielen, zeigte ich sofort die bekannten Symptome, wurde schläfrig und behielt zuviel Flüssigkeit bei mir. Ich folgte dem Beispiel des klugen Willy und schwänzte die mittägliche Tischrunde. Es war Zeit, den Aufstand zu proben. Mit der gesamten Sicherheitsmannschaft im Schlepptau würde ich eine echt havannische Rumbanacht verbringen und war wild entschlossen, alle zu zwingen, bis zum frühen Morgen durchzuhalten.

Ich werde es nie lernen, meinen plötzlichen Eingebungen zu mißtrauen, und ich hatte die Nase gestrichen voll davon, die Hofdame des Palastes zu sein.

Das «nächste Opfer» sollte ein reizender Nicaraguaner sein, der den Sandinismus mit der Muttermilch eingesogen hatte. Mit dem Ziel vor Augen, Kuba zu verlassen, konnte mich nicht einmal die wenig erfreuliche Aussicht auf eine zweite Revolution an der Seite eines langweiligen und asketischen jungen Mannes schrecken. Fidel hatte recht.

An einem der darauffolgenden Samstage, der Nacht meiner Rebellion, ging ich in den Klub des Hotel Riviera. Meinem Nicaraguaner erzählte ich, ich hätte mich mit einigen Freundinnen verabredet. Ich brachte den schlafenden Kobold zu meiner Mutter und zog mich in der Garage um.

Ich wollte mich in dieser Nacht völlig vergessen, schöne Tänzer sehen, meine Ohren mit lauter Musik und Trommeln betäuben und um zwei Uhr nachts, wenn die Parteifunktionäre schlafen und die Menschen die Kontrolle über sich verlieren würden, die Tanzfläche erobern.

Am Nebentisch saß ein Mann ohne Begleitung. Die ganze Nacht wanderten meine Blicke zwischen ihm und der Tanzfläche hin und her.

Wir schielten uns haßerfüllt an.

Die grellen Scheinwerfer trieben uns hinaus. Am Hoteleingang passierte es, kurz bevor unsere Wege sich trennten. Schweigend war er mir gefolgt, da taten wir den dialektischen Schritt …

Ein plötzlicher, langer Kuß verwandelte den ganzen Haß in Liebe. Die Überraschung machte uns sprachlos, und eine ganze Woche lang hörten wir nicht auf, darüber zu staunen, wie großartig wir uns in der Sprache der Berührungen und Zärtlichkeiten verstanden.

Es war, als hätte ein Juwelier den Gegenstand meiner Zuneigung nach meinen Anweisungen gefertigt. Es war beinah magisch! Wir waren im gleichen Jahr, zur gleichen Stunde auf unterschiedlichen Breitengraden zur Welt gekommen. Unser Liebesgeflüster, das die Leidenschaft uns eingab, wirkte nie lächerlich. Als wir uns liebten, war es wie ein göttliches Wunder, und mein ganzes restliches Leben werde ich für diesen seltsamen Impuls dankbar sein, der uns zusammenbrachte, einen Niemand und eine ganz gewöhnliche Frau, die sich in einer ganz gewöhnlichen Stadt kennenlernten. Havanna wurde für uns zu dem Ort, an dem wir unser restliches Leben verbringen wollten, «bis daß der Tod uns scheide». Doch die Polizei kam ihm zuvor.

Die Sicherheitsleute hatten mich eine Woche lang gewähren lassen. Selten war ich so glücklich gewesen. Wir standen Arm in Arm im Garten des Hotel Nacional und schauten selbstvergessen aufs Meer, als sich eine eiserne Hand auf meine Schulter legte:

«Sie sind verhaftet!»

«Wie bitte?»

«Sie sind verhaftet, weil Sie mit einem Ausländer Umgang haben. Wegen Prostitution! Und wenn Sie protestieren, auch noch wegen Erregung öffentlichen Ärgernisses.»

Ich war wohl die einzige Prostituierte, die die kubanische Polizei je gesiezt hat. So brachten sie mich auf die Wache.

Die übliche Ehre des Kerkers wurde mir nicht zuteil. Ich mußte mich in einem Flur auf eine Bank aus Granit setzen, wo ich Zeugin der sadistischen Mißhandlungen und Schläge wurde, die in allen Gefängnissen dieser Welt üblich sind. So saß ich da bis Heiligabend und glaubte auch noch Neujahr dort zu erleben, während vier Beamte mich abwechselnd verhörten. Nach drei Tagen holte ein Schlägertyp mich raus, schenkte mir ein bißchen Schokolade «für die Kleine» und begleitete mich schweigend nach Hause.

In meiner Wohnung wartete ich, bis es Zeit war, den Kobold vom Kindergarten abzuholen. Die Demütigung und die Ohnmacht nagten an mir. Das Telefon klingelte, und am anderen Ende war ein wütender Abrantes zu vernehmen: «Ich verbiete dir, das Haus zu verlassen! Du stehst unter Hausarrest!»

«Verhafte doch deine verdammte Mutter!» Ich legte auf und öffnete die Tür. Es war Chomy. Offensichtlich hatte sich das Politbüro gut abgesprochen.

«Was verschafft mir die Ehre? Du hast dieses Haus doch noch nie betreten...»

«Das weißt du ganz genau! Mit einem Italiener! In deinem Alter führst du dich auf wie eine Prostituierte... Deinem Vater tut das sehr weh.»

Ich verlor die Fassung.

«Die einzige Nutte hier bist du, alte Schwuchtel! Du bist doch nur neidisch! Du hättest wohl gerne selbst so eine italienische Latte. Raus hier und richte Fidel aus, daß ich auf feige Strohmänner wie dich verzichten kann!»

Da er bestürzt stehenblieb, schob ich ihn zur Tür raus und knallte sie hinter ihm zu.

Meine Mutter war sehr aufgeregt.

«Ich dachte schon, sie hätten dich geschnappt, weil du das Land verlassen wolltest.»

Noch heute empfinde ich das Ganze als schreckliche Niederlage. Endlich hatte ich meine andere Hälfte gefunden, und eine dunkle Macht nahm sie mir wieder weg.

Nie wieder wollte ich etwas mit diesem erlauchten und erhabenen Wesen zu tun haben, dessen Zynismus wohl eher Schwäche bedeutete, denn er war nicht in der Lage, seine Tochter vor den Machenschaften seiner eigenen Handlanger zu schützen.

Zu jener Zeit, kurz bevor Havanna ein Paradies für Sextouristen wurde und Varadero eine fröhliche Brutstätte für Geschlechtskrankheiten, mußte, wer aufgrund von Kontakten zu Ausländern verhaftet wurde, wegen Gefährdung der inneren Sicherheit mit vier Jahren Haft rechnen.

Mir blieb diese wohlmeinende Erziehungsmaßnahme zwar erspart, doch ich verlor meinen Job als Lektorin, und niemand wollte mich einstellen, ohne irgendeine mysteriöse Instanz zu «konsultieren». Meine Mutter war der Meinung, ich solle mich wieder der Diplomatie widmen, in Abendkursen für Arbeiter, und versprach, sie würde sich derweilen um das Essen und das Bad für den Kobold Mumin kümmern. Mumin erweiterte gerade ihren Wortschatz und sprach von Frauen, die ihre «Monstruation» hatten.

Sie würde in einem verschlossenen, isolierten Land aufwachsen, ohne Bücher, ohne Zeitungen, ohne Kleidung, ohne Phantasie und ohne Geld, umgeben von Denunzianten, deren Anzeigen das Computernetz der Polizei ersetzten.

Was konnte ich tun, damit sie nicht wie ich in Schuhen, die zwei Nummern zu klein waren, den Schritt in die Welt der Jugendlichen tun mußte oder wegen fehlender Liebe und Zuneigung krank würde?

Mir fehlte das entscheidende Etwas, das Millionen Kubaner auf ihrem heroischen oder opportunistischen Weg bei der Stange hielt: die letzte Hoffnung, daß Fidel Castro schon alles regeln würde, oder ganz einfach der Fatalismus, den wir von den Spaniern und den Sklaven geerbt haben.

Das Leben in Kuba ist wie ein Strom, der mitschwimmt. Es vergingen Monate, bis ich mich damit abfand, ein merkwürdiger Kauz zu sein, und all die zwanghaften Angewohnheiten ablegte, die die «neue Frau» ausmachen. Eines Abends fehlte einer unserer Lehrer, und ich kehrte frühzeitig nach Hause zurück, um dem Kobold, der zum Wohl meiner Studien sein Hauptquartier bei meiner Mutter aufgeschlagen hatte, beim Essen Gesellschaft zu leisten. Er war nicht da.

«Wo ist Mumin?»

«Bei Mercedes.»

«Was macht sie da?»

«Sie ißt.»

«Sie ißt im Tempel der Gefräßigkeit? Willst du, daß sie eines Tages so eine schlechte Haut hat wie ihr Vater?»

«Ich habe keine Zeit, ihr das Essen zu machen.»

«Dann habe ich auch keine Zeit mehr für dieses nutzlose Studium.»

In dieser Nacht brachte ich eine zufriedene Mumin in unserer Wohnung zu Bett. Ich dachte darüber nach, wie ich meinen Lebensunterhalt auf illegale Weise verdienen konnte, ohne daß es auffiel.

Ich baute mir ein unsichtbares Geschäft auf. Ich sammelte alle alten Schuhe in unserem Viertel ein und verkaufte sie, nachdem ich sie mit Stoff und Spitzen ausgebessert hatte. Alles, was dafür in Frage kam, Samenkörner, kleine kostbare Steinchen und Draht, wurde in meinen Händen zu Ohrringen. Aber ich brauchte Dollars. Ohne einen männlichen Versorger und ohne Verwandte im Exil war es unmöglich, vier Frauen mit dem, was einem zustand, zu ernähren und zu kleiden. Die zwei Dosen Kondensmilch im Monat, das Päckchen Zucker, die zwei Seifenstückchen, das Waschmittelpaket...

Um an Dollars zu kommen, mußte man frühmorgens die Hotels abklappern und sich wie auf einem Viehmarkt, auf dem die Ausländer die Preise für die Kubanerinnen festsetzten, feilbieten.

Ich roch schon von weitem nach Beschattung, was es mir bei aller Mühe besonders schwer machte. Im Diplomatischen Korps waren die Dollars sicherer, beständiger und leichter zu haben.

Ich legte mir einen algerischen Liebhaber zu, den ich mit meinem Bauchtanz bezirzt hatte. Obwohl er sich während unserer leidenschaftlichen, heimlichen Beziehung nie an meinen Verfolgungswahn gewöhnen konnte, fragte er mich schließlich doch, ob ich seine dritte Ehefrau werden wolle.

Da begann ich über den Rückzug nachzudenken.

Wie könnte es mir gelingen, meine Mutter zu überzeugen, ihr Bild von Lam zu verkaufen? Ich benötigte einen freigebigen Gast der kubanischen Regierung, einen von denen, die unbehelligt am kubanischen Zoll vorübergehen. Es waren harte Zeiten. Die zwei einzigen Stellenangebote, die ich erhielt, kamen vom Comandante: im Auftrag des Kulturministeriums das Hotel Habana Libre zu kubanisieren oder in einem illegalen Büro zu arbeiten, das wissenschaftliche Bücher aus dem Englischen übersetzte, ohne die Autoren dafür zu bezahlen. Doch ich wollte nichts annehmen, was vom Comandante kam.

Abrantes, der früher die unangenehme Angewohnheit hatte, mich frühmorgens anzurufen, um mit mir über Calderón de la Barca oder Emile Zola zu reden, je nachdem, ob er gerade seine spanische oder französische Phase hatte, ging auf einmal dazu über, mit quietschenden Reifen und schnellen Kavalierstarts an meinem Haus vorbeizufahren.

Um mich herum schuf er ein Vakuum, das mich sogar zwang, einen befreundeten Modeschöpfer aus meiner Wohnung hinauszukomplimentieren, da Abrantes seine Anwesenheit für unmoralisch hielt.

«Ein paar Genossinnen haben sich bei der Versammlung der Nationalbank darüber unterhalten, wie die Tochter des Comandante mit einem schwulen Designer zusammenleben kann.»

«Das ist ja die Höhe! Wird Fidel jetzt schon in den Parteiversammlungen kritisiert? Das wäre ja ein Schritt in Richtung Demokratie.»

«Das geht dich nichts an. Aber wenn du ihn nicht rauswirfst, werden wir das veranlassen.»

Ich mußte mir keine Sorgen mehr um meinen Ruf machen, das Innenministerium und die Leibwache kümmerten sich darum. Das nächste Mal behauptete er, ich träfe mich mit «unerwünschten Elementen», die er aber nicht näher definieren wollte.

Nach zwei Jahren des Schweigens überkam Fidel plötzlich einer seiner Liebesanfälle, und er schickte den Soldaten, der für die guten Nachrichten zuständig war, mit einem Neujahrsgruß vorbei. Er brachte einen Umschlag mit achtzig Pesos und drei Päckchen mit einem riesigen

Truthahn, ein paar Pfund schwarzen Bohnen, vier Flaschen algerischen Weins und ein paar Stefan-Zweig-Biographien. Im Blut des Truthahns schwamm ein Kärtchen des Regierungschefs.

«Richte Fidel aus, er soll sich das alles ...»

«Das will ich nicht gehört haben! Ich bringe das nicht zurück, und behalten kann ich es auch nicht. Sei doch nicht so dumm, Kleine, und mach mir keine Scherereien.»

Mumin war zerrissen aufgewachsen: Meine beiden Herrscherinnen hatten von gegenüber eine Kampagne gegen meine Lebensweise gestartet. Erbost warfen sie mir vor, mein Leben sei sinnlos, und vergaßen dabei völlig, daß sie mir einen Großteil der Annehmlichkeiten, die sie genossen, zu verdanken hatten.

Meine Schuldgefühle wurden immer stärker. Ich befand mich in einer Lebensphase, in der ich nicht mehr wußte, wer über mich und mein Leben bestimmte und an wen ich mich halten sollte.

Der Truthahn wanderte zu Pablo Armando Fernández, einem dieser engagierten Schriftsteller, die mein alter verstorbener Lehrmeister Galbe in seiner Sammlung «exquisiter Leichen» der kubanischen Poesie erwähnte.

Warum auch ich bei Pablo landete, werde ich nie verstehen.

Völlerei kann es nicht gewesen sein, denn ich war eine überzeugte Vegetarierin. Es muß ein Drang sein, der mich dazu zwingt, mich alljährlich zu Weihnachten in die Nesseln zu setzen. An der sechsundzwanzigsten Avenida wartete ich mehr als zwei Stunden auf eine Mitfahrgelegenheit. Taxis gab es nur für Ausländer. Schließlich hielt ein Typ in einem metallicblauen Lada an. Als wir auf der Höhe von Puente de Hierro angelangt waren, ließ er das Lenkrad los und klammerte sich an meine Brüste.

«Geil, wie die auf und ab hüpfen.»

«Scheißkerl, willst du, daß wir gegen einen Baum knallen? Das ist doch nur Watte, du Idiot!»

Die Erinnerung an meine Magersucht rettete mich noch einmal vor einer Vergewaltigung, und ich betrachtete den Zwischenfall nicht als böses Omen.

Forschen Schrittes betrat ich Pablos Küche und gab der Gastgeberin einen Kuß, als ich eine Stimme hörte, in der vertraute Klänge eines früheren Lebens widerhallten:

«Wer ist diese Frau mit den traurigen Augen?»

Die Stimme gehörte einem Mann, der trotz seines Zweitagebartes und seines lächerlichen Aufzugs elegant wirkte. Er hatte eine rosige Haut und sah aus wie eine klassische Statue. Er war durch und durch ... intensiv. Da war sie wieder, die Leidenschaft! Wir verbrachten einen wunderbaren Abend bei Pablo, tranken viel und stellten viele Fragen, bis wir am Ende alles übereinander wußten. Oder fast alles. Tags darauf standen wir auf einem Balkon in der Calle Paseo, im Vedado. Er schaute aufs Meer, wo sich hinter dem Horizont die beiden unversöhnlichen Amerikas andeuten, und ich schaute auf die offenen halb verfallenen Dachterrassen, auf denen sich Antennen drängten und die Zementtanks, mit deren Hilfe die Zeiten überbrückt werden, in denen es kein Wasser gibt. Ich zog ein Resümee meiner Existenz:

«Das bin ich.»

«Und ich bin das.» Er gab mir ein paar Broschüren der Anonymen Alkoholiker. «Ich weiß nicht einmal, warum ich angefangen habe zu trinken.»

Die Gründe waren mir egal, ich wollte seine Seele davon befreien. Er hatte angefangen zu trinken, als er noch ein großes Kind war, mit achtzehn.

«Ich werde dich nie verlassen», sagte er, und ich glaubte ihm. Ich brachte ihn zum Flughafen. In dieser Nacht ging ich im Traum auf Wanderschaft. Ich war auf einem Volksfest, auf dem die Mädchen weiße Sternenkronen auf dem Kopf trugen und die Männer ganz in Schwarz und mit Halskrausen gekleidet waren, als das verdammte Telefon klingelte. Ich bekam wie immer beinahe einen Herzschlag, als ich den Pfeifton und das Knacken in der Leitung vernahm, das alle Ferngespräche in Ländern der Dritten Welt begleitet und außerdem bedeutet, daß das Innenministerium mithört.

Er war es.

Er wollte mir noch einmal sagen, daß er mich nie verlassen würde, und mir seine Freunde vom Baskischen Zentrum vorstellen, vom Küchenchef bis zur Kassiererin.

«Mit dem größten Vergnügen! Ja. Jaa! Mit Vergnüüügen! Klar! Klaaar! Schöööön!» In der bleiernen Stille der Nacht heulte ich mit den rolligen Katzen um die Wette. Als mein Liebster zwei Wochen später zurückkehrte, war ich Expertin für Alkoholismus. Ich wußte alles über das Schwinden neuronaler Hemmvorgänge und die Bedeutung von Liebe, Fürsorge und Vitamin B12 für die Heilung. Mit allerlei Tricks und Zärtlichkeiten half ich ihm, den Entzug zu überstehen.

Mein Liebster wußte übermäßig viel, doch er konnte selbst nicht sagen, wann er begonnen hatte, dem Leben zu entfliehen. Er hatte an der London School of Economics studiert, ein Linker, der den Ideen seiner Zeit verpflichtet war. Damals, als meine Mutter enttäuscht mit ansah, wie der letzte kubanische Botschafter in London abtrünnig wurde, und ich meiner Barbiepuppe die Kleider wechselte. Er organisierte Studentenproteste gegen die imperialistische Einmischung auf der Insel und hatte es seiner Vergangenheit als sympathisierender Elitemarxist zu verdanken, daß er in Kuba tun und lassen konnte, was er wollte, sogar ein Austausch- und Studienzentrum durfte er gründen.

«Und was können ausländische Ökonomen von kubanischen lernen, wenn es hier doch gar keine Ökonomie gibt?»

«Nichts. Das ist allen klar. Aber wenigstens haben so die hiesigen Ökonomen die Gelegenheit, nach Mexiko zu reisen.»

Während ich ihn davon abhielt, Mojitos und Cubalibres zu schlürfen, bemerkte er, daß mich mein Verfolgungswahn auf Schritt und Tritt begleitete.

Ich ließ nicht zu, daß er öffentlich auftrat, und begleitete ihn auch nicht ins Hotel, weil ich Angst hatte vor dem Spektakel einer Verhaftung, bei der sie mich in Handschellen abführen und in ein düsteres Verließ in irgendeinem Hinterhof schleppen würden.

«Wie wäre es, wenn ich dich in meine Heimat einlade, Alina? In einer entspannteren Atmosphäre könnten wir uns besser kennenlernen.»

«Ich glaube, wenn du so eine Einladung aussprichst,

wirst du nie wieder nach Kuba einreisen dürfen. Ganz zu schweigen davon, daß sie mich niemals ausreisen ließen.»

«Wie kommst du denn darauf? Ich habe schon eine Menge Leute eingeladen!»

«Mir erlauben sie nicht einmal, in Äthiopien Blumen zu pflücken. Gib mir etwas Zeit. Ich werde meine Angst schon ablegen.»

Er hatte Eile, sein Leben neu zu organisieren. Er war noch nie verheiratet gewesen. Ich eigentlich auch nicht, wenn ich mir diese kurzen Ehen ansah, die eine nach der anderen in die Brüche gegangen waren.

Aber ich wollte ihn nicht abschrecken und behielt die Schilderungen der Anträge und Verfahren, die uns bei einer Hochzeit erwarteten, für mich.

Ich habe noch nicht erwähnt, daß er Fidel hieß.

Das Innenministerium hatte eine Abteilung zur Erpressung der Bürger gegründet, sie hieß Interconsult.

Aufgabe dieser Abteilung war es, den Familien ein Visum zu beschaffen, deren Angehörige im Exil mehr als 50 000 Dollar pro Kopf zahlen konnten. Ihre Mitarbeiter im Ausland überprüften die Zahlungsfähigkeit der Antragsteller und erteilten Visa für Miami oder irgendein lateinamerikanisches Land.

Für eine Ehe mit einem kubanischen Staatsangehörigen, egal welchen Geschlechts, mußte man zweitausend Dollar zahlen, die Heiratsurkunden wurden vom Justizminister persönlich unterzeichnet. Wenn sich das Verfahren in die Länge zog, schoben sich die beiden Ministerien gegenseitig die Schuld zu. Dieses Hin und Her zermürbte die Leute, die im voraus bezahlen mußten. Viele Ehen kamen so gar nicht erst zustande, die Familien blieben getrennt, und es gab keinen Gerichtshof, vor dem man sein Recht hätte einklagen können.

Man benötigte eine gute Portion Humor, um dieses von übereifrigen Beamten ersonnene Verfahren zu überstehen.

Ich setzte mich auf mein graublaues, gänzlich verfallenes Sofa und dachte nach.

Zunächst mußte ich meine Familie einschalten, dann das Telefon und schließlich einen Vermittler.

Tante Vilma und Onkel Raúl wollten nach Ostdeutschland reisen, um an der Beerdigung eines Parteibonzen teilzunehmen. Ich wartete den Vorabend ihres Fluges ab.

Vilma packte gerade die Koffer, glücklich, dem Alltag entkommen zu können, und freute sich, daß man sie jenseits der Meere als die «große Genossin» begrüßen würde.

«Tante, ich bin gekommen, um dir zu sagen, daß ich heiraten will.»

«Schon wieder, Nichte?»

«Die anderen Male waren nur Vorspiele. Da gab es immer irgendwelche Zwänge, die Schwangerschaft ..., du weißt schon.»

Ich erklärte ihr alles ganz genau.

«Du machst das aber nicht etwa, weil du das Land verlassen möchtest?»

Meine Tante und mein Onkel sprachen auch zu Hause wie Parteiaktivisten.

«Mein Verlobter ist ein überzeugter Anhänger der kubanischen Revolution. Sind Mexiko und Kuba nicht befreundet? Was soll denn schon dabeisein, wenn ich ein- und ausreise.»

«Und Mumin?»

«Mumin wird die englische Schule besuchen. Er hat in London studiert und liebt zwei Inseln auf dieser Welt, England und Kuba. Kannst du nicht mit Fidel sprechen? Schau mal, ich habe immer noch keine Telefonnummer von ihm, und ich will nicht, daß er mir das übelnimmt.»

«Wir reisen schon morgen. Ich kann mich erst darum kümmern, wenn wir zurück sind.»

Das verschaffte mir ein bißchen Zeit, und der Rest lief wie am Schnürchen. Ich rief ein paar Ämter an und gab mich als Büroleiterin von Herrn Sowieso aus, bis ich schließlich die zuständigen Behörden in heillose Verwirrung gestürzt hatte. Als mein strahlender Verlobter wiederkehrte, war alles bereit für die Hochzeit. Interconsult und das Justizministerium waren nach so vielen Anrufen aus den oberen Etagen völlig überfordert und wußten nicht mehr, was sie davon halten sollten.

Wir heirateten an einem 12. April. Ich hatte es keinem erzählt.

Manchmal ist es ganz leicht, Träume zu verwirklichen.

Als Raúl und Vilma von ihrem Staatsbegräbnis zurückkehrten, war die Ehe bereits geschlossen.

Wir waren gerade in der Küche, als meine Mutter mit ihren Schlüsseln die Tür zur Wohnung öffnete.

«Ich wollte nachschauen, ob alles in Ordnung ist.» Man hatte sie über das Vorleben meines inzwischen abstinenten Mannes ins Bild gesetzt.

«Mami, wir haben eine Neuigkeit für dich. Fidel und ich haben geheiratet.»

«Geheiratet? Unmöglich! Wie kannst du in Havanna einen Ausländer heiraten! Dafür brauchst du doch ...»

«Ich weiß. Wir haben bereits geheiratet. Das ist die Neuigkeit.»

«Nein! Neinneinnein. Das wird wie eine Bombe einschlagen!» Und sie blickte zur Küchendecke auf, als suche sie dort in ihrem atheistischen Pantheon nach einem Gott. Tatsächlich hob sie die Arme zu dem einzigen Dankgebet, das ich in meinem Leben von ihr gehört habe. «Danke, mein Gott!» rief sie aus. «Endlich! Endlich! Danke, Fidel! Hoffentlich holt sie endlich jemand aus Kuba raus!»

Damit trat sie ab.

«Meinen Glückwunsch, Kinder – hattest du nicht ein kleines Problem mit dem Alkohol, Fidel? Mein verstorbener Manolo war zum Glück nicht gewalttätig ... aber so oder so hat er mein Leben ruiniert», war das, was Großmutter Natica dazu einfiel.

Mumin gab uns einen schallenden Kuß und fragte:

«Werde ich jetzt die Neue Welt kennenlernen?»

Das Feingefühl meiner Herrscherinnen drückte ziemlich auf die Festlaune und den unbekümmerten Unternehmungsgeist meines frischgebackenen Ehemanns.

Doch es sollte noch besser kommen.

Wir waren im Kubanischen Frauenverband mit Vilma verabredet, die mich vor der Tür abfing.

«Dein Vater ist empört!»

«Soso.»

«Wie, soso!»

«Das ist nichts Neues ...»

«Du hast Interconsult und zwei Minister in die Bredouille gebracht – von mir ganz zu schweigen.»

«Das habe ich nicht gewollt.»

«Jetzt will er wissen, wer dein Mann ist und warum er dich geheiratet hat.»

«Sag ihm, das läge wohl an meiner Mitgift. Er denkt wahrscheinlich, ich habe eine riesige Aussteuer. Wie die Borgias.»

«Sei nicht so zynisch, und hilf mir ein bißchen.»

Mein Mann wurde in das Büro geführt. Seine männliche Würde und die unvergeßliche Stimme nahmen den ganzen Raum ein.

«Also schön, Fidel, herzlichen Glückwunsch. Die Hochzeit freut mich sehr, aber um die Wahrheit zu sagen, Fidel, also der Comandante, ist nicht da ... Der Oberste Befehlshaber wüßte gern etwas über deine Absichten.»

Mein Fidel ignorierte die Demütigung und zählte viele gute Absichten auf, die sogar mir unbekannt waren.

«Und wie schätzen Sie die Möglichkeit ein, hier in Kuba zu arbeiten und zu leben?»

Mein Mann hatte nie in seinem Leben in einem Büro gearbeitet. Als die Imperialisten zu Multinationalen wurden, war er noch sehr jung und erwarb sich viel Respekt, indem er seiner Familie in weiser Voraussicht empfahl, das Unternehmen zu verkaufen, bevor es den Bach runterging.

«Na ja, was das Leben hier angeht ...»

Vor seinem inneren Auge sah er, wie er bei Stromausfall, ohne Wasser und Gas leben würde. Zu jeder Nachtzeit müßte er meinen ungehobelten und anspruchsvollen Freunden die Tür öffnen, die mir bereits ein Fenster eingeschlagen hatten, weil ich sie nicht hereinließ. Mit einer langen Einkaufsliste in der Tasche würde er zwischen Diploshop und meiner Wohnung hin- und herfahren und mit Zettelchen hantieren, auf denen die Schuh- und Kleidergrößen der Bedürftigen notiert waren, nebst ihren bevorzugten Farben. Dieser Beschäftigung ging er nach, seitdem er den Fuß in meine Wohnung gesetzt hatte.

«Der Comandante hat mir noch etwas aufgetragen. Er will einen handgeschriebenen Lebenslauf von Ihnen.»

Der Comandante setzte alles dran, meinem Fidel das Leben so bitter wie möglich zu machen.

Es war an der Zeit, Vermittler einzuschalten.

Es konnte keinen besseren Verbündeten geben als Gabriel García Márquez. Der Nobelpreis ist nichts gegen die Freigebigkeit des kubanischen Magnaten, der für ihn die Lateinamerikanische Filmschule gründete und obendrein noch eine Stiftung, die seinen Namen trägt. So machte der Comandante unmißverständlich klar, daß Gabo sein bester Freund war. Beide Institutionen zahlten keine Steuern und bedeuteten für den Fiskus in Mexiko, dem Wohnort des Schriftstellers, einen permanenten Einkommensverlust. Wenn er sich in Havanna aufhielt, stellte ihm Fidel einen Mercedes mit Chauffeur sowie zwei oder drei Suiten in diversen Hotels zur Verfügung. Außerdem durfte er frei über das Gästehaus der Regierung verfügen, wo Fidel ihn fast jede Nacht besuchte – eine Freundschaft, die in den intellektuellen Blättern der Welt mehr Aufsehen erregte als die zu dem Ehepaar Núñez Veliz[38]. Wenn Gabo ein Silvesteressen plante, stand die kommunistische Oligarchie Gewehr bei Fuß. Um unter den Auserwählten zu sein, wurden spektakulärere Intrigen gesponnen als bei Hofe. Wer im vergangenen Jahr eingeladen war, aber in diesem nicht, begann das neue Jahr gesenkten Hauptes und wartete nur darauf, daß das Damoklesschwert über seinem Kopf herabfiel und eine Einheit des Sicherheitsdienstes ihn und seine Familie wegen eines unbekannten Verbrechens verhaftete. Gabo kam und ging, und dank seiner großherzigen Vermittlung konnte eine Unzahl politischer Gefangener, die auf den Listen von Amnesty International standen, Kuba verlassen. Er allein schien den Comandante zur Vernunft bringen zu können.

Er hatte einigen gemeinsamen Freunden die Ehre seiner Freundschaft erwiesen und ihnen Arbeit verschafft, wie etwa meinem Freund Tony Valle Vallejo, der sein persönlicher Sekretär wurde, bis er eines Tages im Ausland Asyl erhielt.

Ich vertraute auf Gabo und seine profunde Menschenkenntnis, die aus seinen Büchern spricht.

«Gabo, ich habe mich in einen Mexikaner verliebt, und wir haben geheiratet...» Ich erzählte ihm die ganze Geschichte.

---

[38] Gemeint sind der Geograph Antonio Núñez Jiménez und seine Frau Lupe Veliz.

«Mit Fidel kann man nicht über seine Familie reden. Das ist ein Tabu. Vielleicht traut sich meine Frau Merche, aber ich nicht ... Ich werde mit ihr darüber reden. Caramba! Ich habe Gefangene hier herausgeholt, die zwanzig Jahre lang in Isolationshaft saßen, aber so eine schwierige Aufgabe hätte ich mir im Leben nicht vorgestellt. Ich sage ja immer: Kuba schlägt mein Macondo um Längen. Weißt du übrigens, womit sie den Elefanten im Nationalzoo füttern?»

«Keine Ahnung.» Ich dachte, der Elefant und ich hätten zwei Dinge gemeinsam: Wir lebten beide in Kuba und waren Vegetarier. Ich täuschte mich.

«Sie füttern ihn mit Omelett, das sie aus neunundneunzig Eiern machen! Ich habe keine Erklärung dafür, warum es nicht hundert sind.»

«Der Koch traut sich nur, ein einziges Ei zu klauen.» So hat eben jeder seine fixen Ideen.

«Gabo, magst du Kunst?»

«Natürlich!»

«Magst du auch Wilfredo Lam?»

Er mochte ihn sehr. Er schwärmte für diesen Mischling, den Sohn eines Chinesen und einer karibischen Sklavin, die von den Taíno-Indios abstammte. Seine Kunst hatte er mit Mitteln des Kubismus verfeinert. Das Bild «Der Dschungel» von Wilfredo Lam ist im Metropolitan Museum in New York mit einer Million Dollar versichert, und er selbst gilt als Mythos des magischen Realismus. Wenn ich mich ein bißchen ins Zeug legte, würde er mir vielleicht die «Femme Cheval» aus dem Wohnzimmer meiner Mutter abkaufen, wenn er sich schon nicht zum Fürsprecher meiner Ehe machen wollte. Ein Mann, der kubanische Gefangene durch den Zoll schleusen konnte, würde das auch mit einem Bild schaffen.

Um noch mehr Fürsprecher meiner Ehe mit einem Ausländer zu mobilisieren, traf ich mich mit Osmani Cienfuegos, der noch der Lebendigste unter den Mumien der Tafelrunde im Speisesaal des Palastes der Revolution war. Wir mochten einander, und er war mutig, denn er war der einzige, der sich nicht in der Straße hinter dem Friedhof verabredete, um mit mir auszugehen.

Osmani verdankte seinen guten Posten seinem charismatischen Bruder Camilo, der gleich zu Beginn der Revolution zu einem Helden geworden war, als sein Flugzeug auf mysteriöse Weise über dem Meer verschwand. Es waren Gerüchte im Umlauf, Fidel habe ihn loswerden wollen. Osmani indessen bekleidete nach wie vor seinen Posten im Politbüro, und auch die Eltern des Helden führten ein gutes Leben, denn sie hatten aus dem Tod ihres Sohnes eine Rente auf Lebenszeit herausgeschlagen und einen Leibwächter erhalten sowie einen Alfa Romeo mit Chauffeur. Den Alten, der «das kleine Krokodil» genannt wurde, konnte man oft auf dem Rücksitz seines Wagens sehen, einen Hut tragend, der dem seines gefallenen Sohnes glich.

Jedes Jahr, wenn seines Todes gedacht wird, freuen sich die Kinder, weil sie nicht in die Schule müssen, sondern sich am Meer versammeln, um Blumen für einen Verstorbenen hineinzuwerfen, an den sie sich nicht erinnern.

Osmanis Antwort erinnerte mich an Gabos:

«Mal sehen, ob sich eine Gelegenheit bietet, in der ich es wagen kann, so etwas anzusprechen. Ich erinnere mich noch an seinen Wutanfall, als du Yoyi geheiratet hast. Wir dachten, er schlägt jetzt gleich den Tisch in Stücke.»

«Da kannst du mal sehen! Mir hat er nur von seiner Schwäche für die Frauen unter den politischen Gefangenen erzählt.»

«Nur Mut. Wir wissen ja, daß man ihm Zeit lassen muß. An manche Dinge gewöhnt er sich irgendwann.»

«Ich weiß. Das ist das einzige, worin er und meine Mutter sich gleichen.»

«Fidel hat gesagt, er wird sich um ein Haus für euch kümmern. Er sagt, wenn er dich liebt, kann er hier leben. Aber nach Mexiko darfst du auf gar keinen Fall, das hätte politische Konsequenzen. Er läßt außerdem ausrichten, daß er seine Eltern herholen könne, wenn sie alt sind und er sie nicht alleine lassen will. Hier kriegen sie die medizinische Versorgung gratis. Er gibt euch ein Auto und will sehen, wo dein Mann arbeiten kann. Für einen Ökonomen ist in Kuba allerdings kaum Arbeit zu finden.» Das war die Antwort meiner Tante Vilma, im Namen des Comandante.

«Aber Tante, wie soll ich ihm das beibringen? Ein Haus und ein Wagen!»

«Na ja, das mit dem Auto habe ich mir ausgedacht, aber es wird schon nicht so schwer sein», sagte sie und legte den Hörer auf.

Mein Mann reiste zwischen Mexiko und Kuba hin und her. Er hatte die merkwürdige Angewohnheit, in meiner Vergangenheit rumzuschnüffeln, was er besser nicht getan hätte, und immer wenn ich ihn allein ließ, stürzte er sich auf meine literarischen Ergüsse. Er las alles, was er in Schubfächern und geheimen Kartons fand. Er ging die Unterstreichungen in meinen Büchern durch und entdeckte doch nur ein paar Liebesgedichte und leidenschaftliche, verzweifelte Briefe, die keinen Adressaten hatten. Ich versuchte, ihn davon zu überzeugen, daß ich das vielleicht für ihn geschrieben hatte, noch bevor ich ihn kannte, und daß er sie als Geschenk betrachten sollte, doch er ließ nicht locker:

«Du mußt etwas Schreckliches getan haben, etwas, das man keinem Menschen erzählen kann, daß dein Vater dich so behandelt. Warst du in ein Attentat auf ihn verwickelt?»

«Man muß ihm Zeit lassen. Er spielt. Das ist Abschreckungspolitik. So ist er. Das wird bald vorbei sein.»

Er liebte es, wenn ich ihm von den Träumen meiner wandernden Seele erzählte. Als er wieder einmal unterwegs war, träumte ich, er säße mit einem Mann und einer Frau in einem Restaurant unter einer Treppe. Ich beschrieb ihm, wie sie angezogen waren und welche Farben die Krawatten hatten.

«Wohin haben sie mich in deinem Traum geführt?»

«Zum Flughafen.»

«Natürlich! Und wer hat dir das erzählt?»

«Ich habe es geträumt. Wie immer.»

Daraufhin suchte er in der mexikanischen Botschaft Zuflucht, weil er glaubte, eine Todesschwadron folge ihm in meinem Auftrag durch die ganze Stadt.

Absurde Phantasien sind kein gutes Mittel gegen das

Trinken. Immer öfter kam er bei Einbruch der Dunkelheit auf allen vieren nach Hause. Ich hatte Angst, er könne mit meinem Kobold zusammenstoßen.

Die billige Anzugjacke seines proletarischen Aufzugs war ruiniert, die Seidenkrawatte zerknüllt, seine Hosenaufschläge rochen nach dem Dreck in der Grube, die vor Jahren vor meinem Haus ausgehoben worden war, und er selbst roch nach Whisky und Mojitos.

«Nimm dich in acht! Ich gehöre zur Bruderschaft der Smaragdloge! Und einen Großmeister der Smaragdloge darf keine Frau so behandeln!» schrie er um sechs Uhr abends durchs Wohnzimmer.

«Und ich bin eine große Hexenmeisterin der Prenda Conga Apaga Siete Luna Cinco Empembe», entgegnete ich und hielt mit einer Hand einen Totenschädel hoch, den ich aus der Knochenschachtel meiner medizinischen Lehrzeit hervorgeholt hatte, während ich mit der anderen den Cocktail aus Vitamin-B12 und Meprobamat schüttelte, den ich immer für Krisenzeiten bereithielt, wenn sein Körper nach dem Alkoholzucker verlangte.

Kommt Zeit, kommt Rat, sagte ich mir und hoffte, daß eine tüchtige, kluge Matrone wie Gabos Frau Merche meinen Vater irgendwann zur Vernunft bringen würde. Ich war mir sicher, daß der Caudillo Wichtigeres zu tun hatte, als meine Verlobungen und Ehen zu zerstören.

Doch mein armer Mann war am Ende.

«Mitte November», sagte er, «kam ein merkwürdiger Anruf, es handelte sich darum, ‹meine Frau von der Insel zu bringen›. Der Typ wollte sich mit mir zu einem bestimmten Zeitpunkt in einem bestimmten Café treffen, am Fenster sitzen und die *Washington Post* auf der zweiten Seite aufgeschlagen halten ... Er sagte, er sei von der CIA. Du kannst dir ja denken, daß ich mich nicht darauf eingelassen habe.»

Eine Woche später erhielt er über den Botschafter eine offizielle Einladung der kubanischen Regierung. Er erfuhr nie, wem er sie zu verdanken hatte. Er war völlig verzweifelt.

«Schau, Fidel, alle Sicherheitsdienste der Welt funktionieren gleich, wahrscheinlich arbeiten sie sowieso zusammen. Glaub doch bloß nicht, daß ich Staatsgeheimnisse kenne. Weder die CIA noch der hiesige Geheimdienst haben einen Grund, sich wegen meiner Wenigkeit graue Haare wachsen zu lassen.»

«Ich weiß es nicht. Ich weiß nicht mehr, wer du bist und wer ich bin. Das ist ein einziger Alptraum.»

Mein Ehemann rief mich das letzte Mal aus seiner Heimat an.

«Vor dem Haus steht ein Krankenwagen. Ich habe schreckliche Schmerzen, im ganzen Körper. Der Arzt sagt, es sei ein Schleudertrauma, von einem Unfall. Aber das einzige Trauma, der einzige Unfall, der mir zugestoßen ist, bist du!»

Unsere Scheidung wurde von einem internationalen Anwaltsbüro betrieben, das sich in Kuba um die formale Trennung frustrierter lateinamerikanischer Ehegatten kümmert – gegen Dollars, versteht sich. Diese Ehen dienen oft einzig dem Zweck, von der Insel fortzukommen in die Traumstadt so vieler Kubaner: Miami.

Ich unterschrieb die Scheidungsurkunde und begab mich danach geradewegs mit einem schlimmen

Asthmaanfall ins Krankenhaus. Als ich die Schläuche und die Sauerstoffmaske wieder los war und nach Hause zurückkonnte, trug ich alles, was ich bis zu meinem dreißigsten Jahr geschrieben hatte, auf der Straße zu einem großen Scheiterhaufen zusammen und verbrannte die Zeugnisse meines erfundenen und geträumten Lebens. Dann ging ich zu einem Barbier, um mir den Schädel rasieren zu lassen.

Ich wollte mir die Haare bei einem Barbier des Sicherheitsdienstes in der Calle Kholy streichholzkurz scheren lassen. Der Barbier hieß Juanito und kannte sich in allem aus. Gegen Schweißgeruch empfahl er, in einer Vollmondnacht zwei mit Natrium bestäubte Bitterorangenhälften rauszulegen und sie danach einen halben Tag in den Achselhöhlen zu tragen.

«Und wenn du Gallenprobleme hast, hilft am besten Pferdegulasch.»

Ich entspannte mich unter Juanitos Händen, während er die Rezepte seiner Heilmittel vor sich hin murmelte. Als ich die Augen wieder öffnete, war mein Kopf kahlrasiert, nur in der Mitte blieb ein kleiner Haarschopf übrig. Er hatte vergessen, daß ich kein Rekrut war.

«Juanito, mach diesen Haarschopf weg! Es soll alles ab!»

Ich war wunderschön. Ich trug ein rosafarbenes Trägerkleid, das ich Sandra Levinsons Großzügigkeit zu verdanken hatte. Sie ist die Leiterin des kubanischen Studienzentrums in New York und verkauft ihre getragene Kleidung an ihre kubanischen Freunde, wenn sie auf die Insel reist, um ihre Katzen zu versorgen, sich bei den Behörden zu melden und das Stipendium zu kassieren. Als ich den Barbier kahlgeschoren verließ, gab es vor der Tür einen Auflauf unter den Rekruten. Sie gafften mich an und fragten, ob ich krank sei.

Die Geschichte muß sich ziemlich schnell rumgesprochen haben, denn noch in derselben Nacht saß der Minister Abrantes nach einigen waghalsigen Bremsmanövern auf meinem Sofa. Eine seltsame, schamlose Regung machte sich in unseren Lenden bemerkbar. Er war nicht gekommen, um herauszufinden, ob ich praktizierende Jüdin geworden sei.

«Du mußt doch keinen Ausländer heiraten, um gut leben zu können. Du kannst mich um alles bitten, was du brauchst.»

Es gibt Menschen, die nicht wissen, was Selbstwertgefühl ist, darum war ich nicht getroffen. Mein halbes Leben lang habe ich erhobenen Hauptes dagesessen, die Augen nach innen gewendet, während die Zunge am Gaumen klebte. So versuchte ich, für die Leute, die mir Schaden zufügten, Bilder der Liebe in meinem dritten Auge heraufzubeschwören. Eine Yogatechnik, die hilft, demütig zu bleiben.

Man konnte nicht behaupten, daß ich viel besser lebte als früher, wenn man mal von dem Lada absah, der meinen Ex-Mann nicht mal viertausend Dollar gekostet hatte und in unserem Viertel als Krankenwagen oder als Taxi für meine Bekannten genutzt wurde.

«Dann werde ich dich nur um eines bitten.»

Ich packte ihn am Arm, zog ihn in mein Zimmer und schubste ihn aufs Bett.

«Vergreif dich an mir! Mal schauen, ob du dann aufhörst, mir ständig nachzustellen, und mich endlich in Ruhe läßt!»

Aber er wollte nicht.

«Ich führe nur Befehle aus!»

«Auch die kann man besser oder schlechter befolgen. Wenn ich auch nur einen Schritt tue, wird sofort ein Bericht angefertigt, den du in Umlauf bringst. Wenn ich dreimal hintereinander in denselben Nachtklub gehe, werden die Leute, die mich eingeladen haben, bedroht. Ich kann keine Botschaft zweimal betreten. Ich darf kein Flugzeug besteigen ...»

«Woher weißt du das?»

«Trotz allem habe ich immer noch ein paar Freunde. Wenn jemand bei mir übernachtet, wird er vertrieben, oder man versucht, ihn umzudrehen, damit er mich ausspioniert. Ich finde keine Arbeit, ohne daß es von höchster Stelle abgesegnet wird. Wenn du mich mit einer Freundin zusammen siehst, machst du sie zu deiner Geliebten. Ich bin eine einsame Insel auf dieser Insel der Seligen. Willst du, daß ich mir am Ende eine Kugel in den Kopf jage?»

Aber Abrantes war diesmal nicht aus niederen Beweggründen gekommen. In dieser Nacht wollte er sich selbst anprangern. Ich dachte daran, wie oft ich ihn dabei ertappt hatte, wie er halbwüchsige Mädchen auf der Straße ansprach, und an all die schlüpfrigen Geschichten, die mir die Freundinnen, die er mir ausspannte, von ihren Wochenendausflügen in Cancún erzählten. Geschichten, in denen die Pistole des Ministers zu einem zweiten Phallus wurde, ein stahlblauer Vibrator, den sie sich in alle Öffnungen stecken mußten, bis der Kerl vom Zuschauen endlich so erregt war, daß er kam.

Dieses mächtige, reizende Monster wollte einem seiner Opfer beichten.

«Auch ich habe Probleme. Weißt du, mein Sohn...»

Und er erzählte mir, daß sein Augapfel schwul war. Was für eine Neuigkeit! Seit Honduras damals sein Referent gewesen war und ich dessen Geliebte, wußte ich, daß einer seiner Söhne vom anderen Ufer war. Im Laufe der Zeit war er wie ein Bruder für mich geworden, und ich liebte ihn, wie man nur selten einen guten Freund liebt. Er war ein großzügiger, hilfloser Mensch.

«Ich habe alles getan, um ihm das Leben zur Hölle zu machen, aber es hat nichts genutzt.»

Der Inquisitor stellte sich der Inquisition. Aber warum erzählte er mir das? Sollte das seine gerechte Strafe sein? Sollte er etwa nachgiebig geworden sein? Brauchte er jemanden, dem er seine Geheimnisse anvertrauen konnte? Er brauchte einen Vermittler! Er brauchte jemanden, der den Jungen davon abbrachte, sich falsche Wimpern anzukleben und im Spitzenrock rumzulaufen, um sich an seinem Peiniger zu rächen, indem er ihn in Havanna um sein Ansehen brachte. Im Büßerton fuhr er fort.

«Ich weiß, daß ich dir sehr weh getan habe...»

«Ich will nichts mehr hören. Ich möchte in Ruhe leben. Das Auto muß auf meinen Namen angemeldet werden, und ich brauche Arbeit.»

Wenn die Behörden einem das Leben angenehm machen wollen, ist jede Minute das reinste Vergnügen.

Diejenigen, die dafür zuständig waren, Unrecht in

Recht zu verwandeln, brachten die Wagenpapiere in Ordnung und überreichten mir nigelnagelneue Ausweise.

Eine Woche später war ich mit Raúls Stellvertreter Rogelio Acevedo verabredet. Ich sollte im Künstlerensemble der Revolutionären Streitkräfte arbeiten.

Dieses Ensemble beschäftigte all die Tänzer, die wegen ihrer Statur aus dem Nationalballett rausgeflogen waren. Die Frauen waren bewegliche Zwerge und die Männer Muskelpakete, die so gut gebaut waren, daß an Tänzerisches nicht mehr zu denken war.

Rogelio war mit Bertica verheiratet, die einst ein Star des Karnevals von Havanna gewesen war, als der noch nicht zum ideologischen Spektakel verkommen war. Rogelio war zehn Jahre jünger als die meisten seiner «Kampfgefährten» und war unwillkürlich die Treppe hochgefallen, als der Marineminister seines Amtes enthoben worden war. Der Minister hatte zu gute Kontakte zum Drogenhandel gehabt, der seit der Zeit, als die Karnevalssternchen verblaßten, über die Insel abgewickelt wurde.

Rogelios Gesicht wird von seinem Mund beherrscht. Ein Mund, der ewig an der Mutterbrust zu saugen scheint, weshalb er in seinen Mitmenschen einen Beschützerinstinkt weckt.

«Du wirst beim Künstlerensemble der Revolutionären Streitkräfte arbeiten, zunächst in der Öffentlichkeitsarbeit. Das Ensemble soll die kulturellen Beziehungen der Streitkräfte der sozialistischen Länder fördern und die Moral unserer Truppen heben, die in allen Teilen dieser Welt kämpfen ...»

Die offizielle Litanei beflügelte meine Phantasie. Ich stellte mir vor, wie der Guaguancó in der arabischen Wüste erklang, im Yemen, auf der Ebene von Abu Dahr, in Angola und vor Mekka und wie zwergenhafte Nymphen in Paillettenhöschen und mit einem Kopfputz aus tropischen Früchten (im Stil Carmen Mirandas) dazu tanzten und wie die Schlagzeuger in Tala Mugongo, Oncócua und Quimbele auf ihren drei Batá-Trommeln den Rhythmus vorgaben. Wie sie sich in der sibirischen Steppe, im Hafen von Baku und den feuchten Urwäldern Südamerikas selbst übertrafen oder in Nicaragua, Guatemala, Chile und El Salvador – alles Länder, in denen sich das kubanische Heer am «Kampf» beteiligte. Bis ich wieder zu mir kam, war mir schon ein fester Monatslohn in Höhe von 198 Pesos zugesagt worden, und vielleicht, aber nur unter Umständen, wenn es nicht ausreichte, würde ich für die technische Abteilung der Revolutionären Streitkräfte die eine oder andere Übersetzung aus dem Französischen übernehmen können.

«Morgen hast du einen Termin bei Oberstleutnant Von Boust. Er wird dir alle Einzelheiten erklären.»

Oberstleutnant Von Boust war ein kreolischer Mischling, halb Indio, halb Nordafrikaner. Er hatte immer eine Reitgerte zur Hand, und unter seinem Pistolengürtel deutete sich ein Bauchansatz an, der ihn, wie er selbst sagte, «viel Arbeit und Mühe gekostet» hatte. «Ich stamme aus dem Osten. Als ich nach Havanna kam, wußte ich nicht einmal, wo ich schlafen sollte. Deswegen habe ich wie ein Besessener gearbeitet. Am meisten haßte ich die Momente, wenn ich das Büro verlassen mußte, weil ich nirgendwohin gehen konnte.»

«Ich kenne einen, der ging zu Beerdigungen ...»

«Deswegen habe ich wie ein Wilder geschuftet. Ich habe mehr freiwillige Arbeit geleistet als alle Einsatzkommandos des Sozialistischen Wettbewerbs zusammen. Und was meinst du, wie meine verehrten Chefs mir das gedankt haben? Was glaubst du, was all diese vorbildlichen Angestellten taten, die jeden Abend pünktlich um halb sechs stempelten?»

Ich hatte nicht die geringste Ahnung. Offensichtlich war dies das Jahr der Bekenntnisse. Die höheren Kreise hatten mich auserwählt, um mir ihre gut gehüteten Geheimnisse anzuvertrauen. Es war zum Davonlaufen.

«Na, sie haben mir das Leben zur Hölle gemacht. Eine Disziplinarmaßnahme nach der anderen, um ein Haar hätten sie mich sogar der Spionage beschuldigt. Und das nur, weil ich mehr arbeitete als sie! Das hat mich abgehärtet. Es hat mich einiges gekostet, es so weit zu bringen, und wer mir jetzt noch was will, dem reiße ich den Kopf ab.»

Er lief auf und ab und schlug sich dabei mit der Reitgerte gegen die Stiefel, die ihm bis zu den Knien reichten.

Das war keine Drohung, sondern eine Grundsatzerklärung. Als würde er sagen: «Mir ist schon Schlimmeres passiert, als eine Bonzentochter untergeschoben zu bekommen.»

«Ob Sie es glauben oder nicht, Señor Von Boust, ich bin nicht hier oder irgendwo anders, weil ich selbst es wollte.»

Da passierte es. Während er sich seine Entgegnung zurechtlegte, hatte ich eine ähnliche Vision wie Jahre zuvor bei einem meiner Besuche im Palast. Der Mann veränderte sich vor meinen Augen. Er wurde zu einer bluttriefenden, unförmigen, ekelhaften Masse, und ich erstarrte, als mir klar wurde, daß ich zum zweiten Mal den Teufel gesehen hatte. Diese Vision muß die gleiche gewesen sein wie die der inzwischen verstorbenen Köchin Chucha, als sie vor vielen Jahren die Regeln der Dienstbarkeit verletzte und Natica anwies, die Tür nicht zu öffnen.

Er musterte meinen Kopf, Juanitos Meisterwerk, und sagte:

«Zunächst einmal, mein Mädchen, laß dir das Haar wachsen. Das sieht zu ungewöhnlich aus. Wie ich gehört habe, sollen sogar die Schulkinder Randale gemacht haben, als sie dich gesehen haben. Das schickt sich nicht.»

Wenn der Teufel beschließt, sich deiner anzunehmen, sollte man nicht eine Sekunde zögern: Alles wird gut.

«Ja, Señor Von Boust.»

Die Tage begannen mit der den Körper befreienden Quälerei der Ballett- und Tanzstunden. Der Saal war allerdings so klein, daß zwanzig Personen kaum in einer Reihe stehen konnten.

Als Mitarbeiterin der Abteilung für Öffentlichkeitsarbeit mußte ich Schuhe bestellen, die Kostüme überprüfen und die Verpflegung und den Transport organisieren. Nachdem ich das alles erledigt hatte, übte ich mich in meiner besten Disziplin, dem Zuhören.

Sie klagten, es gebe keine Ballettschuhe, keine Anzüge, keine Strumpfhosen, sie würden ihre Fähigkeiten und Talente verschwenden, wenn sie nach achtzehn Stunden Flug in einem Transportflugzeug oder nach einer Woche auf dem Schiff in Angola auftreten müßten. Sie hatten doch nicht acht Jahre lang geübt, um in irgendeiner Wüste mit dem Hintern zu wackeln, wo sie nicht einmal eine Gefahrenzulage erhielten. Daß der Soundso zwei Jahre lang in einer Brigade auf dem Bau gearbeitet habe, um endlich eine Wohnung zu bekommen, die er dann am Ende doch nicht erhielt, und wie ungerecht es doch sei, daß diese Schlampe Primaballerina sei, bloß weil sie mit dem Dingsbums ins Bett gehe.

Alle Kollektive dieser Welt haben die gleichen Probleme. Ich war ihr Kummerkasten, denn ich galt als diskret und verständnisvoll, obwohl ich ihnen natürlich nicht weiterhelfen konnte. Doch ich hatte viel Erfahrung auf diesem Gebiet. Das Programm wurde etwas spannender, als Rogelio París, ein Veteran aus Cinecittá, den Auftrag erhielt, ein patriotisches Werk für das Jubiläum des Innenministeriums und der Streitkräfte einzustudieren. Das ganze Ensemble sollte mitwirken: die Schauspieler, das Orchester, die Sänger und die Tänzer.

Rogelio hatte zuvor unter ähnlichen Bedingungen den «Sommernachtstraum» an der Nationalen Kunstschule inszeniert und damit klassischen und modernen Balletttänzern, Folkloretänzern, Schauspielern, Chorsängern und Zirkusartisten Arbeit verschafft. Die Aufführung fand im wundervollen Garten der Schule statt. Obwohl der Nebel etwas zu spät aufstieg und damit die folgende

Szene beeinträchtigte, die Netze dort fielen, wo sie nicht fallen sollten, die Scheinwerfer die falschen Personen ausleuchteten und der Esel von dem Geruch nach Menstruationsblut ganz unruhig wurde, hätte sich Shakespeare bestimmt über diese unaussprechliche Mischung unentdeckter Talente gefreut, die seinem Stück gewiß keine Schande machten.

Er hatte die schlechte Angewohnheit, nur Riesenprojekte aufzuziehen. Verglichen mit dem Garten der Kunstschule war die Bühne des Theaters der Revolutionären Streitkräfte jedoch ein winziges Etwas. Ich befürchtete, daß Rogelio, der immer ein großes Rad drehte und nur in seinem Badezimmer auf Massenspektakel verzichtete, Hollywood in Havanna inszenieren würde. Für die Produktion würde das ziemlich anstrengend werden, denn war der «Sommernachtstraum» noch ohne Gewehrfeuer und Flakgeschütz ausgekommen, so würde dieser ohrenbetäubende Lärm in einem Werk «revolutionären Zuschnitts» kaum fehlen dürfen.

Natürlich wollte er Schüsse und Kanonenfeuer und viele, viele Spezialeffekte mit Rauch und Licht haben. Laut brüllend verlangte er nach einer Höllenmaschine, die es nur im Nationaltheater gab, und nach einer Hebebühne, die den Gefallenen Helden, eine Verkörperung Che Guevaras, in die Lüfte erheben und ihn als dramatischen Höhepunkt mit einem Schleier verhüllt zum Himmel auffahren lassen sollte.

Um die verschiedenen Einsätze zeitlich aufeinander abzustimmen, benötigte er Funkgeräte, die eigentlich nur die Polizei benutzen durfte.

Ungefähr zu dieser Zeit begann sich Aids auf der Insel auszubreiten. Wir wurden nur sehr spärlich darüber informiert, denn seit der Revolution gab es ja keine Homosexuellen mehr. Und daß dies eine Seuche war, die nur die promiskuitiven Schwulen ereilted, daran ließ man keinen Zweifel.

In seinen öffentlichen Ansprachen beschuldigte der Comandante den Imperialismus, diese Geißel *in vitro* gezüchtet zu haben, doch er verschwieg dabei, daß sich die Seuche auch auf Kuba ausbreitete. Alle Militärs, die einen Fuß auf äthiopischen oder angolanischen Boden gesetzt hatten, mußten zum HIV-Test.

Ich war nirgendwo gewesen und außerdem völlig mit Rogelios Produktion beschäftigt. Von den Geißeln der Menschheit wußte ich bereits durch Nostradamus.

In Gesprächen mit dem Polizeichef und dem Leiter der Sicherheitsdienste versprühte ich all meinen Charme, um die Funkgeräte und Feuerwerkskörper für Rogelio zu organisieren. In einem mit Übungsgranaten und Schulungsgewehren beladenen Militärlastwagen fuhr ich durch Havanna, mit Kisten voller Uniformen, Stiefeln und Freiheitsfackeln. Die einzige Fabrik für Trockeneis, die es noch auf der Insel gab, war Kilometer weit von Havanna entfernt. Ich hoffte, daß das Trockeneis in Verbindung mit riesigen Ventilatoren Rogelios Verlangen nach Rauchspektakeln befriedigen würde. Eines Samstags gönnte ich mir zur Mittagszeit eine Pause, kurz bevor ich mit meinem Kobold zu der am Wochenende fälligen Zeremonie der Haarpflege und Maniküre schreiten wollte. Ich hatte meine Füße gerade auf das Balkongitter gelegt, da sah ich meine Mutter ängstlichen

Schritts in Richtung sechsundzwanzigste Avenida davoneilen.

«Wohin gehst du?»

«Alle Parteimitglieder sind einbestellt worden, um ein Video von Fidel anzuschauen. Zuerst sind wir vom inneren Kreis im Acapulco-Kino dran. Es scheint sich um eine Kriegsdrohung zu drehen! Warte nicht auf mich, denn es soll länger als fünf Stunden dauern.»

Ich stellte mir vor, wie sie ungestört im Dunkeln des Saals schlief, eingelullt durch ihre Lieblingsstimme. Niemand würde den Apparat ausschalten, um sie aus der Verzauberung zu reißen. Es war ein beliebter Trick von Fidel, «das Volk um einer gemeinsamen Sache willen zusammenzuschweißen». Langsam wurde es langweilig: die Oktoberkrise mit den Raketen, der Tod des Che, der Grüngürtel um Havanna[39], die Zehn-Millionen-Zuckerrohrernte[40], der peruanische «Abschaum», der Völkermord in Angola und all die vielen Verletzungen des Luftraums und der Hoheitsgewässer.

Ich wartete bis tief in die Nacht auf meine Mutter, um zu erfahren, was sich der Comandante diesmal ausgedacht hatte, um die Leute hinters Licht zu führen.

«Die Amerikaner wollen in Kuba einmarschieren!»

«Was du nicht sagst! Wann denn?»

---

[39] Gescheitertes Vorhaben, rund um Havanna eine Kaffeeplantage anzulegen.

[40] 1970 rief die kubanische Regierung dazu auf, zehn Millionen Tonnen Zucker zu ernten, die größte Zuckerrohrernte in der Geschichte Kubas. Tatsächlich wurden nur achteinhalb Millionen Tonnen produziert.

«Am 16. November, es ist Ausnahmezustand.»

Meine arme Mutter, gutgläubig, wie sie war, kam sie ganz aufgeregt zurück und malte sich aus, was passieren würde.

Bestimmt würde sie die chinesische Lampe wieder abstauben, die Fidel ihr vor fünfundzwanzig Jahren geschenkt hatte, um auszuprobieren, ob sie vielleicht diesmal leuchtete.

Aber sie war nicht die einzige, die Fidel glaubte. Nach Grenada, Gorbatschow und Aids waren alle in Alarmbereitschaft versetzt.

Es hatte mit der Invasion der Amerikaner in Grenada begonnen, und einer der Sprecher, die die politischen Ereignisse kommentierten, war schon ganz heiser, als er den Weltuntergang und die Katastrophe ausmalte. «Unsere internationalen Brigaden haben sich in Grenada für die kubanische Flagge geopfert!»

Mehr als 72 Stunden lang berichtete Manuel Ortega im Radio und im Fernsehen, unter Tränen und ohnmächtig vor Wut, wie die patriotischen kubanischen Kämpfer bis zum bitteren Ende im Geschützfeuer der Imperialisten aufgerieben wurden: «Und unser letzter Kämpfer hat sich ergeben! Er fällt! Unsere Flagge ist gefallen! Im Fall hat sie die Leiche unseres letzten Mannes bedeckt, um sie zu schützen! Ein neuer Held für Kuba! Ein neuer Held, der für den Kommunismus und den Weltfrieden gefallen ist!»

Die ganze Insel trauerte um ihre Gefallenen, die Stimmung war antiimperialistischer und kriegslüsterner denn je, da stiegen auf einmal alle Toten auf dem Flughafen von Havanna wohlbehalten aus einem Flugzeug.

Vorneweg der Anführer der Truppe, Tortoló[41], der der Menge fröhlich zuwinkte. Der einzige Tote, den die Kubaner zu beklagen hatten, hauchte sein Leben auf einer Krankenbahre aus.

Einem schlauen Yankee-Unternehmer war es gelungen, Geld für einen Krieg lockerzumachen, um mit Unterstützung seiner Lobby im Repräsentantenhaus und Senat in Grenada ein paar zweitklassige Hotels bauen zu können.

Und Kubas internationale Einsatztruppen hatten sich Manuel Ortegas haarsträubenden Berichten zum Trotz nicht geopfert, um den Bau von Zwei-Sterne-Holiday-Inns zu verhindern. Die kubanischen Truppen, die auf Grenada stationiert gewesen waren, wo mit dem Geld, das man uns Steuerzahlern abgeknöpft hatte, ein Militärflughafen gebaut worden war, stiegen mit der üblichen Beute aus dem Flugzeug aus: Radiorecordern, Ventilatoren, Bügeleisen, Schrubbern und Lampen.

Es gab daraufhin einen Vergleich zwischen Adidas-Sportschuhen und denen, die Tortoló bei seiner Ankunft getragen hatte: «Mit Tortoló-Schuhen läuft man schneller und besser», hieß es. Eine Woche später wurde er in

---

[41] Oberst Pedro Tortoló, wurde von Castro 1983 zum Anführer der eintausend kubanischen Soldaten in Grenada ernannt. Tortoló erhielt den Auftrag, bis zum Ende durchzuhalten, wenn die USA die kleine Insel angreifen sollten. Als die US-amerikanische Invasion begann, wurde auf der Insel verbreitet, die kubanischen Soldaten seien gefallen. Wenig später wurde bekannt, daß Tortoló seine Leute gleich zu Beginn des Angriffs der US-Truppen im Stich ließ und sich in die sowjetische Botschaft in Grenada flüchtete. Seine Leute ergaben sich kampflos.

den Angolakrieg geschickt, um dort die Qualität seiner Schuhe unter Beweis zu stellen. Der ehrenwerte, im Sternzeichen der Fische geborene Herr Gorbatschow mit dem dunklen Muttermal auf der Stirn war gerade dabei, die Perestroika zu erfinden, eine Art Übergang vom Staatskommunismus zu einer tragfähigeren und fruchtbareren Form der Koexistenz. Niemand hörte auf ihn, und was geschah, ist bekannt. Fidel hörte auch nicht auf ihn, weil er glaubte, radikale Veränderungen fänden keine Unterstützung beim gemeinen Volk.

Das gemeine Volk hingegen hatte die Nase voll vom Heldenmythos im Dienst der Weltrevolution.

Daher dauerte es nicht lange, bis man sich zu fragen begann, warum es nicht auch in Kuba ein bißchen Glasnost gab. Schließlich hatten wir uns jahrelang mehr schlecht als recht von den Resten der Russen ernährt, warum sollten wir also nicht auch in den Genuß ihrer Demokratie kommen?

Hinzu kam die Bedrohung durch eine unbekannte Geschlechtskrankheit, die die ganze Unruhe auf die Spitze trieb.

Die Masse mußte dringend einer Gehirnwäsche unterzogen werden.

Die zwischenzeitliche Hysterie hielt einige Monate an.

Um auf die drohende Invasion vorbereitet zu sein, erfand Fidel die Milizen zur Landesverteidigung, kleidete das ganze Volk wieder einmal im Mao-Look ein und ließ ein paar Gewehre mit Spielzeugmunition verteilen.

Unter dem Vorwand, man müsse für den Kriegsfall gewappnet sein, wurde der Strom stundenlang abgeschaltet. Die Russen schränkten die Lebensmittelzufuhr ein, und die rasante Teuerung blieb zwischen all den kriegerischen Parolen unbemerkt.

Als Aids zu einer unkontrollierbaren Seuche wurde, nahm niemand Notiz davon, daß Tausende von Kranken in Lagern verwahrt wurden, wie man es früher mit den Leprakranken gemacht hatte. Mumin mußte während des Unterrichts mit ihrer Schulklasse Schützengräben ausheben und Schutzbunker bauen, und am Wochenende übten sie das Marschieren in Gefechtsformation. Sie war gerade mal sieben Jahre alt.

Mich ließ das ganze Waffengerassel kalt, bis ich eines Sonntag morgens aus dem Bett fiel, weil vor dem Fenster eine Gewehrsalve losgegangen war. War das endlich der Aufstand? Ich dachte nur an den Kobold. Ich wollte gerade los, um sie aus der Wohnung meiner Mutter zu retten, und hatte mir dafür einen Kochtopf auf den Kopf gesetzt, als mir klar wurde, daß es sich um nichts Ernstes handeln konnte.

Völlig zerzaust ging ich zur Tür. Zu beiden Seiten der Straße standen sich ein paar Typen gegenüber, die wie Milizen aussahen, und sich unter dem Beifall der Nachbarschaft gegenseitig unter Beschuß nahmen. Wie ein gestrandeter Pottwal lag ein grauhaariger Siebzigjähriger auf dem Erdaushub vor der Grube und stellte sich tot.

Ich schoß zur Tür hinaus.

«Finden Sie nicht, daß Sie ein bißchen zu alt für solche Dummheiten sind? Verantwortungslose Feiglinge! Hier leben Alte und Kinder! Wollen Sie, daß einer von denen vor Schreck tot umfällt?»

«Genossin, das ist nicht meine Schuld. Ich führe hier

nur Befehle aus. Das ist eine militärische Übung der Milizen für die Landesverteidigung!»

«Und in Ihrem Alter machen Sie immer noch alles, was man Ihnen sagt! Wenn hier noch einer schießt, trete ich ihm so in den Hintern, daß er abhebt.»

Die Nachbarn begleiteten meinen Abgang mit fröhlichem Applaus.

Es begann eine bis ins Detail durchdachte Informationskampagne. Die Nachrichtensendungen verbreiteten Loblieder auf die neuen Zufluchtsstätten, die das Vaterland zum Schutz seiner Söhne und Töchter errichtet hatte. Tunnel wurden mit Krankenstationen, Schulzimmern und Schlafsälen ausgestattet. Ein wohlorganisiertes unterirdisches Leben, wie in Vietnam. Die Tunnel, in denen Millionen weggesperrt werden konnten, waren über die ganze Insel verteilt.

Ich begann mich zu fragen, was die Leute eigentlich in ihrem Kopf haben.

Niemand kam auf die Idee, daß sich so viele Tunnel nicht innerhalb von drei Wochen graben ließen, und daß ein paar angebliche Schiffe der US-Marine genügten, um alle, die an Fidels Wohltaten zweifelten, in diesen Löchern verschwinden zu lassen – so lange, bis ihre vaterländische Gesinnung wieder gestärkt wäre. Niemand kam auf die Idee, daß man Gefangene in diesen Tunneln unterbringen konnte. Niemand dachte darüber nach, warum das biologische Labor von San José de las Lajas, das von einem Oberst der Streitkräfte geleitet wurde, so einen verdächtigen Rauch ausstieß oder daß die Krankheiten, die unter der Bevölkerung wüteten und die Wirtschaft des Landes ruinierten – wie die Schweinepest oder das Denguefieber –, dort ihren Ursprung haben könnten. Sie fuhren fort mit ihren Schutzübungen für den Fall, daß die Alarmsirene erklang.

Ihr Hirn war weicher als das der Föten, die ich in meiner Jugend in Gläsern aufbewahrt hatte.

Bei der Künstlertruppe der Revolutionären Streitkräfte verpaßte man mir eine tarnfarbene Uniform für die Übungen zur Verteidigung des Gebäudes.

An dem vereinbarten Sonntag morgen traf ich pünktlich ein, gestiefelt und gespornt und mit einer grünen Kappe auf dem Kopf. Man glaubt gar nicht, wie nackt man sich fühlt, wenn man keine Haare hat. Ich wurde, mit einem Holzgewehr und einer Granate aus Pappmaché in der Hand, zu einem Ziertürmchen an der Vorderseite der Villa abgestellt. Herr Von Boust erteilte die Befehle, wobei er sich mit seiner Reitgerte gegen die Hinterbacken schlug. Ich näherte mich ihm vorsichtig. «Entschuldigen Sie, Chef, aber das hält kein Mensch aus», sagte ich. «Bringen Sie meine Waffen in das Arsenal zurück, und nehmen Sie bitte ergebenst meine Abdankung entgegen.»

Ich zwinkerte ihm zu, und er schaute mich verständnislos an. Er glaubte nach wie vor an die gute Sache des Vaterlandes. Wie alle anderen auch.

Ich setzte mich wieder einmal auf mein Sofa der schlechten Einfälle. Meine väterlichen Erbanlagen nützten mir nichts. Fidels Absichten standen mir klar vor Augen. Er hatte sich selbst übertroffen. Er hatte die Struktur einer totalen Herrschaft über das Volk geschaffen, was in vielerlei Hinsicht sehr nützlich war. Was sollte ich tun? Ein neuer Industriezweig, die Fabrikation von Flößen, mit denen man die neunzig Seemeilen bis zur Küste von Florida überqueren konnte, blühte und gedieh. Ich hatte jedoch keine Lust, Mumin dem möglichen Tod durch Killerwale auszusetzen.

Manchmal bleibt einem nur die Wahl zwischen Tod und Teufel.

Die Zeit meiner Arbeitslosigkeit füllte ich mit angenehmen Beschäftigungen aus. Jeden Morgen ging ich mit meinem Freund Papucho zum Ballettunterricht.

Mein Freund war der Sohn von Cachita Abrantes und der Neffe des Innenministers. Im Alter von zehn Jahren hatte er seiner Mutter das Auto geklaut, als sie am Strand von Varadero Urlaub machte, und sich mit seinen Freunden auf eine Spritztour begeben. Er verursachte einen Unfall, in dem ein Kind starb und ein anderes seine Ohren verlor. Papucho selbst erstand wie Lazarus Jahre später aus der Gipsgruft auf, in der sie seine Knochen wieder zusammengesetzt hatten. Sein einziges Laster war das Ballett, und der Familienrat beschloß, ihn auf die beste Kunstakademie Moskaus zu schicken. Dieser Versuch wurde durch den Beauftragten der Staatssicherheit, der zuständig war für Zucht und Ordnung der Studenten und mögliche Deserteure aufspürte, abrupt beendet. Er konnte nicht verstehen, daß ein achtzehnjähriger Krüppel den Studienplatz eines Tänzers einnehmen durfte, nur weil er Neffe des Innenministers war. Daher beschuldigte er ihn bisexueller Perversionen und des «unrechtmäßigen Devisenbesitzes». Man weiß nicht genau, warum sein Onkel Abrantes den

Plan, einen Nurejew aus seinem Neffen zu machen, so plötzlich aufgab. Mein Freund hatte es wohl der üblichen Verbitterung über die Privilegien der Nomenklatura zu verdanken, daß er seine Solisten-Karriere nie beenden konnte.

Der Vater wollte ihn zur Feuerwehr schicken. An dem Tag, an dem er der Mannschaft vorgestellt werden sollte, betrat Papucho das Büro seines Vaters in einem Catsuit. Er legte einen diagonalen Tombé pas de bourré aufs Parkett, warf seinen mit Pailletten verzierten Rucksack in die Luft und schloß mit den Armen über dem Kopf in der fünften Position ab.

Es gelang ihm, seinen Vater davon zu überzeugen, daß die Feuerwehr nicht das richtige für ihn war. Er wollte endlich in Ruhe gelassen werden.

Ein fröhlicher, hemmungsloser und doch frustrierter Kerl. Ein Seelenverwandter.

Laura Alonso war jene entschlußfreudige Frau, die einst die Zukunft des Vaters meiner Tochter und dessen Bruders in die Hand genommen hatte, indem sie sie zu klassischen Ballettänzern ausbildete. Es war ihr gelungen, eine private Akademie aufzubauen, die gegen Dollars klassischen kubanischen Tanz unterrichtete. Solidarisch, wie sie war, durfte ich in ihrem Institut am Unterricht teilnehmen.

Dorthin brachte ich auch Papucho.

«Laura», sagte ich, «seine Mutter führt wie du ein genehmigtes Unternehmen, mit dem sie ausländische Devisen einnehmen darf. Ihr könnt also ins Geschäft kommen. Der Junge war drei Jahre lang in Moskau. Er will tanzen ... Immerhin kann er das rechte Bein schon ganz schön heben, in jedem Fall wird er ein guter Lehrer werden. Er hat alle Choreographien, die er in seiner sowjetischen Zeit gesehen hat, wie ein trockener Schwamm aufgesogen und kennt alles, was er dort gelernt hat, auswendig.»

Genies sind in der Regel großzügig. Laura nahm meinen Schützling Papucho in ihrer Schule auf. Wenig später hatte er Gelegenheit, mir zu helfen, als ich es mit seiner Mutter zu tun bekam.

Albita riß mich irgendwann aus meinem Freudentaumel, als ich ihr erzählte, daß sich ohne Arbeit zwar leben ließ, aber auch nicht mehr. Ich hatte einige Ausgaben gehabt, die mir deutlich machten, daß die «Femme cheval», die Gabo gekauft hatte, keine unerschöpfliche Einnahmequelle war.

«Mensch, Mädchen, im Dezember findet Cubamodas statt, die kubanische Modenschau, und im La Maison stellen sie haufenweise Models ein, die sie zwar danach wieder rausschmeißen ... Geh doch hin und bewirb dich.»

«Ich wüßte nicht, was ich lieber täte. Aber wie soll ich in das Reich von Cachita Abrantes eindringen? Ich kümmere mich um ihren verstoßenen Sohn. Denkst du etwa, daß sie ausgerechnet mich als Model einstellt?»

«Einen Versuch ist es doch wohl wert. Laß deine Beziehungen spielen. Was hast du davon, daß du Papucho unter deine Fittiche genommen hast? Soll er doch seine Mutter darum bitten, dann klappt das schon!»

«Ich mag ihn. Aber er kommt mit seiner Mutter nicht aus.»

«Irgendwann wird sich die Familie schon wieder versöhnen.»

Für die Auswahl der Models war Arelis Pardo zuständig. Sie war die Witwe eines Mitkämpfers des Che und wäre damit eigentlich zum ewigen Zölibat verurteilt gewesen. Aber sie brach das Eis, indem sie eine zweite Ehe mit einem Helden der Schweinebucht einging. Die Partei verzieh ihr und lobte diese Geste. Fürsorglich fuhr sie diesen Mann ohne Arme und Beine in seinem Wagen zwei Jahre lang spazieren.

Nach diesem Opfergang konnte Arelis heiraten, wen sie wollte, und sich auch scheiden lassen, sooft sie wollte, ohne daß die Partei eingriff.

«Laß sehen, zeig mir deine Ellbogen! Zieh die Schuhe aus, damit ich deine Füße sehen kann! Die Knie und die Beine sind in Ordnung ... Morgen nachmittag um fünf Uhr kannst du einen Probelauf machen. Und zieh dir einen knappen Slip an! Ich will sehen, wie es mit Cellulitis aussieht.»

Den leeren Raum des Laufstegs mußte man zum Takt der Musik mit Posen und Schritten ausfüllen.

Die Genossenschaft Contex hatte unter Cachita Abrantes' Leitung zu leiden. Ihre Aufgabe war es, die Wirtschaft des Landes trotz des Embargos mit Dollars zu versorgen. Sie überlistete den Zoll und ließ den Havanna Club in Kanada abfüllen und in Mexiko die häßlichsten Baumwollkleidchen anfertigen.

Jahr für Jahr organisierte sie «Cubamodas, das große internationale Ereignis», das dazu beitragen sollte, Schnitte und Stoffe in den Handel zu bringen. Immerhin war es ihr gelungen, Paco Rabanne und sogar Vidal

Sassoon, der eine Affäre mit einem der Funktionärsmodels hatte, ins Land zu holen. Es gab eine Reihe linksgerichteter Persönlichkeiten, die sie für das Spektakel gewinnen wollte. Sogar ein paar Hollywoodstars waren darunter, die der kubanischen Mode ein bißchen Glanz verleihen sollten. Briefe voller Rechtschreibfehler wurden zu diesem Anlaß in die ganze Welt geschickt.

Der Genossenschaft gehörte La Maison, das Haus der Kubanischen Mode, das das ganze Jahr über geöffnet war. Man empfing dort das Diplomatische Korps, die Crème de la Crème der Tourismusbranche und alle Staatsbesucher, die eine Schwäche für schlanke, gut gebaute Kreolinnen hatten.

Im La Maison gab es einen Schmuckladen, Antiquitäten, Kleidung und Schuhe, einen Friseur, einen Teesalon, ein Schwimmbad, ein Fitnessstudio, ein eigenes Restaurant und einen mit Steinplatten ausgelegten Garten, in dem sich die Ausländer auf gußeisernen Stühlen den ganzen Tag im Schatten der Flammenbäume aufhalten konnten. Etwa um halb zehn begann die Modenschau, und nach einer kurzen Pause folgte eine zweite Show, in der die besten kubanischen Musiker und Sänger gaben, was sie konnten.

Der Schwester des Innenministers vermochte niemand einen Wunsch abzuschlagen.

Die Vorbereitungen der Cubamodas nahmen mehr als drei Monate in Anspruch. Die wenigen Modeschöpfer reichten ihre Entwürfe ein, die Schneiderinnen nahmen Maß und schnitten alles genau zu, und am Abend vor der Eröffnung, wenn die allgemeine Hysterie nach nächtelangen Proben ihren Höhepunkt erreicht hatte, bekam man den Schmuck, die frisch gebügelten Modelle und die Schuhe ausgehändigt, die im Diplomatengepäck über das Meer gereist waren. Cachita erteilte ihre Befehle über einen Lautsprecher und schimpfte dabei wie ein Rohrspatz.

Die erste Cubamodas überstand ich mehr schlecht als recht. Zu dieser Zeit wurde man bereits wie ein Aussätziger behandelt, wenn man etwas mit Fidel oder irgendeinem anderen Bonzen auf der Insel zu tun hatte.

Ich war zwar an die Spitznamen und Bezeichnungen gewöhnt, mit denen man den Comandante bedachte, aber nicht daran, den Bart und den Schnurrbart ständig unter die Nase gerieben zu bekommen. Als sei er mein Schatten, der mich auf Schritt und Tritt begleitete. Sie machten mir das Leben zur Hölle.

Bei der zweiten Cubamodas war ich in desolatem Zustand.

Eines Morgens war ich munter und beschwingt aufgestanden, weil ich den Geburtstag des Kobolds Mumin vorbereiten wollte. Doch als ich im Auto die Hände auf das Lenkrad legte, wurde ich todmüde. Ich nickte an jeder Ampel ein. Der Geist irgendeines Toten versucht mir mitzuteilen, daß ich nicht mehr Auto fahren soll, dachte ich. Ich stellte den Wagen in der Garage ab und nahm das Angebot meines Freundes Papucho an, der einst seiner Mutter das Auto geklaut hatte.

Drei Minuten später übersah er ein Stoppschild an der Ersten Avenida, und ein russischer Omnibus nahm den Lada auf seine Hörner. Der Wagen war reif für den Schrottplatz, und als ich im Krankenhaus wieder zu mir kam, war ein Arm gebrochen und der Ellbogen des anderen ausgekugelt.

Papu machte sich bittere Vorwürfe.

Cachita hat kein Glück. Zuerst bringt ihr Sohn den Sohn eines Ministers um, und dann fährt er die Tochter des Comandante zu Brei.

Fidel schickte keine Blumen, doch er beauftragte den neuen Chef der Leibwache, Batman, mich anzurufen.

«Wer hat den Unfall verursacht?»

«Ich», sagte ich. Ich hätte mir den zweiten Arm auch noch brechen lassen, um meinen Freund zu schützen. Außerdem war ich selbst schuld, daß ich einen Kamikazefahrer ans Steuer gelassen hatte.

Eine rasche Operation brachte meine Knochen wieder in Ordnung. Aber ich hatte Mumins Geburtstag verpaßt, und an meinem Arm baumelte noch ein kleiner Plastiksack, der die Wunde trockenlegen sollte, als Albita mich besuchen kam.

Albita ist von einer rosa-marmorierten Blässe. Wegen ihres schwarz glänzenden Haares, ihrer Adlernase, ihrer guten Figur und ihres eleganten Auftretens dachte ich immer, sie wäre die ideale Muse eines Filmregisseurs.

Sie war außer sich.

«Weißt du, was Tony Valle Vallejo getan hat?» fragte sie. «Er hat den Gabo verraten! Dieser Dreckskerl hat ihn auf einem Filmfestival in Kolumbien vertreten und ist dort geblieben! Er gibt ein Interview nach dem anderen. Ich wollte dich vorwarnen, er hat auch dich erwähnt.»

«Nimm das nicht so ernst. Tony ist ein feiner Kerl. Ist er also endlich frei ... Du wirst mir doch nicht sagen wollen, du hättest das nicht erwartet.»

«Ich? Nein!»

Tony hatte sich stets sehr eindeutig geäußert und – wie alle jungen Erwachsenen – immer davon geträumt, Kuba zu verlassen.

Es hatte weder mit meinen besonderen Kenntnissen der Rechtschreibung noch mit Cachita Abrantes' Sympathie für mich zu tun, daß ich bei Contex Leiterin der Abteilung für Öffentlichkeitsarbeit wurde. Meine Aufgabe war es, in einem Unternehmen, das mit der halben Welt Handelsbeziehungen unterhielt, eine Abteilung zu gründen, die es noch nicht gab. Nach wie vor ging ich jeden Abend auf den Laufsteg und arbeitete wie eine Blöde. Ich hatte entdeckt, was «Promotion» bedeutet, und war vollauf damit beschäftigt, allen, die irgendwas mit Mode zu tun hatten, Briefe zu schicken: Fotografen, Journalisten, Modeschöpfern und An- und Verkäufern der Textilbranche.

Mein plötzlicher Aufstieg sorgte natürlich für Neid. Die Sekretärin durfte mir nicht helfen, sonst wäre sie von allen anderen geschnitten worden. Die Schreibmaschinen gingen der Reihe nach kaputt, und Ersatzteile gab es kaum. Die Briefstapel landeten im Müll.

Lazarita, die «der Krug» genannt wurde, weil viele ihrer Körperteile wie Henkel aussahen, gab den Ton unter den Models an. Ich sollte mich um die Imagepflege kümmern und erschien deshalb auch zu den Fototerminen. Der Krug bedachte mich mit der unflätigsten Schimpfkanonade, die ich je gehört habe. Alle ihre Henkel glühten rot.

Es ist nicht einfach, sich einen Arbeitsplatz vorzustellen, an dem die Chefin selbst Verwirrung unter ihren Angestellten stiftet. Cachita war zwar in der Lage, eine Modenschau erhobenen Hauptes auf dem Laufsteg zu beenden, indem sie zusammen mit den Schlagzeugern Guaguancó spielte (was die ausländischen Gäste sehr verwirrte), aber sie war unfähig, sich durchzusetzen. Ich mußte mich zunehmend auch um ihre Angelegenheiten kümmern.

Bald trug sie mir auf, ihre persönlichen Termine und Gespräche zu organisieren. Ich mußte die illustren Gäste begrüßen: Kurzwarenhändler aus Spanien und Brasilien, Stoffproduzenten, den einen oder anderen berühmten Fotografen und diejenigen, die Cachita als «wichtige Persönlichkeiten» bezeichnete.

Ich mußte die Mitglieder der internationalen Jury vorschlagen, sie unterbringen, mich um sie kümmern, eine Meinungsumfrage vorbereiten, sie ausarbeiten und verteilen.

Das Spektakel begann mit einer Schmuckvorführung. Wir trugen einen Bodysuit aus Lycra, an dem die Juwelen befestigt wurden. Die Lampen gingen aus, und ein Lichtstrahl verwandelte uns in magische Wesen, glitzernde Erscheinungen in der Dunkelheit, die die Arme und Hüften bewegten.

In diesem Jahr sollte ich das Schauspiel eröffnen.

Die letzte Probe für Cubamodas 1988 dauerte mehr als 24 Stunden, und ich war bereits jenseits von Gut und Böse, als ich meinen dürren, von Alkohol und Nikotin gezeichneten zweiunddreißigjährigen Körper hinter einem Paravent der Umkleidekabine in einen fleischfarbenen Anzug aus Lycra zwängte. Da brach draußen ein Tumult aus, und die Sicherheitsleute schossen los, um sich einem Rudel von Menschen mit Kameras und Mikrofonen entgegenzustellen, die in das Allerheiligste der Models eingedrungen waren. Ich wußte nicht, daß das die internationale Presse war, weil ich sie noch nie gesehen hatte. Bis auf die Ohren und meinen Kopf war ich völlig nackt. An meinen Ohrläppchen hing ein Ohrgehänge aus Koralle, das aus der Werkstatt eines heimischen Kunsthandwerkers stammte und mir bis zu den Schultern reichte, und auf der Stirn trug ich einen Vogelschnabel mit ausgebreiteten schwarzen Flügeln – das hielt der Schöpfer für besonders dekorativ. Dunkelvioletter Lidschatten reichte mir von den Wimpern bis zu den Schläfen. Ich sah aus wie eine böse Fee.

«Wer von ihnen ist Alina?» riefen sie.

«Who is she?»

«Laquelle est Alina?»

Und ein paar bellten nordische Laute.

«Uuh! Raus mit ihnen! Polizei! Mein Herr, wir sind nackt! Bitte, benehmen Sie sich!» riefen die Models.

So wurde ich also berühmt: mit nacktem Hintern, gerade im Begriff, mich in einen Anzug zu zwängen, und mit einem ausgestopften Vogel auf dem Kopf.

Gottes Wille geschehe, dachte ich fromm und schlug meine purpurfarbenen Wimpern nieder.

Die Eröffnungsmusik erklang – Matrosenmusik. Es wurde dunkel und still. Ich betrat den Laufsteg und verwandelte mich in einen tanzenden Fakir, denn der Teppich war mit Klammern befestigt, auf denen ich mir die Füße wundlief. Etwa acht Stunden später begleitete mich die Sekretärin Magaly zu meinem ersten Interview.

«Warum, um Himmels willen, muß ich ein Interview geben?»

«Es ist eine Anweisung ...»

Ich schnappte mir einen Strauß verblühter Gladiolen und setzte mich in einen indonesischen Korbsessel, fest entschlossen, jede Anweisung zu ignorieren, die mich in irgendeinen Zusammenhang mit dieser tropischen Ausgeburt von Mode bringen wollte.

Die «Anweiser» hatten zwei Journalisten ausgewählt, die sich die Hauptsache bis zum Ende des Interviews aufsparten:

«Und wie fühlt sich die Tochter von Fidel Castro als Repräsentantin der kubanischen Mode?»

«Ich glaube, Sie verwechseln da etwas. Die würdige Repräsentantin der kubanischen Mode ist Cachita Abrantes, und mein verstorbener Vater hieß Orlando Fernández.»

Das Spiel wiederholte sich jeden Abend, die ganze Woche, die die Cubamodas dauerte. Jede Nacht war ich damit beschäftigt, allen ausgewählten Journalisten gegenüber meine Verwandtschaftsverhältnisse und meine Rolle als Vertreterin der dargebotenen Mode zu verleugnen. Mittlerweile hatte ich tiefe Ringe unter den Augen. Ich rief Albita an.

«Das habe ich nun von Tonys Interviews!», sagte ich. «Seit ich elf Jahre alt war, ist mir das ‹Ja› jedesmal im Hals steckengeblieben, wenn mich jemand fragte, ob ich Fidels Tochter sei. Ich kann es einfach nicht aussprechen. Das ist ein Alptraum, Alba.»

«Alle Träume haben irgendwann ein Ende, die guten wie die schlechten.»

«Ehrlich gesagt ist es mir egal, wenn sie mich als Castros widerspenstige uneheliche Tochter darstellen, aber daß sie eine Galionsfigur der kubanischen Mode aus mir machen, ist mir doch zu peinlich. Stell dir vor, die Folklore-Hemden von Delita! Und die Kollektion der ‹Unbezwingbaren›, mit diesen Tarnanzügen und Sandalen aus olivgrünem Stoff! Und die Röcke aus Fischhaut! Sie stinken immer noch nach Fisch, und du kannst sie aufstellen wie Lampenschirme. Ich kann diese Kordelverschnürungen von Rafael einfach nicht ertragen und die in Mexiko hergestellte Matrosenmode von Marta Verónica ... Ich halte das nicht aus. Meinetwegen können sie mir andichten, was sie wollen, aber sie sollen bitte keine Vorkämpferin dieser Karnevalskostüme von Cachita aus mir machen.»

Albita lachte, doch Magaly war ungehalten.

«Sag das denjenigen, von denen die ‹Anweisung› kommt, daß du die Interviews geben sollst. Ich will nicht den Schwarzen Peter zugeschoben kriegen.»

Es wurden ein paar gut angezogene Schlägertypen engagiert, die die Presse zurückhielten.

Ein paar Wochen später drückte mir Magaly triumphierend eine Zeitschrift in die Hand. Da saß ich mit dem Gladiolenstrauß in dem indonesischen Sessel. Der Text lautete ungefähr so: «Castros außereheliche Tochter will der kubanischen Mode zu mehr Bekanntheit verhelfen.» Und so ging es weiter:

«Um den Export zu fördern und im Bemühen, die wirtschaftliche Lage des Landes zu konsolidieren, indem man über eine frei konvertierbare harte Währung verfügt, mit deren Hilfe man die Blockade des Imperialismus blockieren kann, die unsere Wirtschaft schwächt, wollen wir eine kubanische Mode kreieren, die die künstlerischen Fähigkeiten und die Eigenwilligkeiten unserer Modeschöpfer vereinbart ...»

So etwas gab nicht einmal Cachita von sich, wenn sie eine Flasche Coronilla-Schnaps intus hatte. Ganz im Gegenteil, Alkohol machte sie gesprächig und witzig.

Ich habe nie herausgefunden, wer dieses Geschwafel verbrochen hat. Da in dem Artikel die Adresse des La Maison genannt wurde, setzte ein beständiger Strom von Touristen ein, die den Garten des Modehauses besetzten. Ich wurde zur größten lebenden Attraktion in Havanna. Es gab täglich eine Besichtigung und am Wochenende sogar zwei. Die Reiseveranstalter waren glücklich. Die Models hingegen waren mir nicht sehr dankbar, in den Umkleideräumen kam es des öfteren beinahe zu Raufereien.

Aber ich hielt durch. Ich verdiente das Doppelte, was ich früher verdient hatte. Zudem war das Modehaus ein Paradies für Diebe. Es war, als könne man sich in einer Bank selbst bedienen: Jeden Tag nahmen wir neue Schuhe und traumhafte Schmuckstücke aus Silber und schwarzer Koralle mit, um sie weiterzuverkaufen. Nichts war leichter, als den Laden auszuräumen. Wir lebten in Saus und Braus. Um mich loszuwerden, hätte man das Haus über mir anzünden müssen.

Doch genau das stand mir bevor. Mein Freund Papucho verriet mir, daß seine Mutter, die ich seit längerem nicht mehr zu Gesicht bekommen hatte, der Meinung sei, das Ganze sei außer Kontrolle geraten, da die Journalisten ständig ihre Büros belagerten. Eines Abends drangen drei von ihnen in den Umkleideraum ein. Ich trug nur ein Paar Strumpfhosen, und die in der Hand.

Nackt, wie ich war, schrieb ich ihnen meine Adresse auf, bevor die Schlägertypen sie rauswarfen.

«In einer halben Stunde bin ich dort. Seien Sie vorsichtig, vor dem Haus ist eine riesige Grube.»

Bevor sie kamen, hatte ich meine Mutter schon verständigt. Naty war genau die Richtige für solche Missionen. Sie plauderte wie ein Wasserfall. Nach einem zweistündigen Vortrag sagte sie schließlich:

«Ich lasse Sie jetzt mit Alina allein.»

Ich wußte nicht, was ich nach dem ganzen Redeschwall noch sagen sollte. Es war Bertrand de la Grange von «Le Monde», der das Gespräch wieder aufnahm.

«So wirst du nie berühmt. Hättest du nicht Lust, in Paris als Model zu arbeiten?»

Berühmt! Wem geht es schon um Berühtmheit, wenn einem das Nötigste zum Leben fehlt. In Paris arbeiten! Als ob ich nicht in den Spiegel schauen könnte, um zu erkennen, daß ich viel zu klein für die großen Laufstege war.

Ein anderer, Gaston, wollte etwas über politische Dissidenten wissen. Was sollte ich diesen Europäern erzählen? Daß es in Kuba mehr unterirdische Tunnel gab als in einem Ameisenhügel? So, wie ich dasaß, mit meinen Second-Hand-Stiefeln aus Goldlamé von Sandra Levinson, meinem gehäkelten Minirock, extrem geschminkt und mit einem mit Alkohollack befestigten Dutt auf dem Kopf, was hätte ich da sagen sollen? Wäre es nicht respektlos gewesen, so über Mario Chanes[42] zu sprechen, der Mandelas Rekord als politischer Gefangener gebrochen hat, oder über Armando Valladares[43], der, seit seiner Jugend eingesperrt, fast zum Krüppel geworden wäre, oder über Llanes, jenen Chef der Leibwache, der in meiner Kindheit ein Symbol der Güte für mich gewesen war? Über die vielen unbekannten Männer und Frauen, die Opfer des berühmten Knochenbrechers geworden und in den Katakomben der Festungsanlagen aus Kolonialzeiten gelandet waren, weil sie öffentlich erklärt hatten, daß sie von der Revolution und Fidel genug hatten, oder weil sie einfach nur versucht hatten, von der Insel zu fliehen? Oder über die Frauen, die wie ich Dollars brauchten und festgenommen und geschlagen worden waren, weil sie die libidinöse Großzügigkeit von Ausländern in Anspruch genommen hatten, um Essen und Kleidung nach Hause bringen zu können?

Ein gewisser sozialer Druck, meine abweichende Meinung und die Überzeugung, daß mein Vater ein gescheiterter Regierungschef war, gaben mir nicht das Recht zu sprechen. In dieser Nacht schlief ich erschöpft

---

42 Mario Chanes de Armas war am Überfall auf die Moncada-Kaserne und an dem Abenteuer auf der Jacht Granma beteiligt. Gemeinsam mit Fidel kämpfte er in der Sierra Maestra. Nach dem Triumph der Revolution wurde er einer Verschwörung gegen Castro beschuldigt und zu dreißig Jahren Gefängnis verurteilt. Diese Strafe hat er bis zum Schluß abgesessen.

43 Armando Valladares, Dichter, Maler und politischer Gefangener, wurde dank der Vermittlung des französischen Präsidenten Mitterrand begnadigt. Er war Botschafter der Vereinigten Staaten bei der Menschenrechtskommission der Vereinten Nationen.

ein. Welche Überraschungen hielt die Zukunft für mich bereit, wenn die Journalisten eines Tages ihr Interesse an mir verloren hätten?

Doch die Journalisten gaben noch lange keine Ruhe, und die Zukunft hatte bereits begonnen.

«La Maison ist von der obersten Führung ausgewählt worden für die Festlichkeiten zum Jahrestag von Prensa Latina, zu deren Gründungsmitgliedern García Márquez und Jorge Timossi gehören. Beide werden dem Comandante Gesellschaft leisten. An diesem Abend will ich eine Eins-A-Modenschau sehen. Mit Schmuck, Kinderkleidern, Dessous und allem Drum und Dran», bellte Cachita.

Timossi war ein hochgewachsener argentinischer Journalist mit einer tiefen Stimme, der dank Quino[44] unsterblich geworden war. «Da hat man nun so viele Gedichte und Essays geschrieben und geht doch nur als Mafaldas Freund Felipe in die Literaturgeschichte ein!» klagte er. Quino und Timossi waren tatsächlich Freunde seit frühester Kindheit. Mir war es allerdings ein Rätsel, wieso ein Mann, der 35 Jahre lang immer dasselbe getragen hatte, plötzlich seine Liebe zur Mode entdeckte. Zu dem Ereignis waren viele ausländische Journalisten geladen, die anscheinend alle auf der Suche nach mir waren.

Obendrein sollte ich die Schau eröffnen – in einem Badeanzug, der über und über mit Schnecken, schwarzen

---

44 In ganz Lateinamerika beliebter argentinischer Comiczeichner, Erfinder der Comicfigur Mafalda. (AdÜ)

Korallenstückchen, Silber und sogar einem ausgestopften Vogel geschmückt war.

Mumin sollte der Star der Kindermodenschau werden. Mir kam der Gedanke, daß man vielleicht versuchte, dem Comandante um den Bart zu gehen.

Ich kam so spät, daß die Leibgarde mir den Zutritt verwehren wollte, doch ich hatte nichts verpaßt: Fidel hatte die Modenschau in dem Moment absagen lassen, als er mit seinen Stiefeln über die Schwelle des Maison getreten war. Er war offensichtlich nicht bereit, seiner Tochter zuzujubeln und «Viva! Viva!» zu rufen.

Cachita entschuldigte sich bei ihren Models.

«Der Protokollchef des Palastes hat einen Fehler gemacht, als er das Maison auswählte.»

Ich habe nie herausgefunden, wer auf die irrwitzige Idee gekommen war, in der Regenbogenpresse verbreiten zu wollen, daß der Máximo Líder im Tempel der Kubanischen Mode seine uneheliche weibliche Nachkommenschaft feiert. Ob es Cachita war, ihr Bruder oder der Protokollchef des Palastes, dessen Sohn ich damals anläßlich der öffentlichen Hetzjagd in der Diplomatenschule beim Kragenaufschlag gepackt hatte, weiß ich nicht. Wie dem sei, sie steckten ohnehin alle unter einer Decke.

Eines Abends kam Delita zu mir, die Modeschöpferin, die die Kollektion der «Unbezwingbaren» aus Tarnplanen, knitterfreien Fischhaut-Röcken und scheußlichen Schuhen verbrochen hatte. Sie setzte sich mit ihrem mächtigen Hintern auf den Stuhl neben mir und war entschlossen, mich zum Reden zu bringen.

«Weißt du was, Alina? Ich glaube, es geht aufwärts mit

uns! Der Comandante, also dein Vater, hat seine Leute hierhergeschickt, damit sie sich alles anschauen. Wir Modeschöpfer haben ja nie viel Unterstützung bekommen, aber diesmal ... Ich glaube, daß es jetzt richtig aufwärts geht!»

Die Leute halten mich immer für eine Anhängerin von Fidel. Aber wieso sollte ich? Immer wenn er sich in mein Leben mischte, ging es abwärts.

«Oh, was für eine tolle Nachricht. Alles wird gut. Wir werden es erleben!»

Ich kehrte auf dem Absatz um und ging ins Büro, um meine Sachen zusammenzusuchen. Ich brauchte nicht lange, um mir die Zukunft dieser hübsch dekorierten Barkasse namens «La Maison» auszumalen: Sie würde binnen kurzem untergehen.

Ein Schwall böser Vorahnungen riß jeden klaren Gedanken hinfort. Da ich meine Energien irgendwo entladen mußte, fuhr ich zur neuen Klinik von Ezequiel, dem Wunderheiler. Sie war verlassen und leer.

Ezequiel war eigentlich Biologe und Virologe, doch auf seinen endlosen Schiffsreisen mit der Handelsmarine hatte er sich der Heilkunde zugewandt. Später wurde er Mitglied des Sicherheitsdienstes, und wegen seiner spezifischen Kenntnisse mußte er als «Internationaler» an allen kubanischen Kriegseinsätzen und einer Menge anderer dunkler Machenschaften teilnehmen.

Auf der Basis von Intuition und Experimenten lernte er die Heilkunst in Afrika, Vietnam und Lateinamerika. Dort fand er seine treuesten Anhänger und Patienten. Von General Noriega in Panama sprach er wie von einem guten Freund und von dessen riesiger Villa, die von kubanischen Dienstmädchen in Schuß gehalten wurde, wie von einer zweiten Heimat. Es ist bekannt, daß Kuba eine medizinische Großmacht ist. Ab und zu soll bei Ezequiel die eine oder andere Killerbakterienkultur in Auftrag gegeben worden sein, mit der man die verbalen Unflätigkeiten eines in Ungnade Gefallenen beenden wollte, aber das waren nur unbewiesene Gerüchte.

Abrantes hatte ihn zu einer medizinischen Autorität gemacht, indem er ihm im Schatten des Cimec[45] eine kleine Klinik gebaut hatte, eine Art Erweiterung jener Chirurgischen Abteilung, in der die Zimmer die Ausmaße von Ballsälen hatten und die Kellnerinnen den Gesundheitstouristen eine Speisekarte vorlegten, aus der sie ihr Menü auswählen konnten.

Vor Ezequiels kleiner Klinik wartete stets eine endlose Schlange von Menschen, die von der ganzen Insel angereist waren, um dem Wunderheiler ihre Krankengeschichte vorzutragen. Sie versprachen sich Linderung der unterschiedlichsten und schrecklichsten Leiden. Darunter waren Leute mit unheilbaren Tumoren und Kinder, deren Haut bei lebendigem Leib in Fetzen abging.

Jedesmal wenn ich Ezequiel Kisten mit leeren Flaschen vorbeibrachte, arbeitete er die ganze Nacht durch, um die vielen Behälter mit Arzneitränken, Salben oder geheimnisvollen Pulvern zu füllen.

---

[45] Centro de investigaciones médicas, Prominentenklinik in Havanna. (AdÜ)

Als ich an diesem Abend in der kleinen Klinik eintraf, war von der früheren Geschäftigkeit nichts mehr zu sehen, und die Heilkräuterbeete waren zerstört.

«Vor drei Monaten haben sie ihn festgenommen und die Klinik geschlossen. Der Comandante selbst soll den Befehl gegeben haben.»

Mein Freund war verschwunden. Als ich dort, wo er früher gewohnt hatte, nach ihm fragte, stieß ich bei den Nachbarn auf Schweigen.

Offensichtlich war nicht nur Cachita in großer Gefahr. Mein Beschattungsminister mußte an einem vernichtenden Bericht arbeiten.

Der Oberste Comandante ist stets unberechenbar, nur auf eines kann man sich verlassen: Man muß mit dem Schlimmsten rechnen.

Ich hatte das Gefühl, daß eine Katastrophe bevorstand, und kehrte mutlos nach Nuevo Vedado zurück.

Teil 3

Der Fall Nummer 1 wegen Drogenhandels im Jahre 1989[46] begann heimlich, still und leise mit einer Sonderausgabe der Granma, der Zeitung des Zentralkomitees der Partei. Statt aus vier Seiten bestand die Zeitung an diesem Tag aus sechs.

Ich war zusammen mit einigen anderen Gästen zum Pokerspielen in die griechische Botschaft in Havanna eingeladen worden. Die Botschafterin hatte ein eigenes Minzefeld, und wir tranken einen Mojito nach dem anderen, als ich plötzlich die seltsame Neigung verspürte, in der Granma zu blättern. Ich war alles andere als ein treuer Leser dieser ewig gleichen verlogenen vier Seiten, die über großartige Erfolge wie die Bananenernte mit

---

46 Der Fall Nummer 1 von 1989 gilt als größter politischer Skandal in der Geschichte des revolutionären Kubas. In einem Schauprozeß, der in der Weltpresse mit den stalinistischen Säuberungsmethoden verglichen wurde, wurden vier kubanische Offiziere wegen Drogenhandels in Havanna zum Tode verurteilt. Über die Hintergründe des Prozesses wird spekuliert: Die einen vermuten interne Machtkämpfe, andere sagen, man habe mit diesem «Bauernopfer» die USA beschwichtigen wollen, die über die Cuba-Connection im Kokainhandel Bescheid wußten. (AdÜ)

Mikrojets in Artemisa und ähnliche Heldentaten berichteten. Man benutzte sie auf der ganzen Insel als Klopapier. Doch diese Nachrichten überwältigten mich: «Wegen Verrats an der Revolution sind folgende Elemente festgenommen worden ...»

General Ochoa[47] war verhaftet worden, ein Held des Vaterlandes und siegreicher Kämpfer der Kriege in Äthiopien und Angola. Ebenso waren Diocles Torralba, der Verkehrsminister, der gar nichts mit den Streitkräften zu tun hatte, und die Zwillinge de la Guardia inhaftiert worden. Patricio war immer noch Befehlsempfänger von Ochoa in Angola. Tony trug inzwischen Zivil und stand an der Spitze des MC[48], einer Abteilung des Innenministeriums, die die Blockade umging, indem sie in Panama und Hongkong Elektrogeräte, westliche Autos, Kleidung und Schuhe herstellen ließ, die in den kubanischen Diploshops landeten. Und im geheimen kümmerte sie sich natürlich auch um einen Teil des Kokainhandels. Alle wußten, daß dies im Auftrag der Regierung geschah.

Sie hatten eine merkwürdige Mischung aus Soldaten

---

[47] Arnaldo Ochoa Sanchez begann seine militärische Karriere im Heer der Rebellen in der Sierra Maestra. Er befehligte die kubanischen Truppen in Äthiopien und Angola. Er war mit dem Orden eines Helden der Kubanischen Republik ausgezeichnet. Im Fall Nummer 1 von 1989 wurde er des Drogenhandels beschuldigt, zum Tode verurteilt und erschossen.

[48] MC steht angeblich für Moneda Convertible = Devisen. Die geheimnisumwitterte Abteilung besaß ein Imperium mehrerer hundert Tarnfirmen im Ausland und engagierte sich neben dem High-Tech-Schmuggel auch im Drogenhandel. (AdÜ)

des Innenministeriums, Zivilisten und Heeresgenerälen ins Gefängnis gesteckt.

Tags darauf wurde eine wirre Mitteilung von Fidel veröffentlicht, in der er fast seine gesamte Regierung der Homosexualität, der Genußsucht, des Kokainhandels und der Rebellion bezichtigte.

Eine Woche später übertrugen alle Radio- und Fernsehsender acht Stunden lang die Verhandlung im Fall Nummer 1 wegen Drogenhandels. Ein Militärankläger mit einer Patek-Philippe-Uhr am Handgelenk beschuldigte diese Soldaten und Söldner, die dreißig Jahre lang im Dienst der Republik gestanden hatten, in nicht näher bezeichneten Regionen Afrikas und Lateinamerikas ein Handelsnetz für Kokain aufgebaut zu haben, das bis zur Drogenszene in New York reichte. Sex, Perversion, Kokain und Verrat warf der Ankläger ihnen im Namen der Revolution, der Partei und des Vaterlandes vor. Fidel und sein Bruder Raúl wohnten der Verhandlung bei. Sie versteckten sich hinter den Glasscheiben der Inspizientenkabine im Theater der Revolutionstruppen. Jenes Theater, in dem ich die Himmelfahrt des Che auf einer Hebebühne möglich gemacht hatte.

In Handschellen und zutiefst gedemütigt, gaben sich die meisten der legendären Helden geschlagen, als Zuschauer waren nur ausgewählte Angehörige zugelassen.

Die Verteidiger wagten es nicht, den Mund aufzumachen, der Ankläger ließ sie erst auch gar nicht zu Wort kommen.

In der Gerichtsverhandlung ging es vor allem um den zügellosen Lebenswandel der Angeklagten. Es war von sexuellen Ausschweifungen die Rede, von Orgien, die mitgeschnitten und gefilmt worden waren, und von Vergnügungssucht. Es hatte den Anschein, als habe sich die Oberste Heeresleitung des Landes in den vergangenen Jahren vor allem der Wollust und anderen Genüssen hingegeben.

Die Farce endete damit, daß einige zum Tode und andere zu lebenslänglicher Haft verurteilt wurden. Fidel hatte das letzte Wort. In einer Versammlung des Politbüros drohte er seinen schönen Genossen ganz unverhohlen: Jeder, der nicht seiner Meinung sei, sei ein elender Opportunist. Die Gesichter dieser scheinheiligen Feiglinge sprachen Bände.

«Arnaldo Ochoa hat seinen Titel als Held des Vaterlandes mit Füßen getreten; in den Gewässern vor Angola verfügte er über ein Schiff mit hundert Tonnen Kokain an Bord ... Das wollte er gegen Waffen eintauschen, um gegen unsere Revolution zu putschen ...» Natürlich war das alles haarsträubender Unfug. Koks gab es überall in Kuba. Sogar mein Freund Roger war vor einigen Monaten mit einem Reagenzgläschen voll bei mir aufgetaucht. Er hatte kürzlich auf einer Sandinsel, auf die ihn sein Chef Guillermo García geschickt hatte, um Jagdwild für die Touristen zu fangen, zufällig ein Lager entdeckt.

Es gab soviel Koks in Havanna, daß sich nicht mehr jeder für sich passiv berauschte, wie es nach Genuß des angolanischen oder kolumbianischen Marihuanas üblich war, sondern alle in fieberhafte Aktivität ausbrachen, was die Arbeitsleistung sehr steigerte.

Koks fiel wie Schnee vom Himmel, und es wurde allgemein toleriert. Die Leute kauften es in Zehn-

Pfund-Zuckersäcken und transportierten es von einem Viertel ins andere und von einer Provinz in die nächste. Es gab so viel von dem Zeug, daß man glauben konnte, es sei der Antrieb für all die revolutionären Aufmärsche und die Übungen der Milizen zur Landesverteidigung.

Koks war seit einiger Zeit zum allgemeinen Kulturgut geworden, und es war beschämend, die Schuld daran ein paar Militärs zuzuschieben, die auf einem anderen Kontinent gelebt und gekämpft hatten. Ochoa versorgte sein Heer in Angola, indem er mit Tieren und Elfenbein handelte und sich seine Männer stundenweise von Agostinho Neto bezahlen ließ.

Tonys Fall war anders. Wie sollte er seine importierten Elektrogeräte, die Nissans und Mercedes bezahlen, wenn nicht mit Geld, das er im Drogenhandel verdiente. Tony reiste seit Jahren in Zivilkleidung zwischen Miami und Kuba hin und her.

Und wie sollten die lateinamerikanischen Guerilleros ihre Waffen bezahlen, wenn nicht mit Koks. Das Amerikabüro ließ sich seine militärische und technische Hilfe in Koks aufwiegen.

Und dann wurden Ochoa, Tony und Amadito Padrón plötzlich zum Tod verurteilt. Es wurde nicht einmal mitgeteilt, wann die Strafe vollstreckt werden sollte.

Es war eine tragische Woche, während der ich wie eine Büßerin vor dem Fernseher verharrte. Ich konnte nicht glauben, daß Fidel einfach den Daumen nach unten drehte und Freunde, die ihn ein ganzes Leben lang begleitet hatten, erschießen ließ.

«Dein Alter ist ja ein ganz schöner Halsabschneider!» kommentierten die Nachbarn die Ereignisse.

Ich dachte an die Eltern der Zwillinge, Mimi und Popín, zwei entzückende Menschen, und die Kinder, die ich hatte aufwachsen sehen. Ich nahm meinen ganzen Mut zusammen und besuchte die beiden Alten. Sie lebten in einem Haus am Meer, vor dem die Autos ihrer opportunistischen Freunde immer eng aneinandergereiht geparkt hatten, doch an diesem Abend war die Straße leer. Die Enkel schlichen wie Geister zwischen ein paar alten Frauen durch das Haus, die ihnen Trost zusprachen.

Popín war erloschen. Er sah und hörte nichts. Mimi fragte mich: «Alina, weißt du, wann sie meinen Sohn erschießen werden?»

Aber ich wußte es auch nicht.

Es war wohl ein besonderer Fall von Zivilcourage, daß Tonys Tochter in diesem Jahr nicht als beste Schülerin ausgezeichnet wurde. Die anderen Kinder wurden in ihren Schulen und an der Universität zuerst beschimpft und dann rausgeschmissen. Zum Ausgleich dafür sicherte das Innenministerium ihnen psychologischen Beistand zu: Mehrere uniformierte Mediziner versuchten die Kinder davon zu überzeugen, daß ihren Eltern eine gerechte Strafe zuteil geworden war. Sie schafften es nicht, sie umzudrehen.

Wenig später wurde auch Abrantes verhaftet. Einen Monat danach hatte er einen schweren Herzanfall. Er wurde in einem Gefängniswagen abgeholt, der jedoch nicht zur Poliklinik fuhr, sondern in die entgegengesetzte Richtung. Er starb an einem Herzinfarkt.

An dem Morgen, an dem er starb, holte mich einer seiner Söhne ab. Seine engsten Familienangehörigen und ich versammelten uns zur Totenwache für den einst hochgeehrten Innenminister. Ich litt wohl am Stockholmsyndrom. Für alle anderen hatte er seit seiner Verhaftung sehr an Wertschätzung eingebüßt.

Tags darauf fuhr Fidels Wagenkolonne am frühen Morgen die Calle Zapata hinunter und am Beerdigungsinstitut vorbei – ein weiterer unerwarteter Schachzug im Kampf gegen den Drogenhandel.

Die Wagen verlangsamten die Fahrt. Das Grüppchen der Trauernden rief ihnen «Mörder! Mörder!» zu.

Aufgrund meines Schreibtalents, das ich während meiner Zeit bei der Contex unter Beweis gestellt hatte, war Cachita auf die Idee verfallen, daß ich die Trauerrede am Grab ihres verstorbenen Bruders halten sollte. Doch es hätte einer gehörigen Portion Masochismus bedurft, öffentlich Zuneigung für jemanden zu bekunden, der mir zu Lebzeiten so viel Leid zugefügt hatte.

Als die Beerdigung vorbei war, brachte ich meinen Freund Papucho nach Hause zurück.

«Dein Vater hat meinen Onkel töten lassen», sagte er. «Das wird meine Familie dir nie verzeihen.»

Fortan grüßte er mich nicht mehr.

Kurz nach den Erschießungen kam meine Nachbarin Estercita eines Morgens zu mir, sie heulte Rotz und Wasser.

«Bei uns im Viertel macht man sich Sorgen. Der Sohn von Amadito Padrón drückt sich jeden Nachmittag vor der Oberschule herum und wartet auf Mumin. Sie kann ja nichts dafür, daß dein Vater seinen erschossen hat, aber du weißt ja, wie schlecht die Menschen sind. Wir wissen nicht, wo wir Anzeige erstatten sollen. Du mußt jemanden benachrichtigen!»

Doch ich wußte auch nicht, wen ich benachrichtigen sollte. Wir waren jetzt die Familie des Henkers. Es hat schon seinen Grund, daß andernorts die Henker immer eine Kapuze tragen, wenn sie ihre Pflicht erfüllen.

Die Stimmung unter den Leuten änderte sich grundlegend: Die Hälfte der Kubaner hat sich nie von dieser Geschichte erholt. Überall bildeten sich Dissidentengruppen. Diese Regierung sagte den Regierten nicht länger zu.

Und mir schon gar nicht. Ich war überzeugt, daß Fidel und die CIA einen teuflischen Pakt geschlossen hatten, in dem die CIA zugesagt hatte, alle Beweise für Kubas Verwicklung in den Drogenhandel zurückzuhalten.

Ich malte mir aus, wie das zuging: «Ich liefere Ihnen diese und jene Guerilla in Lateinamerika oder irgendeinem anderen Teil der Welt ans Messer. Und Sie halten den Mund, was die Drogengeschäfte angeht, und, vor allem, halten Sie das Embargo aufrecht.»

Das Embargo ist das beste Argument gegen den amerikanischen Imperialismus, und der Weltmacht ist die öffentliche Meinung ziemlich egal. Ihr einziges Interesse besteht darin, einen formbaren und kooperativen kubanischen Staatschef zu halten. Kuba ist das nächste Grenada. Irgendwann wird es mit Holiday Inns und McDonald's überschwemmt.

Nach dem Fall Nummer 1 fielen Noriega, der Leuchtende Pfad in Peru und César Gaviria[49], als ob meine Spekulationen bestätigt werden sollten.

Fidel bewahrte sich sein internationales Ansehen ...

Das sozialistische Lager und die Berliner Mauer brachen eines Abends im Fernsehen zusammen. Die einzige Folge davon in Kuba war, daß das Russischstudium abgeschafft wurde.

Fidel ließ Russisch durch Englisch ersetzen.

Dann erschien er auf dem Bildschirm, um die Sonderperiode[50] und die Nulloption[51] zu erklären. Der Begriff sagt alles: kein Licht, null Essen, null öffentlicher Nahverkehr. Nichts. Gar nichts.

Damit die Leute nicht verzweifelten, erfand er die «Volksküchen», das war das erste Mal seit 1959, daß eine französische Mode in Kuba übernommen wurde.

Man kann sich darunter einen gemeinsamen Eintopf vorstellen, den das Komitee zur Verteidigung der Revolution organisierte. Jedes Mitglied brachte eine Kartoffel, ein Knoblauchknöllchen oder eine halbe Zwiebel

---

49 Kolumbianischer Präsident von 1990 bis 1994. Da er während seiner Amtszeit im Kampf gegen die Rauschgiftkartelle auch US-amerikanische Soldaten zu «humanitären Missionen» ins Land ließ, wurde ihm vorgeworfen, er habe sein Land an die Vereinigten Staaten verkauft. (AdÜ)
50 Bezeichnung der kubanischen Regierung für die wirtschaftliche Depression und die Versorgungsengpässe, die nach dem Verschwinden des sozialistischen Lagers in Europa – mit dem Kuba den größten Teil seines Außenhandels abwickelte – auftraten. Ursache war vor allem der Zerfall der Sowjetunion, die Kuba mit mehr als fünf Milliarden Dollar jährlich unterstützte.
51 Periode, in der die Versorgung völlig zusammenbrach und das kubanische Volk unter primitivsten Bedingungen überleben mußte.

mit ... Zur Ergänzung verteilte das Komitee Multivitaminpräparate.

Zur Ablenkung ließ Fidel die Leute zu Hause Hühner halten. Aus eigener Erfahrung wußte er, daß einen das rund um die Uhr auf Trab hält.

«Der Imperialismus hat unsere Hühnerhöfe vernichtet. Jeder Einwohner erhält drei Küken, für die er voll und ganz verantwortlich sein wird. Der Staat kann nicht für das Futter aufkommen.»

Die Leute stürzten sich auf die Hühnerzucht und erfanden immer neue Rezepte, wie etwa in der Sonne getrocknete, zermahlene Grapefruitschalen. Die Kinder bekamen zum Frühstück nur Wasser mit gräulichgelbem Zucker, der in den Flaschen zu gären begann und die Küchenschaben fernhielt.

Die Hühner wuchsen auf wie Haustiere, sie erhielten Namen, die Kinder liebten sie und spielten mit ihnen, so daß es am Ende schwierig wurde, sie zu schlachten und auf den Tisch zu bringen.

Nach den Hühnern kamen die Schweine und Ziegen nach Havanna. Die Ziegen grasten die Grünstreifen der Fünften Avenida ab, und die Schweine belegten Hinterhöfe und Badewannen mit Beschlag. Um nicht verraten zu werden, stellten die Besitzer sie mit Benadryl ruhig. Die raffinierteren Familien schnitten ihnen die Stimmbänder durch.

Das Aussehen und die Gerüche meiner Stadt veränderten sich zunehmend, wie schon damals, als Nanni Mercedes mich von den Fenstern der Makarenko- und Ana-Betancourt-Frauen fernhielt, damit mir keine blutverschmierten Binden auf den Kopf fielen.

Die Stadt roch wie ein Misthaufen.

Der fröhliche Ruf der Herrscherinnen über die Zuteilungskarten wurde von Grunzen und Gackern begleitet:

«Heute gibt es Fleischersatz! Die ersten hundert in der Schlange können ihn abholen.»

«Das leckere Batatenbrot ist da!»

Das Brot, eine kleine Kugel, die ein Viertelpfund wog, wurde aus Batatenmehl gemacht und war nach zwei Tagen wegen Schimmels ungenießbar.

Der Fleischersatz war ein schwer verdaulicher Kleister aus Sojahack, Knorpeln und Maismehl. Gern hätte ich einem der freundlichen Fürsprecher des kubanischen Regimes eine unserer traurigen Mahlzeiten zu essen gegeben: gekochtes Bananenschalenhack. Batatenbrot mit Lumpen. Die Putzlumpen wurden ein paar Tage in Öl mariniert, bis die Fasern weich waren. Nach Möglichkeit wurden sie paniert und dann serviert. Zur Abwechslung gab es gebratene Nacktschnecken oder Katzenfrikassee.

Die Leute führten ihre Hühner wie Hunde spazieren, mit einem Strick um den Hals, um sie vor dem Hunger der gefräßigen Katzen zu schützen, die ihrerseits pfundweise auf dem Schwarzmarkt gehandelt wurden.

Zu allem Pech breitete sich noch ein Sehnervenleiden aus, an dem Tausende Kubaner erblindeten. Fidel behauptete zwar standhaft, auch dieser Virus sei dem Imperialismus zu verdanken, doch die Wahrheit verbarg sich in einem bakteriologischen Labor des Verteidigungsministeriums, in dem die Krankheiten ausgebrütet wurden, die die kubanische Politik brauchte, um gesund zu bleiben. Die Kubaner waren Opfer des Thalliums, das in improvisierten Pflanzengiften und Schädlingsbekämpfungsmitteln enthalten war. Trotz allem durften die Bauern ihre Erträge nicht frei verkaufen, und das Gemüse verfaulte auf den Feldern, weil der Staat es nicht rechtzeitig erntete.

In diesen schwierigen Zeiten wandten die Menschen sich plötzlich Gott zu, und die religiöse Verwirrung wurde noch größer, als Fidel die alte Parole der Mambises, «Vaterland oder Tod» gegen «Sozialismus oder Tod» austauschte.

Und da der Comandante für Verwirrung zuständig war, erfand er die Schnellen Eingreifbrigaden, die die immer beliebteren religiösen Versammlungen mit Schlägen und Prügeln auflösten.

Die Jugendlichen scharten sich zu Protestveranstaltungen um Lagerfeuer. Das Klima war so aufgeheizt, daß man auf dem Asphalt Hühner hätte braten können. Es war eine verrückte, aus den Fugen geratene Welt, so erniedrigend wie surreal.

Mitten in dieser wirren Zeit rief mich eines Abends meine Mutter an: «Geh auf die Straße runter. Da wartet jemand auf dich, den du sehr gern hast.»

Es war Ezequiel, der Wunderheiler. Wir umarmten uns heimlich in einem Durchgang auf der anderen Straßenseite.

«Warum bist du so einfach verschwunden?»

«Das ist eine lange Geschichte ...», sagte er und wollte sie nicht gleich erzählen. Ich sollte ihn auf einem Bauernhof besuchen, den man ihm überlassen hatte, damit er seine Experimente wieder aufnehmen konnte.

«Ich bin zu dir gekommen, weil du immer an mich geglaubt hast und mir bestimmt helfen wirst. Komm nächste Woche bei mir vorbei. Fahr zur Kirche San Lázaro. Frag dort nach dem Aids-Hospital. Und wenn du vor dem Hospital stehst, dann frag nach der Hühnerfarm von Guillermo García.» Ein Stück Land und eine Hütte ohne Strom machten den Anfang seines alternativen Krankenhauses. «Und nimm nicht das falsche Aids-Hospital. Ich meine das auf der linken Seite, für die normalen Leute. Das auf der rechten Seite gehört dem Innenministerium.»

«Und die Hühnerfarm?»

«Die kennt dort jeder. Guillermo García züchtet dort seine Kampfhähne.»

«Aber in Kuba sind Hahnenkämpfe doch verboten!»

«Sie sind für den Export bestimmt.»

Das Aids-Hospital war ein Garten Eden, in den die Kranken eingesperrt wurden. Je nach «Grad ihrer Gefährlichkeit» erhielten sie einmal in der Woche Ausgang oder auch nicht. Einige Dauerinsassen hatten sich bei Bluttransfusionen angesteckt und wollten sogar in die Anstalt, wo sie in Freiheit sterben konnten und lieben, wen sie wollten. Einige Jugendliche hatten sich sogar selbst infiziert, weil sie das lausige Leben draußen nicht mehr aushielten.

Mit den entwürdigenden Leprastationen vergangener Zeiten hatte das nichts zu tun. Es gab Theateraufführungen und Hochzeitszeremonien. Sogar Dokumentarfilme wurden darüber gedreht, wie zufrieden die Kranken waren. Sie bekamen gutes Essen und im Endstadium sogar eine Klimaanlage.

«Und was hast du in den vergangenen zwei Jahren in dieser Aids-Station gemacht?»

«Das erkläre ich dir später.»

Mit diesen Worten verschwand er in der Dunkelheit der Nacht. Wieder einmal war der Strom ausgefallen, und es roch nach dem Kerosin der Notlampen.

Über Langeweile konnte ich nicht klagen, denn die Presse hatte das Interesse an mir immer noch nicht verloren, sosehr ich das an jenem Abend auch gehofft hatte, als ich den Journalisten im La Maison meine Anschrift in der fünfunddreißigsten Straße gegeben hatte.

Einige schlugen gar neben der übelriechenden Grube vor dem Haus ihre Zelte auf. Sie waren unerschütterlich und nicht zu bremsen.

Ein paar reisten gar regelmäßig aus Frankreich an und bettelten, ich möge ihnen doch wenigstens ein Haar aus dem Bart des Comandante besorgen. Sie behaupteten, mit Hilfe einer Spektralanalyse könne man die tiefsten Geheimnisse seiner Persönlichkeit erkunden. Ich gab ihnen ein paar von meinen Schamhaaren, weil sie einfach nicht glauben konnten, daß ich keine Fidel-Reliquien besaß.

Zu dieser Zeit war ich der einzige Mensch auf der Insel, der noch Redefreiheit besaß. Ich konnte nach Belieben über die Einschränkungen der Freiheit reden, ohne daß eine Polizeischwadron mich nachts aus dem Bett riß, verprügelte und ins Gefängnis brachte.

Es hat mich einigen Mut gekostet, diese seltsame Verantwortung anzunehmen.

Den Journalisten hatte ich es zu verdanken, daß die

ersten Biographen eintrafen und sogar alte Freunde aus dem Exil sich meiner erinnerten. Besonders gern denke ich an einen Abend zurück, an dem ein lockiger, blauäugiger Jüngling auftauchte, der vor Freundlichkeit und Liebenswürdigkeit überströmte. Mein Freund Osvaldo Fructuoso hatte ihn geschickt, der Sohn eines Märtyrers der Revolution, der sich wie alle meiner Generation von ihr abgewandt hatte. Der Junge mit den blauen Augen gab mir eine Karte, auf der stand: «Carlos Lumière. Fotograf für Vogue.» Goldene Schrift auf schwarzem Grund. Ohne Anschrift und Telefonnummer.

Ebensogut hätte ich eine haben können, auf der stand: «Alina Fernández. Beraterin von Präsident Reagan.» Aber da ich zur Vertrauensseligkeit neige, ließ ich mich überreden, ein paar Fotos zu machen.

«Wenn wir sie verkauft bekommen, wird Osvaldo dir das Honorar schicken.»

Ich bat meine Freundin Albita um ein paar Fummel.

Keine zwei Wochen später entdeckte ich mich in einer spanischen Zeitschrift wieder, in der ich in den vermeintlich schicksten Kleidern von Havanna über die Schwarzmarktpreise für Öl oder ein Pfund Katzenfleisch und über die Auswüchse der Prostitution sprach.

Schmachtend lag ich auf den Felsen am Meer, am unvergeßlichen Malecón, in einem schwarzen Spitzenbody sprach ich über das Elend im Benin ... Es war nicht zu glauben! Der Text war ein literarisches Meisterwerk. Fernando, ein Freund meines Freundes Osvaldo, hatte ihn verfaßt, und obwohl beide sehr zerknirscht taten, habe ich ihnen ihre guten Absichten nie abgenommen, auch später nicht, als sie erfolgreich Pläne schmiedeten, um mich von der Insel zu holen.

Aber nicht alle meine Freunde waren so.

In jenen Tagen erhielt ich einen verschlüsselten Brief von meinem Freund Alfredo de Santamarina. Er teilte mir mit, daß Schweden bereit war, mich aufzunehmen. Alfredo war in moralischen Fragen – wie ich – rigoros wie ein Kind. Ich weiß nicht, wie er es angestellt hat, daß die schwedische Regierung meinetwegen verhandeln wollte. Wenn ich mit dem Plan einverstanden wäre, sollte ich in meinem Antwortbrief einen Regenbogen erwähnen.

Ich schrieb ihm einen delirierenden Brief, in dem ich den Regenbogen als Traum bezeichnete, den man aufschieben könne. Ich war so erfüllt von meiner Aufgabe, soziale Mißstände anzuprangern. Das war ich meinem zum Schweigen gebrachten Volk schuldig. Hinzu kam ein rasch anwachsendes Geschwür, das mir sagte, daß ich das Exil nicht verdient hatte. Zwar konnte ich nachts nicht schlafen, weil mir die Angst in den Knochen saß und jedes Auto, das auf der Straße hielt, mein Herz zum Rasen brachte, doch es erschien kein Polizeiwagen, der mich mitnahm wie Tausende von Dissidenten, die im Gefängnis geprügelt wurden.

Der Besuch eines Militärs überzeugte mich endgültig.

«Schweden sucht nach Vorwänden, um die Beziehungen zu Kuba abzubrechen, und will die Hilfssendungen einstellen, die es uns als Dritte-Welt-Land zukommen läßt. Du weißt schon, Schulhefte, technische Unterstützung und so weiter. Wenn du das Asylangebot annimmst, schadest du den kubanischen Kindern. Und paß auf, wie immer du dich entscheidest, du reist nirgendwohin.»

Als Alfredo seine Kampagne dennoch begann, traf ich mich in der Bar des Hotels Inglaterra mit jemandem von der schwedischen Botschaft. Hier, mitten im Alten Havanna, fanden alle heimlichen Treffen mit blauäugigen diplomatischen Spionen statt. Ich sagte ihm ein klares Nein, das ich mit warmen Worten des Dankes verbrämte. Wir sprachen nicht über Hefte oder Bleistifte und auch nicht über die phantasievollen bebilderten Erzählungen, denen ich den Namen meines Trolls entnommen hatte: Mumin[52].

All das hat mein Freund Alfredo mir bis heute nicht verziehen.

Ezequiels Landgut erreichte ich im Gefolge der jährlichen Prozession zur Kapelle des heiligen Lazarus, bei der die Pilger von der Polizei aufmerksam überwacht werden. Außer Putzzeug hatte ich eine Flasche Rum, ein bißchen Plastikgeschirr und eine italienische Kaffeemaschine dabei.

Die zukünftige Klinik für alternative Heilmethoden war eine verlassene Hütte, die zwischen einem Garten und einem steinigen Hof stand. Es grenzte an ein Wunder, daß dort Heilpflanzen wuchsen. Als hätte sich Großmutter Natica mit ihrem grünen Daumen in dem Garten zu schaffen gemacht.

Ezequiel bereitete eines seiner Heilmittel zu. Im

---

[52] Alina Fernández bezieht sich auf die Mumin-Bücher der Finnin Tove Jansson. (AdÜ)

Schatten der Bäume im Hinterhof zerkleinerte er in verschiedenen Töpfen Kokosnußschalen, die er zuvor am Feuer getrocknet hatte. Ein hoch aufgeschossener Jüngling half ihm dabei, ein Druide mit einem Elfen als Assistent.

Irgendwann nach sieben Uhr abends erzählte er mir: «Du weißt ja, daß sie meine Klinik im Cimec geschlossen haben, als sie Abrantes entmachteten. Sie hielten mich ein paar Tage in Villa Marista gefangen ...»

«Haben sie dich während des Verhörs vergewaltigt?»

«Nein, meinen Hintern haben sie in Ruhe gelassen, aber die Moral haben sie zerstört. So viele Jahre habe ich im Innenministerium für die Revolution und für Fidel gearbeitet! Aber das schlimmste ist, daß ich hier wieder das gleiche machen soll.»

Ich war verwirrt. Fidel ist offenbar der erste Regent, der die Entmachtung seines Innenministers und seiner Leibwache überlebt hat. Keiner außer ihm war fähig, aus jedem Rückschlag einen Sieg zu machen. Die neue Generation seiner Schergen war bestimmt noch schlimmer als die vorherige: Kinder der Doppelmoral und des Opportunismus.

Ezequiel wurde erneut ausgenutzt, aber diesmal auf andere Weise: Er sollte jetzt tödliche Wurzeln und Pflanzen züchten, Todespillen, um unbequeme Zeugen des Untergangs in Kuba und außerhalb zu beseitigen. Nur darum hatten sie ihn am Leben gelassen. Natürlich behagte ihm das ganz und gar nicht.

«Wenn man sich mit dem Teufel einläßt ...»

«Wo warst du denn in den vergangenen drei Jahren?»

«Im Aids-Hospital.»

Sein Auftrag war nichts Geringeres, als ein Heilmittel gegen Aids zu finden. Zumindest hatte er eine Mixtur entdeckt, die das Immunsystem weitgehend funktionsfähig hielt. Aber er war nicht zu mir gekommen, um mir diese geheime Formel zu verraten. Die war angeblich von der Regierung an die DDR verkauft worden.

Zum Abschied versprach er mir, ein Mittelchen für Naty anzurühren.

An Natys Hals war auf der linken Seite ein Knötchen aufgetaucht, und sie brachte mich zur Verzweiflung mit ihrer strikten Weigerung, zum Arzt zu gehen. Daher hatte ich Ezequiel um Hilfe gebeten.

In der Woche darauf kehrte ich zur Hütte zurück. Ich brachte eine Reihe leerer Flaschen für seine Mittelchen mit. Ich hatte eine böse Vorahnung und fühlte mich, als würde ich direkt auf eine neue Katastrophe zusteuern. Für den Fall, daß ich einen Vorwand brauchte, um schnell wieder aufbrechen zu können, hatte ich eine Dame der amerikanischen High Society im Schlepptau, die behauptete, auf die Insel gekommen zu sein, um eine Geschichte über die Frauen meiner Familie zu schreiben: Natica, meine Mutter, Mumin und mich. Sie war eine von vielen, die unbedingt herausfinden wollten, warum und mit wem Fidel eine uneheliche Tochter gezeugt hatte, aber sie war die einzige, die versprach, für die Geschichte zu bezahlen. Sie war eine reizende Säuferin, eine nette fünfzigjährige Dame, deren Lebensinhalt darin bestand, Jacqueline Kennedy zu imitieren.

Ihre Anwesenheit nützte mir jedoch nicht viel. Hinter dem Rauch, der aus den Töpfen aufstieg, verbargen sich zwei Kerle, die mir auflauerten.

Ezequiel erklärte:

«Es sieht vielleicht so aus, als hätte ich dich in eine Falle gelockt, aber wenn du mit ihnen sprichst, wirst du mir hoffentlich verzeihen.»

Es waren zwei Kranke, die aus dem Aids-Hospital geflohen waren. Sie kamen gleich zur Sache:

«Das hier ist Oto, und ich heiße Reniel. Wir brauchen deine Hilfe.»

Oto war ein großgewachsener Schwarzer und sah aus wie ein Massai, der früher bestimmt Barbarito geheißen hatte, bis ihn das Innenministerium für seine Dienste einspannte und ihm einen neuen Namen gab. Reniel war der Deckname, den die Staatssicherheit am liebsten verwendete. Wenn dir ein Kubaner sagt, er heißt Reniel, ist er mit Sicherheit von der Geheimpolizei. Beide sahen so aus, als seien sie im Dienst.

Der lange Schwarze sagte, er sei der Vertrauensmann Fidels in Angola gewesen. Der stämmige Kurze gehörte zum militärischen Abschirmdienst.

Beide waren dazu verurteilt, im Aids-Hospital zu leben, obwohl sie kein Aids hatten.

Sie waren dreimal im Jahr getestet worden, immer wenn sie auf die Insel kamen, und beide waren, nachdem sie das ärztliche O.K. erhalten hatten, aufgefordert worden, aus Angola zurückzukehren. Ihre Vermutung war, daß der neue Apparat, an dessen Spitze Furri[53] stand, beschlossen hatte, nun sie zu beseitigen, nachdem Ochoa, Abrantes, Tony und die anderen erledigt waren.

---

53 Abelardo Colomé Ibarra, genannt Furri; er war ab Juni 1989 Innenminister. (AdÜ)

Dazu hatte man zuerst das Gerücht verbreitet, sie seien schwul. Danach wurden sie im Aids-Hospital zwangsinterniert. Erst zwei Jahre später wurden alle vermeintlich Kranken ohne Behandlung nach Hause geschickt.

Sie waren überzeugt davon, daß Fidel nichts von diesen Machenschaften wußte. Zweimal schon hatten sie nachzuweisen versucht, daß ihr Blut nicht infiziert sei, indem sie es im Ausland testen lassen wollten. Erzequiel hatte ihnen dabei zu helfen versucht, aber er war auf dem Weg zum Flughafen festgenommen worden, weil er Blutproben außer Landes hatte schmuggeln wollen. Nun benötigten sie jemanden, der dem Comandante sehr nahestand, damit er erfuhr, wie die Dinge wirklich standen.

Ich erklärte ihnen, daß ich die am wenigsten geeignete Person sei, um mit dem Comandante zu reden. Schließlich hatten mein Vater und ich nach einem Zwischenfall, der mit dem internationalen Tourismus zu tun hatte, unsere persönlichen Beziehungen abgebrochen.

Jackie Kennedy II., die Biographin, torkelte um uns herum, da sie dem «Saoco», einem Cocktail aus Rum, frischer Kokosmilch und Zitrone, fleißig zugesprochen hatte. Sie drängte zur Eile, denn sie hatte an diesem Abend ein Essen mit Berühmtheiten des kubanischen Films organisiert und wollte anschließend einen phantastischen Typen treffen.

Aber ich war gerade wieder dabei, mir Ärger einzuhandeln: «Wenn Sie beide wirklich Vertrauensmänner von Fidel waren, wird Ihnen in Ihrem ganzen Leben nichts zustoßen, was er nicht erfährt. Wenn Sie nun also – wie Sie erzählen – im Aids-Hospital eingesperrt sind, und man Ihnen vorwirft, Sie seien schwul, dann ist das Fidels Wille. Um so mehr, wenn das alles mit dem Fall Nummer 1 zu tun hat. Er hat damals seine engsten Freunde umbringen lassen.»

Doch sie waren von ihrer Idee nicht abzubringen, und ich war einfach nicht fähig, nein zu sagen. Als ich nach Havanna zurückkehrte, war ich entschlossen, dem Allerhöchsten eine Nachricht zukommen zu lassen. Seit Ewigkeiten hatte ich ihm nicht mehr geschrieben: «Es gibt ein paar Patienten im Aids-Hospital, die behaupten, sie seien gesund und Opfer einer Verwechslung. Es sind harte Männer, die im Angolakrieg waren. Angeblich sind sie ohne Dein Wissen dort gelandet...»

Um ihm das Schreiben zukommen zu lassen, nahm ich Kontakt auf zu einem der «Fünf Pflänzchen», meinen jüngeren Geschwistern. Nachdem ich einem meiner Brüder seine Aufgabe in einem heimlichen Treffen erklärt hatte, überreichte ich ihm das Briefchen.

Wie erwartet, war dem Comandante diese Angelegenheit völlig egal.

Er war sehr beschäftigt.

Wegen der Nulloption gab es null Benzin und daher weder öffentlichen Nahverkehr noch Privatverkehr. Fidel hatte die Hälfte der öffentlichen Angestellten, die zu Krisenzeiten überflüssig geworden waren, entlassen und sie mit einer Pension nach Hause geschickt, nicht ohne ihnen noch den Auftrag zu erteilen, die Nachbarschaft zu überwachen und alles Auffällige anzuzeigen.

Da der öffentliche Nahverkehr zum Erliegen gekommen war, ließ Fidel Fahrräder verteilen, damit die Leute weiter zur Arbeit gehen konnten, wenn es denn nötig war.

Es waren chinesische Fahrräder, gebaut nach einem Patent, das die Engländer dem Reich der Mitte kurz nach dem Zweiten Weltkrieg verkauft hatten. Sie glichen aufs Haar dem Modell, das ich vor dreißig Jahren zu Weihnachten bekommen hatte. Es war das Spielzeug, das damals alle Kinder bekommen hatten. Drei Generationen fühlten sich auf einmal an ihre verpfuschte Kindheit erinnert, und der Weihnachtsmann erfüllte endlich alle Wünsche, indem er in der Partei und an die Kommunistische Jugend Fahrräder verteilte. Plötzlich saßen ganze Familien auf diesen chinesischen Fahrrädern nebst angebauten Sitzen, und in zusammengestoppelten Anhängern wurden Kühlschränke, Hochzeitstorten, Baumaterial transportiert und alles, was es sonst auf dem Schwarzmarkt zu kaufen gab.

Meine Mutter war glücklich und staunte über den unerschöpflichen kubanischen Erfindungsreichtum.

Ich hingegen war traurig, wenn ich so einen keuchenden armen Kerl sah, der wie ein Ochse seine zwei Kinder samt breithüftiger Frau hinter sich her zog, oder wenn eine verschleierte Braut auf dem Weg zum Hochzeitspalast an mir vorbeifuhr, die von ihrem schweißüberströmten Vater kutschiert wurde. In dieser Zeit entstanden ganz neue Formen der Kriminalität, denn die Chinesen konnten für die prähistorischen Maschinen keine Ersatzteile mehr liefern. Einfallsreiche Diebe spannten, wenn nachts der Strom gesperrt war, Drähte über die Straßen. Es gab nicht wenige Fahrradfahrer, die darüber stürzten und sich das Genick brachen.

Mumin wuchs unbeschwert im Hin und Her zwischen ihren beiden Wohnungen auf. Beim Gehen setzte sie die Fußspitzen nach außen, und ihre Haare waren zu vielen kleinen Zöpfchen geflochten. Sie war auf dem besten Weg, eine Ballettänzerin zu werden, aber am Ende des zweiten Jahres mußte sie die Schule verlassen.

Zwei Jahre zuvor hatte mein Bruder Fidelito für seine Tochter die Zulassung erzwungen – eine große, dicke Russin, die im Kreis ihrer Mitschülerinnen wie eine Dampfwalze wirkte. Er hatte ein paar Schlägertypen geschickt, die der Direktorin die Hölle auf Erden androhten. Den zweiten Kampf, den sie mit einer Enkelin des Comandante aufnahm, gewann sie schließlich.

Meine Tochter war gerade erst zehn Jahre alt, aber man kann gar nicht früh genug damit anfangen, für die Schuld anderer zu büßen.

Der Traum Martís von den Landschulen wurde zu einer schrecklichen Wirklichkeit, sie wurden obligatorisch, und Fidel ließ alle Oberschulen und Colleges in den Provinzhauptstädten schließen.

Er schob den Benzinmangel vor, als er erklärte, die Kinder dürften nur für drei Tage im Monat nach Hause. Die Mutigen, die in den Parteiversammlungen lauthals protestierten, wurden kurzerhand zum Schweigen gebracht, und am Ende fügten sich die Leute dem Unvermeidlichen. Wegen der Versorgungsengpässe wurden in den Schulen Regeln wie im Gefängnis eingeführt: Alle mußten stets eine Zahnbürste und ein Stück Seife bei sich haben, die Schuhe nachts im Bett anbehalten und sich mit Zähnen und Klauen gegen Diebstahl zur Wehr setzen.

Eine Bewerbung für die Nationale Kunstschule löste die Schulprobleme meiner Tochter, und statt Spitzentanz lernte Mumin nun modernen Tanz. Sie war groß, hatte einen langen Hals, perfekte Schultern und einen Fußrücken wie eine Mondsichel. Es machte Spaß, ihr zuzusehen.

Im ersten Jahr konnte ich sie hinbringen und abholen, weil es manchmal noch Benzin gab. Im zweiten Jahr verabschiedete sich das Benzin für immer, und Mumin mußte frühmorgens und spätabends die Avenida entlanglaufen oder sich irgendwie in den Bus quetschen. Im dritten Jahr benutzte sie mein altes Fahrrad.

Damals begann die Angst.

Sie hatte einen Weg von zwanzig Kilometern zurückzulegen. Manche Lehrer mußten sogar drei Stunden in die Pedale treten und hatten nur ein bißchen vergorenen Zucker im Magen oder einen kleinen Happen von dem halben Pfund Fleischersatz, das es im Monat gab. Nach und nach blieben sie weg.

Hinzu kam, daß Mumin ihren ersten politischen Skandal verursachte. Schuld daran war der Rosarote Panther. Die revolutionäre Tradition, sich jeden Morgen in Reih und Glied aufzustellen und Parolen zu skandieren, wurde noch immer gepflegt. Dazu sollten sich die Schüler jeden Tag etwas Neues ausdenken.

Mumin, die am Abend zuvor bei einer meiner Freundinnen eine Postkarte mit dem Rosaroten Panther gesehen hatte, fand, daß der Text gut paßte. Also riefen sie und ihre Klassenkameraden im Chor:

> «Morgens esse ich nicht
> weil ich an dich denke
> Abends esse ich nicht
> weil ich an dich denke
> Nachts kann ich nicht schlafen.
> Ich bin hungrig!»

Daraufhin wurde ich zur Leitung der Nationalen Kunstschule zitiert, vor der ich die schamlosen Anspielungen meiner Tochter auf das Versorgungsproblem rechtfertigen mußte.

Ich ging zu meiner Freundin:

«Du mußt mir unbedingt die Karte mit dem rosaroten Panther leihen. Morgen gebe ich sie dir zurück.»

So konnten der Panther und ich Mumin gerade noch vor einem schlechten Zeugnis bewahren.

Die Ausflüge meines Kobolds zur Schule ohne Lehrer ließen mich vor Angst nicht mehr schlafen. Unterdessen wurden weiter Fahrräder verteilt, und es kam zu immer neuen Auswüchsen der Kriminalität. Tag für Tag gab es neue Unfälle. Jeden Tag ereignete sich eine Tragödie, die die Nachbarschaft bewegte.

Ich ging auf dem Colón-Friedhof spazieren und fragte nach einem erfundenen Toten.

«Können Sie mir sagen, wo Mamerto Navarro beerdigt ist?»

«Wann ist der denn gebracht worden?»

«Gestern.»

«Gestern, um welche Zeit? Da kommt einer nach dem anderen!»

Alles ging seinen geordneten Gang. Alle zehn Minuten wurde eine neue Leiche gebracht.

«Am Nachmittag, glaube ich. Gibt es viel zu tun?»

«Mehr denn je!»

Der Alte war selig. Seit er in den Sechzigern begonnen hatte, die Toten zu registrieren, hatte er sich noch nie so nützlich gefühlt. Er war das genaue Gegenteil von dem Mann, der Lenins Mumie einbalsamiert hatte und seit dem Zerfall des sozialistischen Lagers seiner Daseinsberechtigung beraubt war.

«Was denn, sterben die Leute heutzutage schneller?»

«Das kannst du mir glauben, Kindchen. Seit der Sonderperiode und den Fahrrädern sind es mehr als fünfundvierzig am Tag. Früher waren es höchstens fünfzehn.»

Der Spaß, den mein Vater daran fand, Kommunismus zu spielen, hatte die Zahl der Toten in meinem Heimatland innerhalb von knapp zwei Jahren verdreifacht. Er war dabei, Kuba zu entvölkern. Ich notierte das alles in einem schwarzen Notizheft, denn ich sammelte Fakten für ein Buch. Ich wollte festhalten, was im allgemeinen Chaos unterzugehen drohte.

Ich weiß nicht, wie oft ich nach der weinenden Mumin suchte. Ich flehte sie an, nicht mehr zur Schule zu gehen. Warum sollte sie ihr Leben riskieren für einen Unterricht ohne Lehrer?

Es begann eine Phase, in der ich mich abzulenken versuchte, indem ich einen Perfektionswahn entwickelte.

Ich hatte mich damit abgefunden, für immer in diesem Irrenhaus in der fünfunddreißigsten Straße zu bleiben. Den Menschen zuliebe, die meine Wohnung wie die Notaufnahme eines Krankenhauses aufsuchten, um von ihren Tragödien zu erzählen, und Mumin zuliebe, die wegen der Fahrräder und der Unsportlichkeit ihrer Lehrer viel Zeit zu Hause verbringen mußte, nahm ich mir vor, die Wohnung gründlich zu renovieren. An diesem Ort, der nach Elend roch und nach einer ordnenden Hand schrie, konnte man nicht länger Heilmassagen verabreichen, Tarotkarten legen, Freunde oder Feinde empfangen, militante Dissidenten beruhigen, eine Tochter aufziehen oder Liebe machen. Was sich daraus entwickelte, war nicht abzusehen gewesen.

Es begann alles mit dem verstopften Klo.

Es lag in den letzten Zügen. Da es in meiner Heimat keine ausgebildeten Klempner gibt, konnte keiner der selbsternannten Kloexperten eine Diagnose stellen – bis auf Alberto, das Genie.

Ich selbst hatte alles versucht, hatte auf das Klo eingeredet, ihm mit ätzenden Abflußreinigern zugesetzt – nichts hatte genutzt.

Eines Tages lernte ich dann Alberto, den Klempner, kennen, und Alberto stellte mir seinen Kollegen Idulario vor, der mich wiederum mit Armando bekannt machte. Armando war Mechaniker, und zu dritt brachten sie mein Leben in Ordnung. Alle drei arbeiteten bei der städtischen Buslinie 27, wo sie nicht viel zu tun hatten, weil es nur noch zwei funktionsfähige Fahrzeuge gab. In dem Moment, in dem Alberto einen Plastikklumpen, der einst eine Spraydose gewesen sein mußte, aus dem Klo zog, war auch mein Leben wieder in Ordnung.

«Man sollte seine Wohnung hin und wieder anstreichen, damit sie schön ist. Es kann auch nichts schaden, einen Boiler zu haben und in heißem Wasser zu baden. Und man sollte sein Auto ab und zu reparieren», riet das Genie.

Er war das erste menschliche Wesen, das keine Probleme verursachte, sondern löste, Gott schütze ihn. Wunderbare Werkzeuge kamen aus der Werkstatt der Buslinie 27: eine Schleifmaschine, mit der man Eisen und Stein bearbeiten konnte, ein mittelalterlicher Lötkolben und ein erstklassiger Satz Spachtel. Nie war ich seliger als zu der Zeit, als ich mich als Maurer und Zimmermann vergnügte. Ich war voll und ganz mit den Renovierungsarbeiten beschäftigt, als in meinem Flur ein Wesen aus einer anderen Welt erschien: ein alternder Playboy, in makellosem Leinenanzug und Krawatte, mit aschblondem Haar, ersten grauen Strähnen und den typischen Sonnenfältchen, die man sich auf Yachten und an Swimmingpools einhandelt.

Ich hielt ihn für einen Journalisten und bedrohte ihn mit der Schleifmaschine.

«Oh, don't worry! I didn't come for an interview. Other plans! We, friends!»

Er hielt diese Frau mit Mundschutz, einer Hose, die von Sicherheitsnadeln zusammengehalten wurde, und einer Schleifmaschine in der Hand wohl für nicht ganz zurechnungsfähig. Ich vermochte ihn nicht vom Gegenteil überzeugen.

«My name, Marc. Me and you, food. Me here at nine.»

Ich schaltete die Schleifmaschine aus und widersprach heftig. Ich wollte nicht mehr. Ich wollte mich lieber häuslich einrichten in dem Gefängnis, das meine Wohnung war. Außerhalb lauerten nur die Denunzianten, die auf einen Fehler von mir warteten. Mein Vater war der Herr der Stromsperren, des Hungers und des allgemeinen Elends. Was hatte ich da also in Dollarrestaurants zu suchen ...

Aber er hörte nicht auf mich. Eine schlechte Angewohnheit, die er auch nicht ablegte.

Er ging mit mir ins Tocoloro, Gabos Lieblingsrestaurant, das alle wichtigen Besucher der Insel bevorzugen. Vom Chef bis zum Tellerwäscher arbeitete das gesamte Personal für den Sicherheitsdienst, das Lokal war gespickt mit Mikrophonen.

Marc mußte mich für stumm oder schwachsinnig halten. Er steckte voller Pläne: Er wollte unter anderem ein Buch mit Rezepten für Langustengerichte schreiben, singen, kubanische Lieder aufnehmen und den Touristenhotels in Varadero abgerichtete Delphine verkaufen. Offensichtlich finden es alle Touristen erotisch, für fünfzig Dollar auf dem Rücken eines Delphins durch die Wellen zu reiten, aber ich muß zugeben, daß ich wenig darüber wußte, wie verzweifelt die Bewohner dieser Welt die Erregung suchen. Ich versuchte, ihm Großmutter Natica schmackhaft zu machen, die, abgesehen von all ihren anderen Vorzügen, ein Rezept für Langusten mit bitterem Kakao kannte, und empfahl ihm meine Mutter, die ihm bei der Auswahl der Lieder behilflich sein konnte, da sie eine ausgesprochene Kennerin alles Kubanischen war. Was die Delphine anging, war ich ratlos. Nachdem wir das kulinarische Paradies verlassen hatten, kamen wir schließlich auf mich zu sprechen:

«Hättest du keine Lust, ein Buch zu machen?» fragte er.

«O doch, natürlich! Ich habe ein paar Notizbücher, in denen ich alles aufgeschrieben habe.»

«Was meinst du mit ‹alles›?»

«Na ja, alles eben, die vielen politischen Gefangenen, die wegen kontrarevolutionärer Propaganda verhaftet wurden, die Experimente in den Krankenhäusern, die Versuche mit Impfstoffen an Kindern, die Wege des Drogenhandels in Kuba ... Das habe ich notiert in allen Einzelheiten.»

«Nun ja, ich dachte eher an etwas Persönliches. Daß du erzählst, wo und wie du geboren bist, so etwas. Politik interessiert doch keinen mehr. Die Leute wollen nichts mehr wissen von Tragödien, und in Kuba ist es auch nicht schlimmer als in Algerien oder Palästina, von Afrika ganz zu schweigen.»

«Aber die Umstürze und das Chaos in Afrika haben doch damit begonnen, daß der Che und die kubanischen Einsatztruppen Helden wie Lumumba aufgebaut haben ...»

«Ja, ja ... du hast recht. Aber das war in den Sechzigern, und wir leben jetzt in den Neunzigern. Die Leute wollen was über deinen Vater wissen ...»

«Natürlich! Er ist ja an allem schuld!»

«Ja, auch das ist längst bekannt und interessiert fast keinen mehr. Die Leute wollen lieber etwas über ihn erfahren, etwas Persönliches.»

«Etwas Persönliches? Wen interessiert das schon, ob

der Comandante lange Unterhosen trägt und ob sie aus Kunststoff sind? Oder ob er beim Sex oben oder unten liegt? Ich habe keine Ahnung von seinen sexuellen Vorlieben. Frag doch meine Mutter, Scheißkerl!»

Da kam einer daher, der mir erzählen wollte, daß das Leben und Treiben des Comandante das einzige war, was die Welt an Kuba noch interessierte.

Ich armes Würmchen, unglückselige Kreatur! Ich hatte doch tatsächlich geglaubt, die Welt schaue auf Kuba.

«Reg dich nicht auf. Die Leute wollen auch etwas über dich wissen. Wie du auf die Welt kamst und warum ...»

«Na, danke! Inzwischen müßte doch eigentlich der letzte begriffen haben, daß man mir bei der Geburt einen falschen Vater untergeschoben hat. Willst du etwa immer noch wissen, warum? Das müßte doch längst klar sein! Bis nach Feuerland müßte sich das schon rumgesprochen haben!»

«Ich sehe schon, du hast keine Ahnung, wie die öffentliche Meinung funktioniert und was eine Sensation ist. Vielleicht erwartet man ein anderes Buch von dir als das, das du gern schreiben möchtest.»

Nie hätte ich mir träumen lassen, was sich in Literatur und Presse inzwischen abspielte. Ich hatte keine Ahnung davon, daß es Leute gab, deren einziger Sinn und Zweck darin bestand, im Leben anderer Leute rumzuschnüffeln. Auch der wohlerzogenen, trinkfreudigen Biographin hätte ich nicht zugetraut, daß sie die schmutzige Wäsche meiner Familie, von der Großmutter bis zu meiner heranwachsenden Tochter, ans Licht zerren würde. Ich lebte in völliger Unkenntnis darüber, wie sich das Nachrichtengeschäft entwickelt hatte, und dachte immer noch, die Angelegenheit mit diesem Fotografen namens Lumière und meinen lieben Freunden Osvaldo und Fernando sei nur ein tragisches Versehen gewesen.

«Marc, ich weiß nicht. Was ich schreiben will, steht in meinen Notizbüchern. Es sind Fakten.»

«Kein Problem. Ich mach dir einen anderen Vorschlag.» Marc war zu allem entschlossen. «Wir werden einen guten Ghostwriter für dich suchen.»

«Was ist das, ein Ghostwriter?»

«Na, einer, der deine Geschichte schreibt, als würdest du sie erzählen. Er wird nicht einmal im Impressum des Buches genannt. Er ist, wie der Name schon sagt, ein Phantom.»

Ich wußte nicht, daß im Buchgeschäft Betrug heutzutage üblich ist. Es gab offenbar vieles, was ich nicht wußte.

Es war zwar nicht besonders gefährlich, das Blut von Männern, die angeblich Aids hatten und deswegen im Hospital festgehalten wurden, aus Kuba herauszuschmuggeln, aber es war bewegend. Ich bat einen Journalisten um Hilfe, dem ich Informationen darüber versprochen hatte, wie es im Garten Eden der Aids-Kranken aussah. Vor allem wollte er wissen, was man den Infizierten gab, damit die Krankheit nicht ausbrach. Im Gegenzug hatte er versprochen, auf dem Weg zum Flughafen auf mich zu warten und die Proben außer Landes zu schaffen.

Es war fünf Uhr morgens, und auf den Straßen waren

die ersten bereits zur Frühschicht unterwegs. Einige Tage zuvor hatte ich ein paar Wegwerfspritzen und Reagenzgläser gestohlen, damit die Kranken sich Blutproben nehmen konnten.

Mumin begleitete mich an diesem Morgen. Als ich sah, wie sie eine Dose Nescafé aus Nicaragua in die Tasche steckte, in der die Reagenzgläser in Eis lagen, wurde mir klar, daß ich zu weit gegangen war. Mein Schuldkomplex hatte dazu geführt, daß ich blind und unvernünftig handelte, sogar riskierte, daß meine Tochter sich mit einer unheilbaren Krankheit infizierte.

Der Journalist steckte wie vereinbart die Tüte mit den Proben in seine Tasche und kehrte vierzehn Tage später mit einer Liste zurück, die für alle Proben das gleiche positive Ergebnis und völlig identische Blutwerte aufwies.

Ich fuhr zu Ezequiel und überbrachte ihm die schlechte Nachricht.

«Ein mieser Trick», sagte ich.

Der Massai und der von der Spionageabwehr blieben kühl: «Das kann nicht sein. Nach diesem Testergebnis müßten wir Zwillinge sein.»

Trotz des Betruges wollte ich meinen Teil der Verabredung einhalten. «Ich habe einen Bericht über die Vorfälle im Hospital versprochen und will den Namen der Pflanze wissen, aus der die Deutschen die Tabletten machen, die das Immunsystem stärken.»

Sie erzählten es mir: Die Tabletten bestanden nur aus roter Mangrovenwurzel. Ich habe nie erfahren, was mein angeblicher Journalist mit dieser Information angestellt hat.

Da ich die Angewohnheit hatte, Proben ins Ausland zu schmuggeln, Gefängnisse zu besuchen, an öffentlichen Kundgebungen teilzunehmen und nie ein Blatt vor den Mund zu nehmen, machte die Staatssicherheit einen Filmstar aus mir. Eine Überwachungskamera war am Gebäude an der Ecke installiert und filmte, wie ich nach Hause kam, wegging, wer mich besuchte oder begleitete. Die Methoden des neuen Innenministers waren weitaus unpersönlicher als die meines verstorbenen Beschattungsministers. Hin und wieder erfreute ich ihn mit einem Folkloretänzchen oder einer Stripshow, die dank der Stromausfälle zum chinesischen Schattenspiel geriet.

Ihm zuliebe stellte ich mein inspirierendes Sofa um. Wenn ich gerade keinen Bettgenossen hatte, führte ich ein Masturbations-Solo vor, von dem er sich bis heute noch nicht erholt haben dürfte.

Mein unermüdliches Magengeschwür hatte gerade begonnen, sich Richtung Speiseröhre auszudehnen, als Marc mit einem neuen Vorschlag wiederkehrte. Er kenne einen Agenten, sagte er, der wiederum einen Verleger kenne. Und dieser Verleger war bereit, die Kosten dafür zu übernehmen, mich mit einem falschen Paß ins Ausland zu schaffen oder, falls ich das nicht wolle, mir die Rechte an meinen Freuden und Nöten abzukaufen.

Ich wollte in Kuba bleiben und dort schreiben. Ähnlich wie Tortoló in Grenada war ich verrückt genug, mich dem ganzen Denunziantentum auszusetzen, das ich in meinen Notizbüchern festgehalten hatte. Also waren Vorsichtsmaßnahmen unabdinglich.

«Wenn wir ein Buch machen wollen, ist es zunächst einmal wichtig, kein Aufsehen zu erregen. Ich will nicht, daß ihr beide, du und das Phantom, euch gleichzeitig auf der Insel aufhaltet. Der Kerl soll sich ein Journalistenvisum besorgen, und ich werde festlegen, wo und wann wir uns treffen und wann und wie die Kassetten und Berichte rausgeschafft werden. Er muß irgendein Interview oder so etwas schriftlich vorbereiten, das er der Staatssicherheit unterjubeln kann, wenn sie ihn durchsuchen, Fragen und Antworten, alles fertig notiert, zum Beispiel ...»

«Was ist denn mit dir los? Das ist doch keine Operation der CIA.»

«Gott sei Dank nicht. Die lassen sich ja immer erwischen. Und sie sind auf Fidels Seite. Hör bitte auf mich! Ihr könnt euch so eine Menge Probleme ersparen, und ich werde nachts ruhiger schlafen.»

Ein Latino wird nie einen Nordamerikaner oder Europäer von etwas überzeugen können. Offensichtlich fühlen sie sich immer überlegen.

Marc liebte wie alle anderen – gleich ob aus dem Norden oder Süden – das Beste vom Besten. Um «arbeiten» zu können, mietete er sich eine Wohnung in der Marina Hemingway, dem teuersten Touristenpflaster der Insel, wo Kubaner ihren Personalausweis vorzeigen müssen, wenn sie Zutritt haben möchten. Um sich hin und wieder entspannen zu können, mietete er außerdem für sich und mein Phantom zwei Zimmer im Hotel Nacional. Die süßen Trottel bewahrten die Aufnahmen und Filme im Safe ihrer Hotelzimmer auf ...

Nach einer Woche wurden sie festgenommen, ihre

Habseligkeiten wurden beschlagnahmt, und sie wurden ausgewiesen.

Das Phantom hatte die Nase voll und wollte nie wiederkommen, aber Marc dachte, wenn er sich in Varadero einmietete und nachts in einem Mietwagen nach Havanna fuhr, würde niemand auf ihn aufmerksam.

Er kam immer, wenn der Strom abgestellt und es stockfinster war. Um ihm einen Gefallen zu tun und seinem Wunsch nach einer Unterhaltung mit mir nachzukommen, erzählte ich ihm unwichtiges und unsinniges Zeug. Es sollte vor allem den Offizier unterhalten, der diesen unverständlichen Schwall englischer Wortschöpfungen entschlüsseln mußte.

Marc wurde dreimal festgenommen und ausgewiesen, dann kehrte er nicht mehr zurück.

Das letzte Mal rief er mich aus Mailand an. Sie hatten ihn auf dem Weg nach Varadero geschnappt, ein bißchen herumgeschubst, sein Gepäck durchsucht und ihn dann in ein Flugzeug gesetzt. Diese Behandlung wurde fortan allen Journalisten zuteil, die sich meiner Wohnung näherten.

Ich war voll und ganz damit beschäftigt, meinen Vater all seiner Verbrechen zu überführen, als er plötzlich eine seiner Anwandlungen hatte, mit denen er den Alltag kubistischer gestaltet als Picasso seine Bilder.

Meine Mutter rief mich eines Abends an.

«Ein Oberstleutnant aus Fidels Büro will vorbeikommen. Was mag er nur von mir wollen?»

Sie war außer sich vor Sorge. Also überwachte ich die Ankunft des Boten, brachte ihn die Treppe hoch und plazierte ihn an der Tür neben den Farnkräutern. Meine Mutter war am Rande des Nervenzusammenbruchs.

Es dauerte eine Weile, bis der Mann endlich zu Wort kam: «Der Comandante schickt mich, weil seine Enkelin morgen Geburtstag hat, aber er hat keine Ahnung, was er ihr schenken soll.»

Meine Mutter schwieg vor Verwunderung.

«Der Arme muß ein bißchen durcheinander sein. Er hat sie seit dreizehn Jahren nicht gesehen...», sagte ich.

«Genau! Ich dachte, da das mit den Porträts heute so schwierig ist, weil es ja keine Filme und kein Fotopapier mehr gibt und wir im Büro ja eigentlich alles haben, gute Fotografen und das Material und so, wäre es vielleicht eine hübsche Idee – meine eigene Idee, wissen Sie –, an ihrem fünfzehnten Geburtstag ein paar schöne Aufnahmen von dem Mädchen zu machen. Dann kann er sie auch mal wiedersehen, und es fällt ihm bestimmt ein, was er ihr sonst noch schenken kann.»

Ich stellte mir Mumin mit einem Florentinerhut aus Plastik vor, wie sie das Kinn auf die Hand stützt und mit elegant übereinandergeschlagenen Beinen auf einem mit Satin bezogenen Bett sitzt, um sie herum lauter bestickte Atlaskissen. Oder wie sie im Hotel Riviera vor einem Spiegel posiert, mit einem Spitzenkleid aus Nylon, wie man sie im Brautgeschäft leihen kann. Tausende Eltern auf der Insel zwingen ihre fünfzehnjährigen Töchter zu diesem Ritual.

Mumin haßt es, fotografiert zu werden.

«Meine Tochter mag keine Fotos. Richten Sie dem Comandante aus, mit einem Blumenstrauß könne er zeigen, daß er ein wahrer Gentleman ist.»

Dann ließ ich meine Mutter mit ihm allein, damit sie ihm aufzählen konnte, was sie am dringendsten benötigte: ein paar Säcke Kalk und Zement, um die Wände des Hauses neu zu verputzen, ein paar Eimer weiße Farbe, mehrere Dutzend Backsteine, um die eingefallene Mauer auszubessern ...

Der Oberstleutnant schrieb alles gewissenhaft auf, obwohl er wußte, daß nichts von alledem in seinem Bericht auftauchen würde. Am Geburtstag klingelte das Telefon. Die Oberste Heeresleitung wollte wissen, ob jemand zu Hause sei. Am späten Nachmittag erschien ein Offizier mit einem Blumenstrauß.

«Seit sechs Uhr morgens bin ich deswegen unterwegs!»

«Aber warum? Es ist doch nur ein Blumenstrauß!»

«Es gibt in ganz Havanna keine einzige Blume mehr. Ich mußte nach Pinar del Río fahren, um diesen Strauß zu finden.» Ich hatte vergessen, daß die Blumen verschwunden waren. Ich schwor mir, daß meine Tochter auf dieser Insel nicht erwachsen werden sollte.

In meinem Havanna ertönten komische Geräusche, es veränderte sich von Grund auf.

Nach fast vierzig Jahren der Vernachlässigung platzten die Wände der Häuser auf wie Eiterbeulen.

Am Malecón fiel eine ganze Fassade zusammen und gab den Blick auf die Rattenlöcher dahinter frei. Die Lebensbedingungen waren unmenschlich.

Die überdachten Hauseingänge, die einst der Stolz Havannas gewesen waren, weil die Nachbarn in ihrem kühlen Schatten Domino spielen konnten und die Spaziergänger Schutz vor der tropischen Sonne fanden, mußten jetzt mit Brettern und alten Balken abgestützt werden – drohende Anzeichen des Verfalls. Nachts drängten sich die Nachbarn in der Finsternis der Stromsperren von mehr als acht Stunden auf den Bordsteinen zusammen.

Havanna war zu einem Nest entfesselter nächtlicher Leidenschaften geworden. Vergeblich versuchten sich die Paare mit dem scheppernden Klang des stets voll aufgedrehten Radios und dem Summen der Ventilatoren abzuschirmen, wenn sie sich hemmungslos liebten. Wer durch die Straßen ging, tauchte ein in die Schreie, das Lachen und das Gewimmer der Lust. Damals, im Jahr 1993, lebte man, um die Angst zu betäuben.

Auf der Suche nach einem Täßchen frisch gebrühten Kaffees oder nach einem Schluck Zuckerrohrschnaps setzten sich die Leute zusammen und sprachen über alles mögliche, um das traurige Leben in der Finsternis zu vergessen.

Die Hälfte des Jahres hatte ich in einer Art meditativer Selbstvergessenheit zugebracht. Wegen meines Magengeschwürs spuckte ich Blut, und meine Mutter hatte vergeblich einen Teil der Einkünfte aus der «Femme Cheval» geopfert, um mir Medikamente gegen die Übersäuerung und den Schmerz zu kaufen.

Ich machte mir große Sorgen um meine Tochter. Ich hatte ihr alle möglichen Guru-Techniken beigebracht, indische, japanische und tibetanische, damit sie sich selbst verteidigen und den leeren Tagen, die sie in erzwungener Untätigkeit verbrachte, etwas entgegensetzen konnte.

Nachts saßen wir während der Stromsperren auf der Dachterrasse meiner Mutter, fächelten uns Luft zu und konnten uns gar nicht satt sehen am Glanz der Sterne. Erschöpft von unserem irdischen Dasein, flüchteten wir uns in die kosmischen Strömungen. Manchmal quälte ich Mumin mit meinem Bestreben, ihre Schienbeine und Fußrücken in Waffen zur Selbstverteidigung zu verwandeln, oder ließ sie wie eine Zenmeisterin Bauchmuskelübungen und Kniebeugen machen und überprüfte dabei, wie hart ihre Fingerknöchel geworden waren. Sobald wir dieses Refugium verließen, drang der dumpfe Lärm des Elends wieder zu uns durch.

Ich war verzweifelt, aber gleichzeitig völlig klar. Ich wollte Mumin aus Kuba herausschaffen und sie von all den Erblasten befreien, die mir zum Verhängnis geworden waren. Es mußte eine Möglichkeit geben, sie alleine zu lassen, sie in Frieden aufwachsen zu lassen, bis ich geheilt war, denn man kann seinen Kindern im Exil nur ein trauriges Leben bieten, wenn man unterwegs zerbrochen ist und sich selbst nicht mehr zu lieben vermag.

An einem Freitag im Dezember geschah das Unerwartete, ein Wunder in Form einer zerbrechlichen und rundlichen Person, die Mari Carmen hieß.

Gewisse Andeutungen meines Freundes Osvaldo in Miami hatten sie bereits angekündigt. Doch ich hatte den Glauben an die Freundschaft verloren, seit Lumière mich im schwarzen Body als «Kleine Meerjungfrau» in den Zeitschriften verewigt hatte. Dennoch wußte ich sofort, daß ein wichtiges Ereignis bevorstand, als ich Mari Carmen aus dem Touristen-Taxi steigen sah, und ahnte, daß dieser Besuch mein Leben verändern würde.

Eine riesige Einkaufstüte des Corte Inglés verriet ihre spanische Herkunft. Ich ging ihr auf der Treppe entgegen und bedeutete ihr zu schweigen. Nach so vielen Jahren der Überwachung wird man vorsichtig.

Ich bat sie auf den Balkon, und vor den Kameras und Mikrofonen begannen wir, über Belanglosigkeiten zu reden.

«Ich habe ein paar Kleinigkeiten von Osvaldo für dich dabei.»

«Ach, ja. Ein Asthmagerät, hat er mir ausrichten lassen. Und ein Buch, einen Bestseller.»

«Es ist eines der besten Bücher, das in den letzten Jahren in Spanien erschienen ist. Weißt du, daß Spanien jetzt zur Europäischen Gemeinschaft gehört?»

Für mich waren das Fremdwörter.

So fuhren wir fort, bis ich sie einlud, mit mir in das Haus gegenüber an der Ecke zu gehen, ins Reich meiner Großmutter Natica.

«Sie ist eine Institution», sagte ich. «Und sie liebt Osvaldo über alles...»

Wir überquerten die Straße, setzten uns in die Küche, stellten das Radio auf volle Lautstärke, und dann ging es los.

«Wie sieht der Plan aus?» fragte ich.

«Ich muß ein paar Fotos von dir machen, für den Paß...»

«Schon gut. Ich wüßte gern, wer das geplant hat und wer sonst noch dahintersteckt.»

«Der Plan stammt von Osvaldo und Fernando. Armando Valladeres, Mari Paz und Frau Amos unterstützen ihn.»

Armando war jener Gefangene, der seine ganze Jugend in einem kubanischen Gefängnis verbracht hatte. Mari Paz war eine Spanierin, die geholfen hatte, weitere politische Gefangene rauszuholen. Frau Amos war eine Exilkubanerin, die ein Jahr zuvor einiges riskiert hatte, um den Piloten Lorenzo bei der Suche nach seiner Frau und seinen Söhnen zu unterstützen.

«Das hier ist die Operation Kusine. Denn nach dem Paß, den dir ein Mädchen überlassen wird, bist du Osvaldos Kusine.»

Ich führte die alten Argumente ins Feld, vor allem, daß ich doch nicht mit vierzig Jahren fliehen und meine Tochter zurücklassen könne.

Mari Carmen wischte meine Bedenken hinweg. «Du kannst die Zeit nicht zurückdrehen. Nur so kannst du etwas für deine Tochter tun.»

«Und es steckt wirklich niemand anderes dahinter?»

Es gab niemanden, aber Osvaldo hatte so lange gebraucht, um Geld aufzutreiben und Unterstützung für die Operation zu finden.

Mari Carmen ist kein kühler, berechnender Mensch, sie ist sehr warmherzig. Ich fühlte mich ihr sehr nah, näher als ich irgend jemandem je sein werde. Sie ging dieses Wagnis aus Solidarität ein, und ich war dabei, mein erstes Wunder zu erleben.

«Ich muß den Paß am Dienstag nach Mexiko mitnehmen. Am Freitag komme ich damit zurück. Dein Flug geht am Sonntag abend. Wenn du in der Luft bist, wird das Mädchen, das mich begleitet, zur Polizei gehen und sagen, daß sie Paß und Brieftasche verloren hat. Da es ein bißchen dauern wird, bis die Botschaft ihr einen Passierschein ausgestellt hat, werden wir den Flug auf Mittwoch umbuchen.»

Ein Journalist von *Paris-Match* sollte Zeuge der Ereignisse werden. Am Tag der Flucht würde er mir an einem vereinbarten Treffpunkt den Flugschein, den Paß und das Gepäck übergeben. Wir würden zusammen zum Flughafen fahren.

«Und glaubst du wirklich, daß er die Nachricht von meiner Flucht bis Mittwoch geheimhalten wird, bis ihr die Insel verlassen habt?»

«*Paris-Match* hat es versprochen.»

Daß der Journalist und ich gemeinsam zum Flughafen fahren sollten, gefiel mir nicht, denn alle Journalisten, die in Kuba einreisen, werden registriert. Das Außenministerium, das die Einreisegenehmigungen erteilt, sammelt alles über sie, die politischen Überzeugungen und, wenn möglich, auch die sexuellen Vorlieben.

Mari Carmen stellte mir frei, den Plan zu ändern, wenn ich wolle.

Mumin kam ab und zu in die Küche, und ihr Blick schien zu sagen, daß sie im Bilde war.

Wir gingen in die Wohnung zurück, um die Fotos zu machen. Im hellsten Zimmer hängte ich ein Bettlaken an die Wand und stellte Lampen auf. Ich holte die Perücke aus der *Corte-Inglés*-Tüte und schminkte mich gründlich. Ich hatte viel gelernt in meiner Zeit als Statistin in spanisch-kubanischen Koproduktionen, und auch die vier Jahre der Demütigungen und Anfeindungen im La Maison hatten mir schließlich etwas gebracht. Ich wußte genau, was ich zu tun hatte. Durch Farbe konnte ich mein Gesicht vollständig verwandeln, ich zauberte Bäckchen dorthin, wo es keine gab, ich deckte ab und hob hervor.

Wir verabschiedeten uns unten vor der Tür.

«Am nächsten Samstag hat meine Tochter Geburtstag ... Kommst du?» fragte ich.

«Ja, ich werde dasein.»

Ich wollte meiner Tochter nicht das Fest verderben mit dieser James-Bond-Geschichte, die soviel komplizierter war als die Maskeraden, wenn ich politische Gefängnisse besuchte, Dollars wechselte oder Blut außer Landes schmuggelte. Meine Tochter hatte in ihrem Leben nicht nur die Schikanen unserer beiden Matriarchinnen aushalten müssen, sondern auch die von mir. Sie war in einem Irrenhaus aufgewachsen, in dem sie für unzählige Leute, die in Schwierigkeiten steckten, die Botin gespielt hatte.

Seit dem Besuch von Mari Carmen schlief sie jede Nacht in meinem Bett. Wir umarmten uns beim Einschlafen und fühlten uns unauflöslich verbunden. Ich wußte, daß sie alles wußte. Mumin hatte mit fünfzehn Jahren beschlossen, sich taufen zu lassen, und am Abend des Festes tanzte eine Bande frisch konvertierter Jugendlicher auf dem Garagendach meiner Mutter und wartete darauf, daß der Strom abgestellt wurde.

Wir fielen erschöpft ins Bett, und als wir uns aneinander schmiegten, erzählte ich es ihr: «Ich fahre morgen, Mumin. Ich habe es dir nicht erzählt, um dir dein Fest nicht zu verderben. Aber ich schwöre dir, daß wir in vierzehn Tagen wieder zusammensein werden.»

«Ich wußte es.»

Mumin vertraut mir bedingungslos. Sie schlief ein, unruhig und doch friedlich.

Ohne zu zögern, hatte ich ihr die Verantwortung aufgeladen, meine Flucht zu vertuschen. Sie mußte die Nachbarn in dem Glauben wahren, daß ich am Leben sei, und der inquisitorischen Neugier meiner Mutter Widerstand leisten.

Ich stand leise auf und setzte mich hin, um die Unterschrift meiner Gönnerin zu üben und ihre Anschrift und alles andere auswendig zu lernen, damit ich überzeugend wirkte, wenn ich am Flughafen befragt werden sollte.

Ich hatte meine Abreise tagelang vorbereitet. Mit dem, was mir vom Verkauf der «Femme Cheval» geblieben war, machte ich einen Beutezug durch die Diploshops. Zum einen wollte ich den Geheimdienst überlisten und zum anderen hatte ich keine Lust, Kuba wie eine Touristin in T-Shirt und Turnschuhen zu verlassen. Die Perücke war ein struppiges, haariges Ding und sah ganz und gar nicht natürlich aus. Um sie ein bißchen zu verstecken, brauchte ich einen Hut, der zu dem braunen Regenmantel passen mußte, den Osvaldo mir geschickt hatte. Ich hatte einen Chanel-Hut aus beigem Satin, den mir die Schnapsdrossel von Biographin in einer Anwandlung von Großzügigkeit geschenkt hatte. Damit auch alles zusammenpaßte, brauchte ich noch hellbraune Stiefeletten. Ich bat eine Freundin, mir ihre Wohnung zu überlassen.

«Ich habe einen Journalisten kennengelernt, und ich

will nicht, daß sie ihn ins All schießen, bevor ich ihm eine Liste mit Namen von Gefangenen gegeben habe», lautete meine Ausrede.

Am nächsten Tag versuchten Mumin und ich um elf Uhr morgens in der Garage meiner Mutter trotz Stromsperre eine elektrische Garagentür aus dem Jahre 1954 zu öffnen. Ich war auf das Autodach gestiegen und haute Schrauben und Rollen mit dem Hammer entzwei. Meine Tochter hielt meine Beine fest und paßte auf, daß niemand vorbeikam.

Schon vor Tagen hatte ich alles, was ich für meine Verkleidung brauchte, in den Kofferraum des Lada gepackt. Die geliehene Wohnung war Teil eines Plans, der komplizierter war als das Labyrinth des Minotaurus. Wir parkten ziemlich weit weg und tauchten dann in die Flure und Treppenhäuser des Gebäudes ein, in dem meine Freundin lebte. Ich schminkte mich gerade, und Mumin betete einen Rosenkranz, als der Journalist von *Paris-Match* kam.

Eine Kabuki-Maske begrüßte ihn in radebrechendem Französisch:

«Sind Sie mein Begleiter?»

«Ja...»

Der Mann war weiß vor Angst und roch nach Alkohol. In der einen Hand hatte er ein Köfferchen und in der anderen ein paar zerknüllte Papiere und eine Flasche Rum.

Das Köfferchen war mein Schminkkoffer und das zerknüllte Papier mein Flugticket für den Abend. Die Flasche Rum brauchte er, um sich Mut anzutrinken.

Als ich ihn sah, wußte ich, daß ich alle Hoffnung gleich aufgeben konnte, wenn ich mit ihm ginge.

«Fahren Sie allein. Kommen Sie fünfzehn Minuten später, und versuchen Sie bloß nicht, sich mir zu nähern, wenn Sie mich auf dem Flughafen sehen. Sie werden beschattet. Halten Sie sich auch im Flugzeug von mir fern, wenn ich überhaupt so weit komme. Wir sprechen nicht miteinander, bevor wir nicht mehr als drei Stunden über internationalen Gewässern sind.»

Der Mann war froh, daß er dieses Problem los war, und verschwand. Ich schminkte mich zu Ende. Mein Mund war einer Filmdiva würdig! Chanel Passion. Ich bat Mumin, ein Touristen-Taxi zum Flughafen zu bestellen. Sie mußte auf die Straße gehen und lange suchen, bis sie ein funktionierendes Telefon fand.

Sie wartete unten auf der Straße auf das Taxi und holte mich dann.

Sie begleitete mich zum Auto. Wir gaben dem Taxifahrer das Gepäck, und ich sagte mit spanischem Akzent zu ihr: «Was hat meine Schwester nur! Dieses Geflenne! Sag ihr, noch in diesem Jahr besorge ich dir ein Stipendium und hole dich rüber!»

Ich umarmte meine Tochter innig und versuchte ihr alle Kraft meiner Liebe zu geben.

Kurz bevor wir den Flughafen erreichten, zog ich meinen letzten Trumpf aus der Handtasche: Ein Fläschchen Chanel Nr. 19, das das Sicherheitspersonal auf dem Flughafen benebeln sollte. Als erster reagierte mein Fahrer darauf. Der betäubende Duft brachte ihn zum Schweigen, so daß er mich nicht länger fragen konnte, wie ich von Madrid nach Vigo reisen wollte.

Mit einem großzügigen Trinkgeld in Dollars überzeugte ich ihn, mich bis zum Schalter von Iberia zu begleiten. Ich hatte keine Ahnung, wo es auf diesem Flughafen langging.

Als mein Fahrer die Wartehalle betrat, rief er laut:

«Wer ist der letzte in der Schlange für Iberia?»

Es gab einen kurzen Aufruhr. Die Sicherheitsleute sahen und rochen ein schrecklich parfümiertes Weib und drehten sich wieder um.

Da ich Aufmerksamkeit erregt hatte, achtete nun keiner mehr auf mich. Mari Carmen strich durch die Halle. Sie hatte keine Ruhe, solange ich nicht in das Flugzeug gestiegen war.

Mit einem Buch von Henry Miller in der Hand ging ich durch Paß- und Zollkontrolle. Ich setzte mich auf eine Bank und wartete auf den letzten Aufruf.

Eine Stunde später war ich frei.

Ich konnte noch Mari Carmens Silhouette hinter der Glasscheibe erkennen. Ich winkte ihr zu.

Minuten später war ich in der Luft. Ich hatte meine Tochter auf einer verwahrlosten, ausgebrannten Insel zurückgelassen. Ich war ein vierzigjähriges Aschenputtel, das in einem Iberia-Flugzeug durch die Lüfte ritt …

FAMILIENSTAMMBAUM

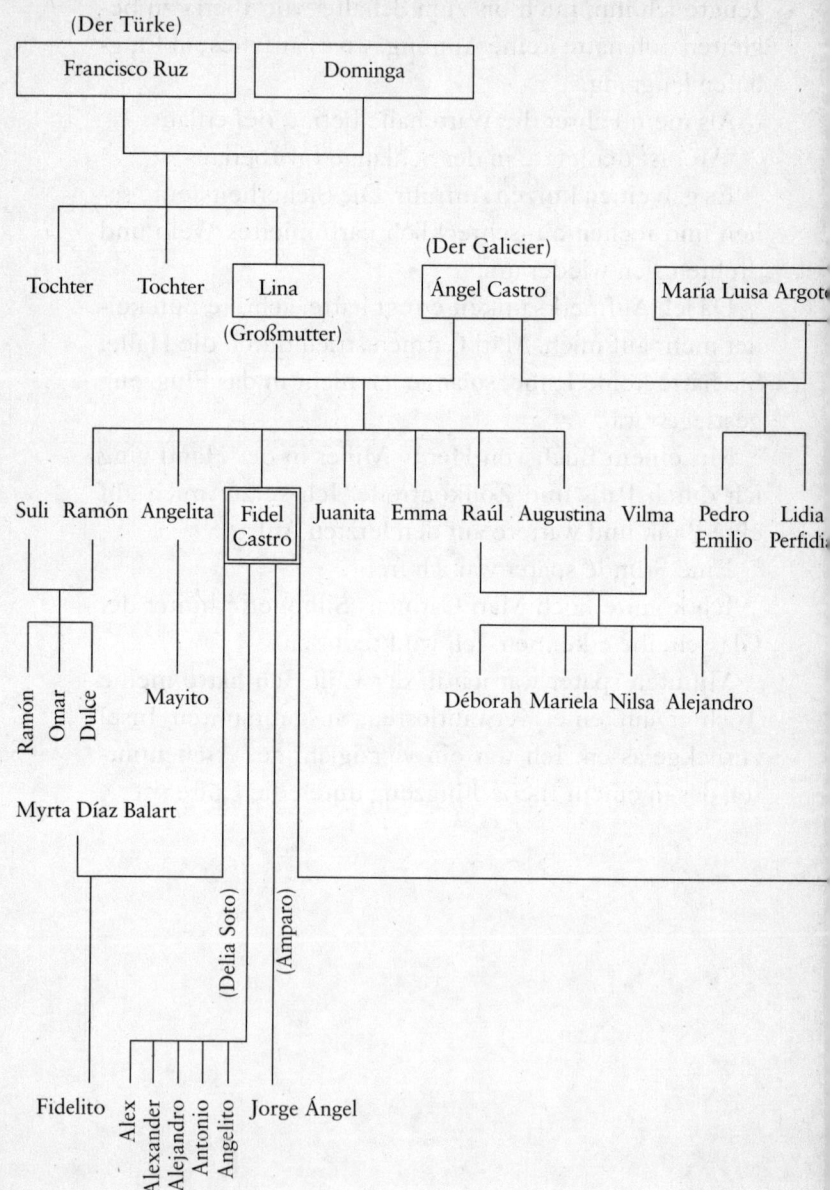

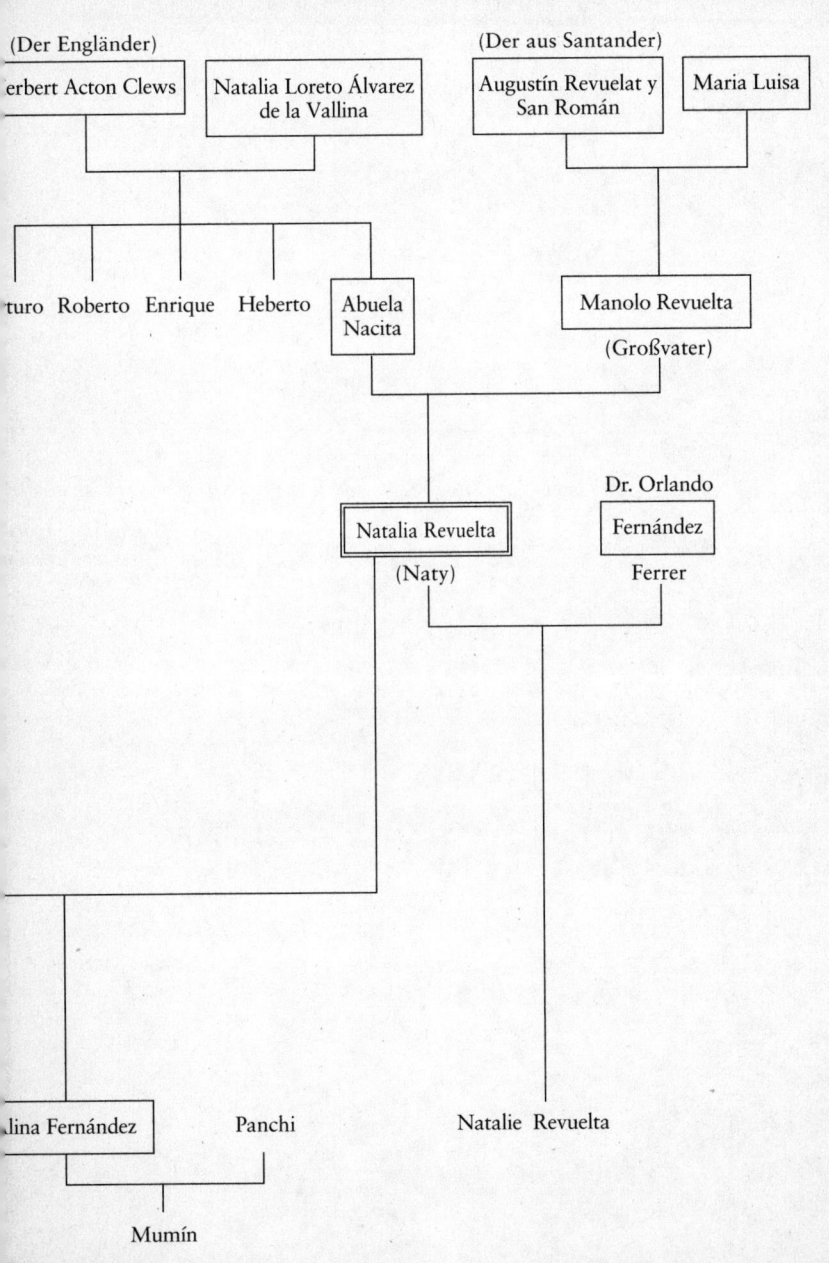

Lebensgeschichten

In loser Folge erscheint eine Reihe ganz besonderer Biographien bei rororo: Lebensgeschichten aus dem Alltag, in denen sich das Zeitgeschehen auf eindrucksvolle Weise widerspiegelt.

Friedrich Dönhoff /
Jasper Barenberg
Ich war bestimmt kein Held *Die Lebensgeschichte von Tönnies Hellmann, Hafenarbeiter in Hamburg Mit einer Einleitung von Marion Gräfin Dönhoff*
(rororo 22245)
Seit Jahren korrespondieren Gräfin Dönhoff und Tönnies Hellmann miteinander. Denn so kraß der Klassenunterschied zwischen ihnen, so verbindend ist die Erfahrung des Widerstands gegen den Nationalsozialismus.

Anne Dorn
Geschichten aus tausendundzwei Jahren *Erinnerungen*
(rororo 13963)

Maria Frisé
Eine schlesische Kindheit
(rororo 22294)
In einem liebevollen Bericht erzählt Maria Frisé das Leben auf einem Gutshof in Schlesien in der Zeit zwischen den beiden Weltkriegen.

Melissa Green
Glasherz *Eine Kindheit*
(rororo 22362)

Hermine Heusler-Edenhuizen
Du mußt es wagen! *Lebenserinnerungen der ersten deutschen Frauenärztin*
(rororo 22409)

Eva Jantzen /
Merith Niehuss (Hg.)
Das Klassenbuch *Geschichte einer Frauengeneration*
(rororo 13967)

Halina Nelken
Freiheit will ich noch erleben *Krakauer Tagebuch Mit einem Vorwort von Gideon Hausner*
(rororo 22343)
Beim Überfall der Deutschen auf Polen war Halina Nelken ein Mädchen von fünfzehn Jahren – ein Mädchen, das Tagebuch führte. Und ähnlich wie das Tagebuch der Anne Frank haben Halina Nelkens Aufzeichnungen die Vernichtungswut der Nazis überdauert.

Tracy Thompson
Die Bestie *Überwindung einer Depression*
(rororo 22396)

rororo Biographien

Weitere Informationen in der **Rowohlt Revue**, kostenlos in Ihrer Buchhandlung, und im **Internet: www.rororo.de**

Lebensläufe

Linde Salber
Tausendundeine Frau *Die Geschichte der Anaïs Nin*
(rororo 13921)
«Mit leiser Ironie, einem lebhaften Temperament und großem analytischem Feingefühl.» *FAZ*

Nancy B. Reich
Clara Schumann *Romantik als Schicksal. Eine Biographie*
(rororo 13304)
«Das bisher wichtigste und einsichtigste Buch über die Frau und die Musikerin Clara Schumann.» *Darmstädter Echo*

Serge Bramly
Leonardo da Vinci *Eine Biographie*
(rororo 13706)
Serge Bramly erzählt faszinierend das rastlose und extravagante Leben dieses wohl letzten Universalgenies.

Bascha Mika
Alice Schwarzer *Eine kritische Biographie*
(rororo sachbuch 60778)
Die Biographie einer der strittigsten Frauenfiguren unserer Nation. « ... Bascha Mikas Buch bietet mehr als Fakten. Es enthält Interpretationen und subjektive Sichtweisen, so wie sie jeder guten Biographie anstehen ... es ist ein faires, informatives Buch.» *NDR 4*

Daniel Barenboim
Musik – Mein Leben
(rororo 13554)
Mal anekdotisch, mal nachdenklich berichtet hier ein von der Musik Besessener aus seinem bewegten Leben.

Erika Mann
Mein Vater, der Zauberer
Herausgegeben von Irmela von der Lühe und Uwe Naumann
(rororo 22282)
Die Geschichte dieser außergewöhnlichen Vater-Tochter-Beziehung wird in diesem Band nachgezeichnet. Mit zahlreichen Essays, Interviews und Briefen.

Kenneth S. Lynn
Hemingway *Eine Biographie*
(rororo 13032)

Ein Gesamtverzeichnis aller lieferbaren Titel der *Rowohlt Verlage, Rowohlt · Berlin, Wunderlich* und *Wunderlich Taschenbuch* finden Sie in der **Rowohlt Revue**. Vierteljährlich neu. Kostenlos in Ihrer Buchhandlung oder im **Internet:** www.rowohlt.de

rororo Biographien

Paare

Himmlische Liebe, höllischer Hass. Lebensläufe berühmter Paare bei rororo:

Dagmar von Gersdorff
Königin Luise und Friedrich Wilhelm III.
(rororo 22532)

Carola Stern
Isadora Duncan und Sergej Jessenin
(rororo 22531)

Alan Poesener
John F. und Jacqueline Kennedy
(rororo 22538)
Jack und Jackie – das ungekrönte Königspaar im Weißen Haus, die perfekte Verbindung von Macht und Glamour. Kaum eine Präsidentschaft war so brillant in Szene gesetzt – und kaum eine Präsidentenehe. Für die Öffentlichkeit spielten sie die liebenden Gatten und fürsorglichen Eltern. Privat blieben sie einander fremd. Krisen und Affären hatten die Ehe längst ruiniert.

Joachim Köhler
Friedrich Nietzsche und Cosima Wagner
(rororo 22534)

Christa Maerker
Marilyn Monroe und Arthur Miller
(rororo 22533)
Mit der Hochzeit ging für beide ein Traum in Erfüllung. Viereinhalb Jahre später ist er ausgeträumt. Was ist Wahrheit und was Legende in diesem Drama?

Kyra Stromberg
Zelda und F. Scott Fitzgerald
(rororo 22539)

Christa Maerker
Marilyn Monroe
Arthur Miller

Helma Sanders-Brahms
Else Lasker-Schüler und Gottfried Benn
(rororo 22535)

James Woodall
John Lennon und Yoko Ono
(rororo 22536)
«Ich mußte mich entscheiden, mit den Beatles oder mit Yoko Ono verheiratet zu sein.» *John Lennon*

Friedrich Rothe
Arthur Schnitzler und Adele Sandrock
(rororo 22537)

Matthias Wegner
Klabund und Carola Neher
(rororo 22540)

Ein Gesamtverzeichnis aller lieferbaren Titel der *Rowohlt Verlage*, *Wunderlich* und *Wunderlich Taschenbuch* finden Sie in der *Rowohlt Revue*. Vierteljährlich neu. Kostenlos in Ihrer Buchhandlung.
Rowohlt im Internet:
www.rowohlt.de